# ベーシック
# 金融実務
# 用語集 〈改訂版〉

# はじめに

　本書は、はじめて金融実務に携わる金融機関職員、あるいは金融業界を目指す方向けに、金融実務においてよく出てくる用語を選定し、コンパクトに解説した用語集です。

　金融用語は、普段耳慣れない言葉が多く、実務でも専門用語が多く使われています。また、金融実務に関係する法律の成立・改正や金融制度の動向等は、昨今めまぐるしいものがあり、今後も重要な法改正や新制度が相次いで控えており、金融実務はますます複雑化していくものと思われます。

　そこで今般、金融実務に携わるうえで必要となる基礎用語を収録・改訂し、『ベーシック　金融実務用語集〈改訂版〉』として刊行することになりました。

　収録用語数は約1,200語にのぼり、一部図表も用いて、簡潔・平易に解説しています。最新用語を含め、金融・経済の周辺用語まであまねく網羅した本書は、金融実務に携わる方々が気軽に読める実務書として、大いに活用できます。

　本書で収録されている用語の選定、執筆にあたっては、第一線で活躍されている金融機関の実務家をはじめ、金融実務専門の弁護士の方々にご協力を頂きました。紙上をお借りして深く感謝する次第です。

　本書を業務等で有効に活用して、顧客から信頼される金融マンとなられることを期待してやみません。

株式会社 きんざい<br>
教育事業センター

## 監修者 (敬称略・協力当時)

両部　美勝　（静岡中央銀行　顧問）
井下　祐忠　（丸の内国際法律事務所　弁護士・ニューヨーク州弁護士）
堀　　弘　（丸の内国際法律事務所　弁護士・ニューヨーク州弁護士）

このほかにも、実務に精通した金融業界の方々にご協力を頂いております。

## 凡　例

①用語については、まずアルファベット順に配列し、次に五十音順に配列しています。

②音引き（ー）は、すぐ前のカタカナの母音を繰り返すものとしています。たとえば、「イールド・カーブ」は「いいるどかあぶ」としています。

③→記号については、その用語に関連している用語が文中に収録されていることを示しています。

④2017年6月2日に公布され、2020年4月1日から施行される「民法の一部を改正する法律」（平成29年法律第44号）につきましては、「民法改正法」の略称を用いています。

⑤本書では、特に断らない限り、「銀行」とは信用金庫、信用組合、労働金庫、農業協同組合などの協同組織金融機関を含む「預金等受入金融機関」一般を指しています。

⑥用語の内容については、2018年2月1日現在の情報に基づいて編集しています。

●主要参考文献等
- 日本経済新聞
- 「外務員必携」（日本証券業協会）
- 「DCプランナー入門」（株式会社きんざい）
- 日本銀行ウェブサイト
- 金融庁ウェブサイト
- 証券取引等監視委員会ウェブサイト
- 全国銀行協会ウェブサイト
- 日本証券業協会ウェブサイト
- 東京証券取引所ウェブサイト
- 一般社団法人　信託協会ウェブサイト
- 一般財団法人　地方債協会ウェブサイト
- 公益財団法人　生命保険文化センターウェブサイト

# A

**ABL**（Asset Based Lending）

企業の事業活動そのものに着目し，事業に基づくさまざまな資産価値を見きわめて行う融資形態をいう。たとえば，企業が保有する在庫と売掛債権に担保権を設定して金融機関から融資を受け，金融機関は在庫の市場性や売掛債権先の支払能力などに基づいて一定の担保評価を行い，融資枠を設定し，その枠内で企業が融資を受ける方式が該当する。この融資取引継続中は企業は定期的に在庫や売掛債権の状況を金融機関に報告し，金融機関はそれらの評価替えを行う必要がある。つまりABLの担保は事業活動そのものであり，継続的に企業と金融機関が情報を共有する仕組みないしコベナンツと称される契約がセットされることが必要である。ABLは，借入れをする企業側では不動産担保等に限界のある場合の事業拡大による資金需要に対応でき，金融機関側はコベナンツ等に基づいて企業とのリレーションがより緊密になり，融資リスクを抑制できるメリットがある。
→コベナンツ

**ABS**（Asset Backed Securities）

1985年に米国で発行開始した不動産，貸付債権，売掛債権，リース債権等の資産を裏付けとして発行される証券で，資産担保証券またはアセットバック証券ともいわれている。発行形態としては，発行者が発行した証券の発行条件に基づき，裏付資産からのキャッシュフローが全額，投資家に支払われる「パススルー方式」と裏付資産からのキャッシュフローをある程度加工して（組み換えて）投資家に支払われる「ペイスルー方式」がある。→SPC

**ADR**（Alternative Dispute Resolution）
→金融ADR制度

**ALM**（Asset and Liability Management）

1970年代後半からアメリカの銀行で採用され始めた経営管理手法であり，金利変動の影響やデリバティブ取引の拡大によるマーケットリスクの増大を背景に，日本でも金融機関を中心にその重要性が高まっている。様々な金融環境を踏まえて，資産（資産運用）と負債（資金調達）のバランスを総合的に管理し，収益の最大化とリスクの最小化，適正な流動性保持等を図るものである。

**ASEAN**（Association of South-East Asian Nations）

インドネシア，マレーシア，フィリピン，シンガポール，タイ，ブルネイ，ベトナム，ラオス，ミャンマー，カンボジアの10ヵ国からなる東南アジア地域の枠組み。「ASEAN憲法」のもと，経済や安全保障などで各国が協力する。東ティモールとパプアニューギニアが加盟国候補に挙がっている。

**ATM**（Automated Teller Machine）

現金自動預払機。入金・支払・通帳記帳・残高照会のほか，振込・振替，通帳の繰越発行のできる機種もある。金融機関が提供するサービスを顧客自身の操作によって取引できること，営業時間の柔

軟な対応が可能であることなどから，コンビニエンスストアや公共機関などにも普及している。多数のATMを広範囲に設置し，そこから得られる利用手数料を収益の柱とする金融事業経営の形態も見られる。→キャッシュ・ディスペンサー

# B

**B/L**（Bill of Lading）　→船荷証券

**B/S**（Balance Sheet）　→貸借対照表

**BCP**（Business Continuity Plan，事業継続計画）

　企業は，災害や事故によって被害を受けた場合であっても，重要業務が中断しないこと，たとえ中断がやむを得ないとしても可及的速やかに再開することが取引先等の利害関係者から望まれており，企業自身においても，重要業務中断による顧客流出，マーケットシェアの低下等を防止することは重要な課題といえる。かかる背景事情から策定される事業継続のための計画をBCP（事業継続計画）という。バックアップシステムの整備やオフィスの確保，迅速な安否確認などが典型例として挙げられる。近時，BCPの重要性は強く認識されるに至っており，内閣府等により，BCP策定のための事業継続ガイドラインなどが示されているほか，金融庁は，監督指針により平時からの業務継続体制（BCM），危機管理マニュアルおよび業務継続計画の策定を金融機関に求めている。

**BIS**（Bank for International Settlements，国際決済銀行）

　1930年に設立された世界の中央銀行間の政策協力を任務とする国際機関。世界各国の中央銀行からの預金受入れといった銀行業務のほか，国際金融に関する統計資料の公表などを行う。しかし，最も

大きな役割は，国際的な金融問題を主要加盟国が協議するとともに，政策協力を推し進めることである。1988年，スイスのバーゼルで開催された委員会で，国際的に活動している各国の大手銀行の経営健全性を確保するために，自己資本比率規制（いわゆるBIS規制）が合意された。
→BIS規制

**BIS規制** (Bank for International Settlements Rule)

国際的に活動する銀行に対し，自己資本の充実を義務づけた規制。1988年，BISのバーゼル銀行監督委員会の会合で導入が決定した，国際金融システムの健全性を確保するための規制のこと。当初は，総リスク資産に対する自己資本比率の割合を8％以上にしなければならないと定められていたが，現在では，銀行の抱える資産の健全性をより正確に把握し，それに見合った自己資本を求めるために，資産の危険度を把握する基準を細分化した新基準（新BIS規制）が適用されている。→BIS，新BIS規制（バーゼルⅢ）

**BPS** (Book-Value Per Share)

1株当り純資産（株主資本）のことであり，「純資産（株主資本）÷発行済株式総数」で計算される。したがって，BPSが大きい企業ほど安定性が高いといえる。企業の成長性を考慮せず，ある時点で清算すると仮定した場合の企業価値（解散価値）は，貸借対照表上の資産および負債が適正な価値を示している限り，純資産額と一致する。このとき，理論的にはBPSと株価が一致することになる。株価の妥当性を判断する場合，「株価がBPSを上回っていれば（＝PBR＞1）株価は割高」，「株価がBPSを下回っていれば（＝PBR＜1）株価は割安」と考えることもできるが，株価がBPSを下回っているときには業績不振や実質債務超過などの隠れた要因が影響している可能性もあるため，この指標だけで判断を下すことは妥当ではない。BPSと類似した概念として，1株当り当期純利益を意味するEPS（Earnings Per Share）がある。

**BRICs** (ブリックス)

ブラジル，ロシア，インド，中国の4ヵ国を指す造語。それぞれの頭文字を取ってBRICsと総称する。4ヵ国は世界で上位の人口大国で，今後，国内需要の大幅な拡大が見込まれることから，世界企業が成長市場として注目している。特に，中国の経済成長は著しく，外貨準備高は世界一になっている。

# C

**CD** →キャッシュ・ディスペンサー
**CD** →譲渡性預金
**CFR** (Cost and Freight)
　貿易取引条件（いわゆる建値）の1つで，運賃込み条件をいう。約定品の積出地における本船渡し条件（FOB）の価格に，仕向地までの運賃を加えた価格をいう。C&Fともいう。→CIF（貿易の），FOB

**CIF**（貿易の）(Cost, Insurance and Freight)
　貿易取引条件（いわゆる建値）の1つで，運賃保険料込み条件をいう。約定品の積出地における本船渡し条件（FOB）の価格に，仕向地までの運賃および保険料を加えた価格をいう。CIF価格は，わが国においては，従価関税の課税標準となっている。関税率が従価税率である物品については，その物品のCIF価格を基準として関税が課せられる。→CFR，FOB

**CIF** (Customer Information File)
　顧客情報ファイル。顧客取引を総合的に把握・管理するため，顧客単位ごとに住所，氏名，電話番号，生年月日等の顧客属性情報や取引口座番号，ヒストリカルな預金・融資・投資信託や保険等の金融商品の取引状況などの情報を収録したファイルをいう。

**CLO** (Collateralized Loan Obligations)
　ABSの一種で，比較的少数の貸付債権（ローン）でアセット・プールをつくり，それを裏付けとした資産証券化商品をいう。1970年代に米国で発行された住宅モーゲージを裏付けとする証券から派生的に進化したもので，わが国でも1990年代以降，モーゲージ以外の金融資産を裏付けとしたABSの一種として発行されている。

**CMS** (Cash Management Service (System))
　企業の資金管理に有効なサービス（システム）を提供すること。グループ企業の中核企業が金融機関に専用の口座を開設することで，グループ内主要企業の資金を一元的に管理することが可能となる。CMS導入による企業のメリットとしては，①グループ内主要企業各社に資金管理担当者を配置する必要がなくなり，省力化が図れること，②グループ企業間で資金の融通を行うなどにより，資金調達および運用の効率化が図れること，③資金調達コストの削減や決済手数料の削減が図れることなどが挙げられる。

**CP** (Commercial Paper) →コマーシャル・ペーパー

**CRS** (Common Reporting Standard，共通報告基準)
　自動的情報交換の対象となる非居住者の「口座の特定方法」や「情報の範囲」等をOECD加盟国間で共通化する国際基準。CRSを通用することにより，金融機関の事務負担を軽減しつつ，金融資産の情報を各国税務当局間で効率的に交換し，外国の金融機関の口座を通じた国際的な脱税および租税回避に対処することが可能となる。現在100ヵ国以上の加盟国がCRSの枠組みに参加することを表明している。

FATCAが米国の法律であるのに対し、CRSはOECDが国際基準を定めたものを加盟国がそれぞれの国内法で定めている点で異なり、日本では実特法で具体的な対応内容を定めている。→FATCA, 実特法

**CSR**（Corporate Social Responsibility）

企業は、企業を取り巻くステークホルダーに対して負っている法令等遵守、人権配慮、環境保護、雇用条件の改善などの様々な社会的責任を果たさなければならないとの考え方。具体的には、株主や投資家に対する適切な情報公開、取引先に対する顧客満足度の向上、地域社会に対する環境への取組み等の社会貢献、従業員に対する安全対策の徹底、社員教育の推進、労働環境の整備等が挙げられる。CSR重視の傾向は、欧米にはじまり、最近では日本においても定着しつつある。

# D

**D/A**（Documents Against Acceptance）

手形引受書類渡し。信用状なし荷為替取引における荷物引渡しの一条件で、期限付荷為替手形の送付を受けた取立銀行が手形支払人（輸入者）に対して手形引受と同時に船積書類を引き渡す条件をいう。輸入者は、手形の呈示を受けた際、代金を支払う必要はなく、手形引受を行うだけで船積書類を入手することができ、これにより輸入者は手形期日までに輸入貨物を売却し、売却代金によって手形を決済すればよいことになる。たとえば、D/A 90days after sightの場合、輸入者は、手形を引き受けてから90日後に手形を決済すればよいことになる。
→D/P

**D/D**（Demand Draft） →送金小切手（外国為替の）

**D/P**（Documents Against Payment）

手形支払書類渡し。信用状なし荷為替取引における荷物引渡しの一条件で、荷為替手形の送付を受けた取立銀行が手形支払人（輸入者）に対して代金の支払と同時に船積書類を引き渡す条件をいう。たとえば、D/P at sightの場合、輸入者は、手形の呈示を受けた際、すぐに手形を決済しなければならない。→D/A

**DCF法**（Discounted Cash Flow Method）

貸出債権を評価する方法の1つで、将来の元利金回収予測額を将来価値として

把握し，将来の各時点でのキャッシュ入金額に対して一定の割引率を適用して現在価値を求め，現在価値の総和を市場価値として求める手法。金融機関での貸出実務に及ぼす影響は大きく，債権の市場での売却価格，担保不動産の評価額，企業の継続価値などがDCF法でより合理的に求められるといわれている。融資先企業の将来の収益予想に基づいて貸出債権の引当金を算定する動きが大手銀行を中心に見受けられる。

**DDS**（Debt Debt Swap, 債務の劣後債務化）

債権者が債務者に対して有する既存の債権を，別の条件による債権に変更すること。金融機関の有する貸金債権を，他の債権よりも劣後する劣後ローンや劣後債に変更する意味で使用されることが多い。これは，企業にとっては借入金の負担が減ることで再建への道が広がる一方，金融機関にとっては債務者区分の引上げにより不良債権の削減につながる。金融検査マニュアルでは，多くの中小企業の借入金が長期固定化することで過剰債務の状態となる現状を踏まえ，財務の再構築を図るための手法としてDDSを織り込み，債務者について合理的かつ実現可能性が高い経営改善計画と一体として行われること等の条件付きで，債務者区分等の判断において，DDSによる劣後ローンを，資本性借入金として当該債務者の資本とみなすことができるとしている。資本的劣後ローン（早期経営改善特例型），期間5年超で期日一括弁済，業績連動型金利設定，法的破綻時の弁済劣後性という要件を充足することを前提条件とする資本的劣後ローン（准資本型）も，資本性借入金として認められている。

**DES**（Debt Equity Swap, 債務の株式化）

債権者が保有する貸付金などの債権を，債務者会社の再建支援のために株式に転換し，会社の資本金ないし資本準備金に振り替えること。過剰債務を抱える債務者にとってはキャッシュフローにより返済可能な程度まで債務を減らすことにより，債務不履行に陥るリスクが軽減され，自己資本比率が改善するなどの効果がある。一方，債権者にとっては配当受領の権利が最劣後の株式になることや，株価変動リスクを負うなどのデメリットがあるが，債務者の再建が成就した場合には株式のキャピタルゲインが生じる可能性があり，債権放棄をするよりもメリットがある。

**DIP型会社更生手続**（ディップ（DIP（Debtor In Possession））がたかいしゃこうせいてつづき）

会社更生手続を申し立てた会社の役員等が，管財人となり，現経営陣が退陣せずに引き続き再建に当たる会社更生手続のこと。従前は，更生会社の管理処分権をもつ管財人を現経営陣から選任することはできないとされていたが，東京地方裁判所は，2008年12月，DIP型会社更生手続の運用基準を公表し，①現経営陣に不正行為等の経営責任の問題がないこと，②現経営陣の経営関与によって会社更生手続の適正な遂行が損なわれるような事情が認められないこと等を運用上の要件として，現経営陣から管財人を選任することができることとした。これを受けて，東京地方裁判所では2009年よりDIP型会社更生の申立てがなされ，大阪地方裁判所でも2010年から運用されるな

ど，徐々にその利用が拡大している。

**DIPファイナンス**（DIP（Debtor In Possession）finance）

本来は会社更生や民事再生等の法的再建手続を申し立てた債務者に対し，更生または再生計画の立案，決議，確定までの間に発生する運転資金を，つなぎ融資すること。通常は当該法的手続における共益債権として，優先的弁済順位が認められているが，100%の弁済が保証されているわけではない。企業が法的再建手続に入った場合，再生計画等が確定するまでにはある程度の時間を必要とするが，その間企業は資金不足状態となり納入業者から原材料や商品が供給されず，顧客離れも生じる。そこでDIPファイナンスを用いて倒産企業の企業価値を維持しながら，再生計画等を円滑にスタートさせることにより，社会経済的に有用な事業の効率的な再生支援を図ることが可能となる。なお現在は，法的手続に限らず，私的整理手続における再建支援つなぎ資金や再生計画等が確定した後の資金ニーズに対応する融資も広くDIPファイナンスと称することが多い。

**ETF**（Exchange Traded Funds，上場投資信託）

証券取引所に上場されている投資信託で，株と同様に証券会社を通じた売買が可能。通常の投資信託と同様にファンドマネージャーによって運用がなされている。投資信託は1日の取引の終わりにただ1つの価格が決定するのに対し，ETFは売買価格が株と同様にリアルタイムで変動する。また，ETFは指値売買可能であり，販売手数料や信託報酬は通常の投資信託よりも総じて低く設定されている。

市場規模は，世界的にみてもETFが圧倒的に大きいとされており，日本でも今後市場規模の拡大が期待される金融商品である。

# F

**FATCA** (Foreign Account Tax Compliance Act, 外国口座税務コンプライアンス法)

米国人による海外口座を利用した租税回避を阻止するため，米国国外の金融機関に，顧客口座についての本人確認やIRS（米国内国歳入庁）への情報提供義務を課す米国の法律。FATCAにおける金融機関の定義は広範なものであるため，銀行や証券会社だけでなく，投資事業組合，証券投資信託，保険会社等もその範疇に含まれるものと考えられている。FATCAに従わない場合，自己および顧客勘定による米国投資からの利子や配当，米国資産の売却，償還額に対し30％の源泉徴収が課されることになる。日本は米国と政府間協定を締結し，IRSとの間でFFI（外国金融機関）協定を締結する代わりにIRSウェブサイトで協力金融機関として事前登録し，口座情報を検索して米国口座を特定する等の方法により，義務の軽減化を図った内容で運用している。

**FATF** (Financial Action Task Force on Money Laundering, マネー・ローンダリングに関する金融活動作業部会)

1989年にフランスのパリで開催されたアルシュ・サミットでの経済宣言を受けて設立されたマネー・ローンダリングを規制するための政府間機関。設立当初は，麻薬犯罪に関する資金洗浄防止を目的とした金融制度の構築を主な目的としてきたが，2001年9月11日のアメリカでの同時多発テロ事件の発生を受け，以降，テロ資金供与への対策にも取り組んでいる。主な活動は，FATF勧告と呼ばれるマネー・ローンダリング対策およびテロ資金対策に関する国際基準の策定と公表であり，日本においてもかかる勧告の影響を受け，犯罪収益移転防止法の整備および改正が行われている。

**FinTech** (フィンテック)

金融（Finance）と技術（Technology）を掛け合わせた造語であり，IT（Information Technology＝情報技術）やICT（Information and Communication Technology＝情報通信技術）を活用した革新的な金融サービス事業をいう。

**FOB** (Free On Board)

貿易取引条件のうち，CFR，CIFとともによく利用されるもので，本船渡し条件をいう。売手（輸出者）が約定品を自己の費用と責任で，買手（輸入者）によりまたは買手のために指定かつ手配された船舶に積み込み，本船上で引渡しを終了したときに，その物品についての一切の費用と危険の負担が買手に移行する条件。なお，日本の関税法上，輸出貨物の申告価格は，FOBを採用している。
→CFR，CIF（貿易の）

**FSA** (Financial Services Agency) →金融庁

# G

# I

**GDP**(Gross Domestic Product, 国内総生産)
　一定期間内に一国で新たに生産された生産物を合計したもので，GNPとともに経済活動の規模を貨幣価値で表わした指標の1つ。GDPは生産者や労働者がその国の国民か否かにかかわらず，その国の領土内で生産された財やサービスの価値額を計上したもので，現在では先進国の多くでGNPよりも重要な指標として使用されている。

**GNP**(Gross National Product)
→国民総生産

**IAS**(International Accounting Standards, 国際会計基準)
　現在はIFRS(International Financial Reporting Standards, 国際財務報告基準)と改称されている。IASはIASB(International Accounting Standards Board, 国際会計基準審議会)の前身であるIASC(International Accounting Standards Committee, 国際会計基準委員会)が公表した会計基準書であるが，現在でも有効に存続しているものがあり，IFRSの基準書の一部を構成している。→IFRS

**ICカード**(Integrated Circuit Card)
　カードの表面にICチップ(半導体集積回路)を埋め込み，識別データを電子的に記録したカードのこと。従来のキャッシュカードは磁気ストライプ式で磁気情報の読み取りが比較的容易であったため，偽造による預金詐取事件が多発したことに対抗すべく，多くの金融機関でキャッシュカードの偽造がより困難なICカードへの切替えが加速している。磁気情報の解析をさらに困難にすることを目的として，手のひらや指などの静脈認証パターンを用いた生体認証機能を有するカードも普及している。→生体認証

**iDeCo**(individual-type Defined Contribution pension plan) →確定拠出型年金

**IFRS** (International Financial Reporting Standards, 国際財務報告基準)

　国際的に共通な会計基準となることを意図し，IASB (International Accounting Standards Board, 国際会計基準審議会) によって策定されている基準であり，現状，世界100ヵ国以上で採用されている。IFRSの特徴としては，「原則主義」と「資産・負債アプローチ」が挙げられる。「原則主義」とは，会計処理の判断基準となる基準数値がほとんどなく，かつ例外処理も認められていないため，企業は経営実態に応じた実質的な判断が求められるという原則である。「資産・負債アプローチ」とは，企業の資産および負債を適正に表示することに主眼を置き，2会計期間の財政状態計算書（貸借対照表）の純資産の差額を損益と認識するものであり，現行のわが国の会計基準が採用している「収益・費用アプローチ」の対極にある考え方のことである。したがって，損益には直接純資産を増減させる項目も含まれるため，このような損益を「包括利益」と呼び，損益計算書も「包括利益計算書」と呼ばれることになる。

**IoT** (Internet of Things)

　パソコンなどのデジタル機器に限らず，色々なモノ（Things）がインターネット（Internet）に接続し，モノの状態を感知したり，モノを操作したりするための通信を行うことにより，効率性の向上および新たなサービスの提供を実現する枠組みの総称。例えば，自動車に通信システムを載せて，走行距離をもとに自動車保険の保険料を算出することなどが想定されている。

**IMF** (International Monetary Fund, 国際通貨基金)

　通貨に関する国際協力の促進，為替の安定の促進および多国間決済システム確立の支援等を目的として，1945年12月27日発効の「国際通貨基金協定」に基づいて設立され，第2次大戦後の国際通貨体制の中心となってきた。①加盟国からの出資等を財源として，対外的な支払困難（外貨不足）に陥った加盟国に，一時的な外貨貸付という形で支援を行う，②世界全体，各地域および各国の経済と金融の情勢をモニターし，加盟国に経済政策に関する助言を行う，③マクロ経済・財政・金融等の分野での専門知識を備えた政策担当者が不足している加盟国に対して，加盟国の要請に基づき専門家を派遣し，その政策遂行能力を高めるための技術支援を実施する等の業務を行っている。本部はワシントンD.C.。日本は1952年8月に加盟した。

**IR推進法** (アイアール (Integrated Resort) すいしんほう)

　正式には「特定複合観光施設区域の整備の推進に関する法律」という。同法は，民営カジノやホテル，会議場，レクリエーション施設等が一体となった「統合型リゾート」（IR = Integrated Resort）の整備に向けた政府の推進体制を規定している。

# L

**L/C**（Letter of Credit）→信用状

**L/Cベース**（L/C basis）

　信用状に基づいて貿易取引の決済を行うこと。このほかに，D/P・D/A条件の信用状なしベースや送金為替による送金ベースがある。

**L/G**（Letter of Guarantee）

　保証書または保証状と訳す。銀行が顧客の依頼によって発行する顧客の債務の保証書をいう。たとえば，輸出者等が相手先から契約履行の保証金の積立を要求されたときに，保証金に代えて保証書を差し入れる場合，海上輸送により貨物が到着しているにもかかわらず船荷証券が未着のため，輸入者が船会社に銀行の荷物引取保証書を差し入れて貨物の引渡しを請求する場合などに利用される。なお，信用状付輸出為替で，信用状条件に不一致があるとき，受益者（輸出者）が買取銀行に差し入れる損害担保を約束する書類もL/Gという。

**LBO**（Leveraged Buy-Out）

　企業が他の企業を買収する際，買収される企業（被買収会社）の資産や収益性を担保とし，または被買収会社の余剰資産を売却する手法を用いて，買収に係る借入等を返済する企業合併・買収手法（M&A）のこと。この手法は，買収資金の提供者（金融機関やファンドなど）にとってリスクが少なくなるよう，即金性が高い流動資産（現預金，売掛金など）が多い企業を買収する場合に利用されやすい。

**LIBOR**　→ライボー

**LLC**（Limited Liability Company）

　一般に，アメリカの各州法に基づいて設立される企業体を指して用いられ，出資者の責任が出資額に限定され（有限責任制），出資者が自由に組織を運営でき（内部自治原則），かつ事業体ごとに法人として課税されるか，または各出資者に対して課税されるか（パススルー課税）を選択することができるといった点が特徴である。日本においても，2006年より施行された会社法において，出資者の内部自治を原則としながら，出資者全員の有限責任制を認める会社形態の「合同会社」を設立することが認められることとなり，「日本版LLC」と評されている。

# M

**M&A** (Mergers and Acquisitions)

1980年代に入ってアメリカで発達した企業の合併・買収のこと。中小企業における後継者不足や経営難の対策の1つとしてこの手法が活用され，近年では新規事業への参入や企業グループの再編，業務提携，経営不振企業の救済等の手段として活用されている。M&Aの仲介業務は投資銀行や証券会社が幅広く手掛けているが，近年は商業銀行も有効な業務として注目している。

**$M_3$**

現金通貨と預金通貨に準通貨である定期預金や外貨預金を加えたものを$M_2$と称し，日本銀行はこれにCD（譲渡性預金：Certificate of Deposit）を加えた指標を，マネーサプライの最も重要な経済指標としてきたが，近時この範疇に含まれない金融商品の登場により，必ずしも適切な指標とみなされなくなった。そこで，日本銀行は2008年6月に約30年ぶりにマネーサプライ統計を見直し，新しい$M_3$が登場した。これは，$M_2$にゆうちょ銀行・農協・信用組合などの預金を含めたもので，より広い範囲の通貨を指標としている。あわせて，「マネーサプライ統計」の名称も「マネーストック統計」に変更された。

**MBO** (Management Buy-Out)

会社の敵対的買収に対する防衛策の一手段であり，経営陣による会社株式の過半数の買取によって経営権を取得する方法と，さらに株式を非公開化することで敵対的買収にさらされることを回避する方法がある。後者については，2005年7月に関西の大手アパレル会社がわが国で始めて実施した。

**MITB攻撃** (Man In The Browser攻撃)

ウェブブラウザで銀行の手続を実行するインターネットバンキングの情報を盗取したり，不正操作したりする攻撃を指す。攻撃者は，マルウェアを使って偽のポップアップ画面を作り出し，不正操作に必要な情報を入力させたり，通信の内容を改ざんして不正送金を実行したりする。まるで，ブラウザのなかに人がいるかのようにデータを改ざんするため，このように呼ばれる。

**NACCS**（Nippon Automated Cargo and Port Consolidated System）→輸出入・港湾関連情報処理システム

**NISA**（ニーサ，少額投資非課税制度）
イギリスのISA（Individual Savings Account）を参考に，その日本版（Nippon）として2014年1月から導入された制度。NISA口座で購入した上場株式や株式投資信託等の配当金および売買益等が，毎年100万円の新規購入分を対象として，最長5年間非課税となる。この制度は2023年12月までの10年間の時限措置で，20歳未満の未成年投資者を対象としたジュニアNISAも設けられている。
→ジュニアNISA，つみたてNISA

**NPOバンク**（エヌピーオーバンク）
NPO（Non Profit Organization）や小規模事業者，個人向けに活動支援，生活支援などの目的で貸付業務を行う非営利金融機関の総称。貸付業務には，貸金業の登録が必要であるが，特定非営利活動貸付けまたは生活困窮者支援貸付けを低利（7.5%以下）で行うことなどの要件を満たす特定非営利金融法人は，登録要件である財産的基礎，指定信用情報機関の信用情報の利用義務などが免除される。返済期間を通じて，当該貸付けに係る契約の相手方および保証人に係る返済能力に関する事項の調査として，当該相手方および保証人が貸金業者に対して負担する債務の総額その他当該相手方（事業を営む者に限る）の財務の状況を定期的に把握し，必要に応じてこれらの者に対する助言または指導を行うことなどの要件が課されている。

# O

**OECD**（Organization for Economic Co-opera-tion and Development，経済協力開発機構）

第2次大戦後，アメリカの対西欧援助（マーシャル・プラン）の受入機関として発足したOEEC（欧州経済協力機構）は，西欧の経済復興と発展に貢献した。OECDは，このOEECを改組し，アメリカおよびカナダを正式メンバーとして加えて1961年9月に発足した先進国を中心とする国際機構で，事務局をパリに置いている。①経済成長，②貿易自由化，③途上国支援を三大目的として掲げている。日本は1964年4月に正式に加盟した。

# P

**P/L**（Profit and Loss Statement）→損益計算書

**PDCAサイクル**（ピーディーシーエーサイクル）

金融の分野にとどまらず，広く事業活動における生産管理や品質管理などの業務を円滑に進める手法の1つ。2007年2月，金融庁が金融検査マニュアルを全面改訂し，金融機関に対し，管理方針や組織体制・規程の整備にとどまらず，既存の態勢を自主的かつ継続的に改善していく内部管理態勢の構築を重視し，経営陣が①方針の策定（Plan），②内部規程・組織体制の整備（Do），③評価（Check），④改善（Act）をそれぞれ適切に行っているかという観点から検証項目を整理したことから，各金融機関において，PDCAサイクルの重要性が認識されることとなった。

**PFI**（Private Finance Initiative）

社会資本の整備に，民間が持つ資金やノウハウを活用する手法である。わが国では公共事業費削減や景気対策の一環として，1999年にPFI法（民間資金等の活用による公共施設等の整備等の促進に関する法律）が成立し，導入された。PFI事業では官民のリスク分担が事前に契約によって決められるのが特徴であり，実際に破綻した場合の官の買取額や民の回収額等があらかじめ定められる。PFI事業の市場規模は拡大しつつあり，事業に

対する融資に積極的に取り組む金融機関が多い。

# R

**RCC**（The Resolution and Collection Corporation）→整理回収機構

**REVIC**（Regional Economy Vitalization Corporation of Japan）→地域経済活性化支援機構

**RTGS**（Real-time Gross Settlement）
「即時グロス決済」と訳され，中央銀行における金融機関間の口座振替の手法の1つである。RTGSでは，個々の振替指図が中央銀行に持ち込まれた時点で直ちに実行されるため，ある金融機関における決済不能がどの金融機関への支払の失敗であるのかを特定することができ，それらに関係しない他の金融機関の決済を停止させることがないことから，金融機関の決済不能の可能性が生じ得る現在の環境下では優れた手法とされる。これに対し，金融機関が中央銀行へ持ち込んだ振替指図が一定時点まで蓄えられ，定められた時点での各金融機関ごとの受払差額を決済する手法の「時点ネット決済」は，資金効率の良さからわが国では従来，決済手法の主流とされていた。

# S

## SDR (Special Drawing Rights)

IMF（国際通貨基金）に加盟する国がもつ資金の特別引出権をいう。準備資産・外貨不足の国が米ドルやユーロなど必要な外貨を調達するための請求権である。IMFへの出資額によって配分されるSDRを保有していれば，IMFの指示に従って，それを他の加盟国がもつ外貨と一定の割合で交換できる。国際取引のための外貨が不足した国は，SDRを使って，その時の支払に必要な外貨を調達できることになる。

【SDR】

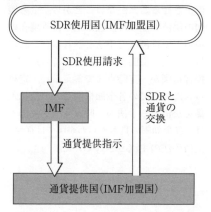

## SPC (Special Purpose Company)

資産流動化や証券化において，不動産，貸付債権，売掛債権，リース債権等の資産を裏付けとして発行される証券（ABS）の組成・発行等を行うためだけに特別に設立された会社。

## SWIFT (Society for Worldwide Interbank Financial Telecommunication)

1973年，国際取引を行う世界の主要銀行が協力して設立した世界的レベルで安全化・標準化された国際通信ネットワークサービス。本部はベルギー，組織形態は非営利の「協同組合」を採用している。現在，200ヵ国，1万以上の金融機関がこのシステムを利用し，日本でも数多くの金融機関，企業がこのシステムを資金・証券決済で利用している。

取引。→TTB

# T

**T/R**（Trust Receipt）→荷物貸渡し

**TDB**（Treasury Discount Bills）→国庫短期証券

**TIBOR** →タイボー

**TOB**（Take-Over Bid）
株式の公開買付けのことで，株式の買収希望者は不特定多数の者に対し，一定数量の株式を一定期間内に公表直前の時価を上回る価格で買い取ることを公表し，株式の大量買付けを行い被買収企業の経営権を掌握するもの。なお，自社株の買入消却を実施する手段としてTOBを利用することもある。

**TOPIX**（Tokyo Stock Price Index）
「東証株価指数」のことで，東京証券取引所第一部の全銘柄の時価総額が基準時点（1968年1月4日）を100として，その時価総額と比較してどの程度増減したか，ということを通じて市場全体の株価の動きを表すもの。

**TT**（Telegraphic Transfer）→電信送金（外国為替の）

**TTB**（Telegraphic Transfer Buying（rate））
対顧客電信買相場。顧客宛てに到着した被仕向送金の支払，輸出取立手形の支払などで外貨を円貨に交換する取引に適用される為替相場。→TTS

**TTS**（Telegraphic Transfer Selling（rate））
対顧客電信売相場。顧客の依頼に基づく仕向送金などで外貨を円貨に交換する

# U

**UCP** (Uniform Customs and Practice for documentary credits) →信用状統一規則

# あ

**相落小切手**（あいおちこぎって）
 同一銀行の複数の支店（A支店とB支店）と取引のある者が，A支店を支払人とする小切手をB支店の口座に入金する一方，B支店を支払人とする同額の小切手をA支店の口座に入金する方法で振り出した場合の，その両方の小切手。この場合，相落手形と異なりその両小切手の振出人は同一であり，また，受取人も同一であることから，その小切手の入金日を調整するとともに支払銀行において他店券過振りがなされれば，小切手の振出人は若干の期間資金調達が可能となる。しかし多くの場合，預金口座への小切手入金日の預金残高が，未決済の他店券である小切手金の額だけ増加することから，預金残高創出のために行われる。

**相落手形**（あいおちてがた）
 資金を得ることを目的とした手形である融通手形を，資金を必要する者同士がそれぞれ交換的に振り出した場合の，それらの手形のこと。また，交換的に振り出すのではなく，資金を得たい者が第三者に融通手形を振り出してもらい，その担保として，同じ満期あるいは少し早い満期の手形を融通手形の振出人に対して振り出すような場合に，そのような対応関係となっている手形を指す場合もある。これらの手形は，一方が不渡りとなれば他方も不渡りとなる可能性が高く，不渡りの連鎖を招くおそれがある。落々手形ともいう。

**赤残**（あかざん）
 当座勘定の貸越残高のこと。残高帳に赤字で計上するので赤残という。

**赤字国債（特例公債）**（あかじこくさい（とくれいこうさい））
 公共事業などの財源として発行される建設国債と異なり，人件費などの義務的経費ならびに経常的な経費の財源として発行される国債。財政法4条では国債の発行を原則として禁止しているが，国会で議決された範囲内で建設国債の発行は認めている。しかし，赤字国債の発行はインフレを招きかねないので，別に毎年度「公債の発行の特例等に関する法律」を制定して発行している。特例公債とも呼ばれる。

**悪意**（あくい）→善意・悪意

**悪意の抗弁**（あくいのこうべん）
 手形債務者は手形の前所持人に対する人的抗弁をもって，現所持人に対抗できないのが原則であり，これを人的抗弁の切断または人的抗弁の個別性と呼んでいるが，例外として現所持人が「債務者を害することを知りて手形を取得した」ときは，前所持人に対する人的抗弁をもって対抗できる（手形法17条，77条1項1号，小切手法22条）。

**アクセプタンス方式**（アクセプタンスほうしき）
 輸入金融の一方式。輸出者は，貨物の船積後，期限付信用状に基づいて期限付手形を振り出し，自己の取引銀行に手形を買い取ってもらうことにより輸出代金を回収する。買取銀行は手形を金融市場

で再割引することにより資金化するか，輸入者の取引銀行に取立を委託する。輸入者は，手形を引き受けて船積書類の引渡しを受け，手形期日までに輸入貨物を売却し，その代金で手形を決済すればよい。

**預り金**（消費者信用の）（あずかりきん）

消費者信用分野での預り金とは，「不特定かつ多数の者からの金銭の受入れであって，預金，貯金または定期預金の受入れ，および社債，借入金その他いかなる名義をもってするかを問わず，これと同様の経済的性質を有するもの」をいう（出資法2条）。出資法では，法律によって認められた者（たとえば銀行）以外の者がこの「預り金」の行為を「業」として行うことを禁止している。これが，バンクとノンバンクの大きな違いとなっており，ノンバンクは「預金の受入れを行わず与信業務を行う会社」ということになる。→出資法

**預合い**（あずけあい）

株式会社の出資に係る金銭の払込みの際になされる払込みを仮装する行為の一種であり，発起人など会社法960条1項各号に掲げる者が，払込取扱金融機関の役職員と通謀して出資に係る金銭の払込みを仮装する行為。

**預け金**（あずけきん）

銀行預け金，郵便振替預け金，為替交換決済預け金等，金融機関が他の金融機関へ預け入れるもののこと。

**アセット・スワップ**（asset swap）

保有する社債等から受け取る利子収入等を元に，金利または通貨スワップを実行する取引。資産運用・調達の際に生じる固定・変動の金利ミスマッチや他通貨間の為替のミスマッチを回避するために利用されている。

**アップ・フロント・フィー**（Up-Front-Fee）

シンジケート・ローンの組成等の，資金調達のアレンジメントと参加検討の対価として借り手から金融機関に対して支払われる手数料をいう。通常，融資総額の一定比率で一括して支払われ，ファイナンスのアレンジを行う金融機関が受け取り，シンジケート・ローンにおける参加金融機関にも一定比率で配分するのが一般的である。

**アドオン方式**（アドオンほうしき）

消費者金融等貸付金を割賦返済の方法で回収する場合にとられる利息の計算方法の一種。最初の借入額に単純に利率と期間を掛けて利息総額を算出し，借入額と利息総額を加えたものを均等分割して返済する方式。もともと，アメリカの消費者金融で長年用いられてきた手法で，日本でも消費者ローン，割賦販売などで広く利用されている。表面金利が低く表示されることから，現在ではアドオン方式単独の金利表示は許されず，実質年率で表示する必要がある。

**後取り**（あとどり）→利息の前取り・後取り

**アンペイド**（unpaid）

信用状なし取引では，手形・小切手の支払人によって支払が拒絶されることをいい，信用状取引では，船積書類が信用状条件を充足していないため信用状発行銀行によって支払が拒絶されることなどをいう。信用状取引は信用状統一規則に定めるように書類の取引であるので，船

積書類が信用状条件と不一致であれば，そのことを理由にアンペイドとされうる。このため，なかには輸入地の市況悪化や輸入者の倒産などの場合でも，些細な信用状条件の不一致を理由に支払が拒絶されることがある。

**イールド・カーブ**（yield curve）
　金利の期間構造を示す利回り曲線のこと。縦軸に金利，横軸に期間をとって表示したもので，通常，金利は期間が短いほど低く，長いほど高くなる関係から，右上がりの曲線を示す。その原因は，遠い将来になるほど不確実性が増加し，資金の流動性（資金を回収し，それを再び貸出にまわす回転の度合い）を確保することが困難視されるため，その代償としての流動性プレミアムが要求されるからである。

**「以下」と「未満」**（「いか」と「みまん」）
　いずれも，一定の数量を基準として，それより数量が少ないことを表わす場合の法令用語。「以下」は「もって下がる」であるから，一定の数量を含んでそれより少ないという場合であり，「未満」はこれを含まない。

**移管**（いかん）
　ある金融機関の店舗での取引（融資取引など）を，同一の金融機関の他の店舗に移すこと。移管が行われるきっかけは，取引先の都合または金融機関の都合のいずれもあるが，どちらの場合も両者の話合いによる合意のうえで行われるのが普通である。

**異議申立提供金**（いぎもうしたてていきょうきん）　→不渡異議申立提供金

**異議申立預託金** (いぎもうしたてよたくきん)
→不渡異議申立預託金

**「以後」と「後」** (「いご」と「ご／のち」)

いずれも，一定の日時から始まってその後の時間の連続を表わすときに用いる法令用語。「以後」は基準時点を含み，「後」はこれを含まない意味に使われる。すなわち，「4月1日以後」といえば，4月1日を含んでそれよりあとということであり，「4月1日後」といえば4月1日を含まないので，「4月2日以後」というのと同じことになる。→「以前」と「前」

**遺言** (いごん／ゆいごん)

ある者がその者自身の死亡によって法律効果を発生させようとする目的で，生存中に一定の方式に従ってする，相手方のない単独行為。遺言をすることのできる事項は，遺贈，相続分の指定，遺産分割方法の指定，相続人の廃除，遺言執行者の指定，認知等である。遺言をするには満15歳に達していることを要し，また遺言者の真意を確保するために厳格な方式が定められている（民法960条，967条以下）。

**遺言信託** (いごんしんたく)

①遺言によって設定する信託。遺言者の財産の全部または一部を信託する旨と，その目的，管理処分方法，受益者，受託者などを遺言書に記載する（信託法3条2号）ことにより，遺言の効力発生（遺言者の死亡等）と同時に信託が設定される（同法4条2項）。通常行われる遺言による遺産分割方法の指定や遺贈と同様の効果を上げることができるが，相続財産の利用方法について遺言者が自らの意向をその死後（相続発生後）にも反映させたい場合のほか，財産処分等を遺族の状況に応じ受託者の裁量によって行うことを期待する場合や，公益目的で遺産を活用する場合に適している。②信託銀行および信託業務に本体参入している銀行等が提供する遺言の作成，保管，執行に関するサービス。各信託銀行等が注力している業務分野である。金融機関の信託業務の兼営等に関する法律1条1項4号・7号に基づく業務であるので，同法に基づく認可を得ていない一般の銀行等は自ら営業することはできない。

**遺言の方式** (いごんのほうしき)

遺言は遺言者の真意であることを明確にする必要があることから，厳格な方式が定められており，この方式によらないものは遺言としての効力を生じない（民法960条）。遺言の方式には，普通の方式と特別の方式がある。普通の方式には，遺言者が遺言の全文，日付および氏名を自書し，これに印を押す自筆証書遺言，遺言書の紛失や変造を防止するため遺言者の依頼により公証人が作成する公正証書遺言，遺言者の生存中は遺言の存在を明らかにしておきながら遺言の内容を秘密にしておきたい場合の秘密証書遺言，の3種がある。特別の方式には，疾病や船舶遭難などのため死亡の危急に迫った者が行う危急時遺言，伝染病のため隔離されている者や船舶中にある者が行う隔絶地遺言がある。

**遺産分割** (いさんぶんかつ)

共同相続（複数の相続人が存する相続）の場合，相続の開始と同時に遺産は共同相続人に共有的に帰属することになるが，これを各相続人に分配することを遺

産分割という。遺産分割は，遺産に属する物または権利の種類および性質，各相続人の年齢，職業，心身の状態および生活の状況その他一切の事情を考慮して公平にしなければならない（民法906条）。被相続人が遺言により禁じた場合（同法908条）を除き，共同相続人はその協議により遺産を分割することができ，協議が整わない場合，各共同相続人は，家庭裁判所の審判による遺産の分割を請求することができる（同法907条）。

**意思の欠缺**（いしのけんけつ）
意思表示において，表示行為に相当する意思が，表意者の内心に存在しないかまたは内心に存在する意思と一致しないこと。表意者が，その不存在または不一致を知っていた場合が心裡留保（民法93条）および虚偽表示（同法94条）であり，知らなかった場合が錯誤（同法95条）である。

**意思表示**（いしひょうじ）
一定の法律効果を欲する意思を表示する行為をいい，法律行為の要素をなす法律事実である。一定の法律効果を欲する意思（効果意思）とこの意思を外界に表示する行為（表示行為）とからなる（第三の要素として意思を発表しようとする表示意思を必要とする説がある）。そのいずれかを欠くときは，意思表示は成立しない。

**「以上」と「超」**（『いじょう』と『ちょう』）
いずれも，一定の数量を基準として，それより数量が多いことを表わす場合の法令用語。「以上」は「もって上がる」で，一定の数量を含んでそれより多いという場合であり，「超」はこれを含まない。

**イスラム金融**（イスラムきんゆう）
イスラム教の教義では金銭の使用に対して利子を課すことや契約中の不確実性および投機行為が禁じられているため，投資を中心とした形で行われる金融をいう。オイルマネーの増加によりイスラム金融のニーズが高まり日本企業によるイスラム債発行やプロジェクト融資等での利用が進んでいる。

**「以前」と「前」**（『いぜん』と『ぜん／まえ』）
いずれも，一定の基準時点より前への時間的広がりを表わす法令用語。「以前」は基準時点を含み，「前」はこれを含まない。たとえば，「4月1日以前」といえば，4月1日を含んでそれより前の期間または時間的広がりを表わすのに対し，「4月1日前」といえば，4月1日を含まず，「3月31日以前」と同じことになる。
→「以後」と「後」

**遺贈**（いぞう）
遺言で行う財産の贈与のこと。遺贈には具体的に特定した財産を対象とする特定遺贈と，相続財産の全部または一定の割合を対象とする包括遺贈の2種類がある。

**委託**（いたく）
他人に法律行為あるいは法律行為ではない事務の処理を依頼し，任せること。委託した者（委託者）と委託を受けた者（受託者）との間には信任関係が生じ，受託者は，委託者の指図だけに頼ることなく，自己の裁量で，任された事務を，その目的に従って処理する権限を有する。委任，準委任，問屋，運送，信託などの法律関係は委託を基礎として成立する。委託者と受託者との間には，代理関係が

**委託銀行（委託店）**(内国為替における)(いたくぎんこう（いたくてん）)

手形等の代金取立において，依頼人から証券類の取立の依頼を受けた銀行のこと（取扱店を委託店という）。→受託銀行（受託店）

**委託金融機関**(いたくきんゆうきかん)

包括的な業務委託契約により，一般金融機関または特定の金融機関に対し，主として設備資金あるいは長期運転資金などの貸付業務を委託している政府金融機関のこと。政府関係のものとして，日本政策金融公庫，独立行政法人福祉医療機構などがある。委託金融機関の委託を受けて代理貸付を行う金融機関を受託金融機関という。委託金融機関と受託金融機関との法律関係は，一種の委任契約とされている。→受託金融機関

**一時預り**(いちじあずかり)

銀行等において，取引先からの預り品（通帳，証書等）は，本来，貸金庫・保護預りなど正規の保管業務で取り扱うが，やむをえない事情により短期間一時的に預かる場合がある。これを一時預りという。

**一時貸越**(いちじかしこし)

当座勘定取引先が手形・小切手を振り出した場合において，その決済資金が，当座預金残高を超えるとき，または貸越契約があるときはその契約で合意された極度額を超えて一時的に不足するときに，銀行の危険負担により，銀行の判断または取引先の依頼に基づき，その手形・小切手を決済する（不渡りとしない）ために銀行が臨時に立替払いをすること。一時過振りともいう。

**一時払い養老保険**(いちじばらいようろうほけん)

保険料を一括で払い込む養老保険（生命保険商品の１つで，一定の保障期間を定め満期時に死亡保険金と同額の満期保険金が支払われるもの）で，保険期間は３年から30年以上の長期のものまであるが主流は５年，10年。なお，保険期間中に死亡した場合は，満期保険金と同額の死亡保険金とその時点までの積立配当金が支払われる。

**一部裏書**(いちぶうらがき)

手形・小切手金額の一部を裏書により譲渡すること。しかし，現行法上許されておらず（手形法12条２項，小切手法15条２項），これを行うと，その裏書自体が無効とされる（有害的記載事項）。なお，手形・小切手金額の一部支払がなされたのち，その残りの金額の手形・小切手の裏書譲渡は，一部裏書ではない。

**一部弁済**(いちぶべんさい)

金銭債務の全額でなく，一部について弁済が行われることをいう。内入(うちいれ)ともいう。一部弁済の金額が弁済をなすべき金額に著しく不足するときは，有効な弁済とはならないが，一部弁済の金額が債務全額にわずかの不足があるときでも，有効な弁済があったとみられる例が少なくない。また，第三者が一部弁済を行うときには，いわゆる一部代位の問題を生ずる（民法502条）。

**一覧後定期払手形**(いちらんごていきばらいてがた)

所持人が振出人に対して支払のために（為替手形の場合は，支払人に対する引受

のために）手形を呈示してから，手形に記載された一定期間を経過した日を満期とする手形のこと。たとえば，「一覧後1月払い」あるいは「呈示後10日払い」などと記載する。

**一覧払手形**（いちらんばらいてがた）

所持人が振出人に対して支払のために（為替手形の場合は，支払人に対する引受のために），手形を呈示した日を満期とする手形のこと。なお，満期の記載がない手形は一覧払いとみなされる（手形法2条2項，76条2項）。

**一般会計歳出**（いっぱんかいけいさいしゅつ）

国の予算は，一般会計と特別会計に分けられる。通常の財政活動は一般会計を通じてなされ，特定の事業や資金管理などは特別会計により行われる。一般会計の収入（歳入）は租税および印紙収入や公債などによって賄われ，支出（歳出）は主要経費別にみれば，社会保障関係費，地方交付税交付金等，文教および科学振興費，公共事業関係費，国債費などに充てられている。なお，近年の予算規模はおおよそ，一般会計で90兆円程度，特別会計で200兆円程度である。

**一般社団法人・一般財団法人**（いっぱんしゃだんほうじん・いっぱんざいだんほうじん）

2008年12月1日に施行された「一般社団法人及び一般財団法人に関する法律」により，従前は公益法人に限られていた民法上の社団法人と財団法人は，剰余金や残余財産の分配を目的としない限り事業内容の公益性の有無にかかわらず法人格が取得でき，法律に定める一定要件を満たせば官庁の許可を受けずに法人を設立できることとなった。法施行時に存在する社団法人・財団法人は，2013年11月30日をもって一般社団法人・一般財団法人となるか，公益社団法人・公益財団法人となるかを選択することとなった。

**一般線引**（いっぱんせんびき）→線引小切手

**一般線引小切手**（いっぱんせんびきこぎって）→線引小切手

**一般代理店**（いっぱんだいりてん）

財務省令に基づく日本銀行代理店の1つ。一般代理店は，国の官庁と取引を行い，国庫金の受入・支払や国債の元利金の支払など広汎な事務を取り扱う代理店であり，その業務内容・機能は日本銀行の支店とほぼ同様である。→日本銀行代理店

**一般通信**（いっぱんつうしん）

内国為替業務に関する全銀システム加盟銀行相互間の照会，回答，連絡などの通信のことをいう。一般通信の通信種目は「ツウシン」であり，内容に応じて照会（ショウカイ），依頼（イライ），連絡（レンラク），回答（カイトウ）の内訳項目を使用する。通信内容が複数の内訳項目に該当するときは，主な通信内容に該当する内訳項目の1つを選択する。

**委任**（いにん）

当事者の一方が，相手方に対して，法律行為をすることを委託する契約のこと（民法643条）。委任は，民法上は報酬のない無償・片務契約が原則であるが，実際には，報酬の特約のある有償・双務契約が多く，商法では営業の範囲内において有償とする（商法512条）。

**依頼返却**（いらいへんきゃく）

交換呈示された手形・小切手を，持出

いりゅう

銀行から支払銀行への依頼により、通常の不渡返還手続によらないで返還してもらうこと。依頼返却がなされた場合には不渡届が提出されず、不渡処分を免れることができることから、不渡返還時限内でなければ依頼返却はできない。たとえば、支払義務者が資金不足で決済ができないことがわかり、手形所持人との間で支払延期の話合いがついたような場合に利用される。しかし、不渡処分を免れるためのものであることから、「別途支払済、その他真にやむを得ない理由があるとき」のみ依頼返却ができるとされている（東京手形交換所規則施行細則64条参照）。また、いったんなされた支払呈示の効力についても、判例ではその呈示の効果自体に影響はないとしている。

**遺留分** (いりゅうぶん)

一定範囲の法定相続人のために最小限必ず留保しておかねばならない相続財産の一定の割合（民法1028条以下）。遺留分を超えて贈与または遺贈がなされた場合には、遺留分を有する相続人（遺留分権利者）は、相続開始後、遺留分を保全するのに必要な範囲内で、贈与または遺贈の減殺を請求することができる（同法1031条以下）。

**印影** (いんえい)

紙などの書類に個人や組織を表象する印章（判子）の表面にある文字やシンボルを押すことで、印章の跡を残したものをいう。→印章

**員外貸出** (いんがいかしだし)

信用金庫、信用組合、農業協同組合の貸出は、その組織（会員、組合員制度）の性格上、原則として会員（組合員）に対する貸出に制限されているが、これら会員（組合員）に対する貸出業務の遂行を妨げない限度において、法令で定めるところにより、地方公共団体、金融機関その他会員（組合員）以外の者に対して貸出をすることが認められている。

**印鑑** (いんかん)

官公署（国および地方公共団体）や金融機関などに届け出てある印影のこと。ただ、一般的な用語としては、印章、押印済みの印鑑用紙（印鑑票）を印鑑ということもある。→印影

**印鑑照合** (いんかんしょうごう)

金融機関にあらかじめ届け出てある印鑑と、預金の払戻請求書や手形・小切手に押されている印影を照合すること。金融機関は、預金の払戻しや手形・小切手の支払にあたり、印鑑照合行為に対して「善管注意義務」（業務を委任された人の職業や専門家としての能力、社会的地位などから考えて通常期待される注意義務）が要求されている。したがって、預金の払戻しに際し、適切な善管注意義務をもって印鑑照合を行い、「相違なし」と認めて取り扱った場合、金融機関は責任を負わないという免責条項を設けている。→平面照合

**印鑑証明** (いんかんしょうめい)

印鑑を前もって官公署（市区町村役場・登記所等）に届出（印鑑登録）しておき、申請書や委任状に押した印影の正当性を証明する必要があるとき、届出人の請求に基づき、届出人の印鑑（印影）が登録印鑑と相違ない旨を当該官公署が書面で証明する制度のこと。官公署へ届け出た印鑑（印章）を、一般的に「実印」とい

う。→実印

**インコタームズ** (Incoterms : international commercial terms)

輸出者と輸入者の義務を定めた国際的なルールで，貿易取引におけるFOBやCIFなどの取引条件の統一解釈のため，国際商業会議所（ICC）により制定されたもの。

**インサイダー取引**（インサイダーとりひき）

有価証券の投資判断に影響を及ぼす重要な会社情報に接近できる特別の地位にある者が，その立場を利用して，一般には公開されていない重要な会社情報（重要事実）を知って当該会社の株式などの証券の取引を行うこと。内部者取引ともいう。インサイダー取引は，金融商品取引所の公正性と健全性を維持し，金融商品市場に対する投資者の信頼を保持するために，金融商品取引法上，厳重に規制されている。

**印紙税**（いんしぜい）

印紙とは，印紙税を納めるために，一定の文書に対して作成者が貼付する切手のような紙片のことである。印紙税とは，日常の経済取引に関連して作成される各種の文書のうち，印紙税法別表第1の課税物件表に掲げられている第1号から第20号までの文書に対して課税される国税の一種である。代表的な課税文書としては，金銭借用証書・金銭消費貸借契約書等の消費貸借に関する契約書，約束手形または為替手形，株券・出資証券もしくは社債券または投資信託，貸付信託もしくは特定目的信託の受益証券，定款，預金証書・貯金証書などが挙げられる。

**印紙税一括納付**（いんしぜいいっかつのうふ）

金融機関が発行する預金通帳，証書などに，都度，印紙を貼付して印紙税を納付する方法に代え，一括して納付する方法のこと。①印紙税相当額を所轄税務署に現金納付して課税文書に税印の押捺を受ける方法，②印紙税納付計器使用による方法，③印紙税額を一括納付して課税文書に一定の表示をする方法がある。

**印章**（いんしょう）

個人や組織を表象する文字やシンボルを，紙などの書類に印影として顕出させるべく，当該文字やシンボルを刻み込んだ木材，象牙や合成樹脂などの物体のことであり，印判，判子，印顆（いんか）ともいう。→印影

**インターネット・バンキング** (internet banking)

インターネットを通じて預金の取引履歴・残高の照会，振込等のサービスを受けることが可能なシステムをいい，金融機関によってはバーチャルモールでの買物代金決済も可能である。店頭での対面取引ではないため，本人確認のセキュリティ確保をICカードや電子証明書を用いて行う。インターネット・バンキングを利用した無権限者による振込等で預金者が損害を被った場合，盗難通帳による不正払戻被害と同様に預金者側の過失の有無・程度によって金融機関が補償する制度が2008年8月から開始されている。

**インターバンク取引**（外国為替の）（インターバンクとりひき, interbank exchange dealings）

銀行相互間の為替取引をいう。通常，為替持高および為替資金の調整を目的として行われることが多い。

**インデクセーション**（indexation）

インデクシング（indexing）ともいい，物価スライド制と訳す。インフレに伴う名目値と実質値の差（乖離）によって生じる経済取引上の不公平や悪影響を中和させる方策の1つ。主として賃金，金利などに適用され，一定の方式に従って物価に連動させるが，世界的なインフレ傾向のなかで欧米諸国でも部分的導入の論議が高まっている。わが国でも，拠出制年金と生活保護費の算定に導入されている。

**インパクト・ローン**（impact loan）

使途が指定されていない外貨借入れ。企業が設備資金，運転資金や輸入代金の支払など，さまざまな目的のために銀行から借り入れる外貨資金のこと。

**インフラ輸出**（インフラゆしゅつ）

鉄道や道路，上下水道，発電所などのインフラを，計画の段階から建設，保守，点検までを一括して海外へ販売する事業。アセアン（ASEAN）諸国やインド，バングラデシュなど，成長が著しい新興国では，インフラ需要が拡大しており，大型案件で資金計画から建設後の管理までまとめて発注するケースが多い。

**インフレーション**（inflation）

種々の経済上の膨張現象を指称する言葉で，一般に通貨膨張による物価の持続的騰貴，その逆数としての貨幣価値の下落と定義される。インフレーションは所得・資産の不公平な再分配や国際収支の不均衡をもたらし，さらには経済の健全な成長を妨げるものとされ，現代経済の解決すべき主要な課題とされている。また，スタグフレーション（不況下の物価高）という新しい事態も生じている。

→デフレーション

【インフレーションとデフレーション】

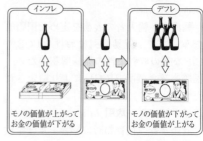

**インボイス**（invoice）　→商業送り状

# う

**浮貸し**（うきがし）

金融機関の役職員などがその地位を利用して，自己または当該金融機関以外の第三者の利益を図るために，職務上管理している資金を，正規の手続をとらずに貸し出したり，資金の貸借の媒介又は債務の保証を行うこと。保管金，預託金等を入金の記帳を行わず，あるいは帳簿の改ざん等によって浮かし，勝手にこれを自己名義等で貸し出して高利または利ざやを稼ぐのがその代表的手法であり，出資法で禁止されているほか，刑法上の背任罪，横領罪，民法上の不法行為になることがある。→出資法

**受取証書**（うけとりしょうしょ）

一般には領収書のこと。民法では，受取証書は，弁済者から交付を請求されたときに交付すべきものとされている（民法486条）。しかし，貸金業者や貸金業者から委託を受けた者，貸金債権の譲渡を受けた者，特定金銭債権の管理回収業務を行う債権管理回収会社（サービサー）に関しては，契約時の内容，弁済時点の残債務および充当内容等を記載して交付すべき義務が定められている（貸金業法18条1項・2項・3項，債権管理回収業に関する特別措置法15条）。→マンスリーステートメント

**受戻証券性**（うけもどししょうけんせい）

債務者が手形，小切手，証券の支払を行う際，こうした有価証券の交付を債権者に請求することができる権利で，債務者の二重払いを回避するための方策として手形法や小切手法に規定されている。具体的な受戻証券としては，手形・小切手，貨物引換証，倉庫証券，船荷証券などがある。

**裏印**（一般線引小切手の）（うらいん）
→裏判

**裏印**（持参人払式小切手の）（うらいん）

小切手の所持人が持参人払式小切手の裏面に押捺する印。支払銀行が小切手所持人からの支払請求により支払うときの裏印は領収の意味をもつ。

**裏書（譲渡裏書）**（うらがき（じょうとうらがき））

指図証券としての手形および小切手に認められている権利の譲渡方法。裏書は，正式には「表記金額を下記被裏書人またはその指図人にお支払いください」という裏書文句と被裏書人名を記載して，裏書人が署名（記名）捺印する方法でなされる。白地式裏書もあるが，この場合でも裏書人の署名（記名）・捺印は必要となる。統一手形用紙の裏面には裏書欄があるが，必ずしも裏書欄にする必要はなく，手形に継ぎ足した紙（補箋）にしてもよい。小切手も手形と同様に裏書により譲渡できるが，実際は少ない。また，小切手の場合，支払人に対してなされた裏書は受取証書としての意味しかないとされている（小切手法15条5項）。→譲渡裏書

【手形の裏書例】

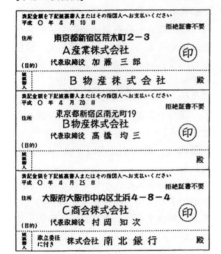

**裏書禁止手形**（うらがききんしてがた）
振出人が手形表面に「裏書禁止」または「指図禁止」等の裏書譲渡を禁止する文句を記載した手形。この手形の受取人が手形債権を譲渡するには，指名債権譲渡の方法および効力をもって行うこととなる。すなわち，当事者間で手形譲渡の合意をし，かつ，譲渡人から振出人に対する通知あるいは振出人の承諾により対抗要件を備える方法により行うこととなるが，裏書禁止手形も権利を行使するには手形を必要とするので，手形の交付が譲渡の効力発生要件であるとされている。

**裏書譲渡**（うらがきじょうと）
手形・小切手を裏書の方法により譲渡すること。手形・小切手の譲渡方法には，この裏書によるほか，指名債権譲渡の方法によっても行いうるとするのが通説である（ただし，譲渡の効力発生要件として手形の交付が必要）が，実際に行われることはほとんどない。

**裏書の効力**（うらがきのこうりょく）
裏書の効力としては，①権利移転的効力，ⅱ資格授与的効力，ⅲ担保的効力の3つがあげられる。譲渡裏書にはこのすべての効力が認められるが，無担保裏書はこのうち担保的効力を特に排除するものである。公然の取立委任裏書には権利移転的効力，担保的効力がない。公然の質入裏書は担保的効力の有無についての争いがあるが，これを肯定するのが多数説である。

**裏書の連続**（うらがきのれんぞく）
受取人から，手形の裏書欄に記載されている最後の被裏書人に至るまでの各裏書が間断なく続いていること。すなわち，受取人が最初の裏書人となり，最初の被裏書人が第2の裏書人となるというように最後まで続いていることをいう。裏書の連続は原則として手形上の記載から判断するが，通説では形式的に裏書が中断されても手形の所持人が，その中断部分につき手形上の権利が移転されたことを証明できれば，手形上の権利を行使することができるとされている。

**裏判**（手形・小切手の）（うらは（ば）ん）
①交換印のこと。手形・小切手などの裏面に押すので，この名がある。②一般線引小切手の裏面になされる振出人の捺印または署名。これにより，支払銀行と振出人との関係では線引の効力は排除されたものとして取り扱われる（当座勘定規定ひな型18条）。

**売為替**（外国為替の）（うりかわせ，selling exchange）
銀行を基準とし，銀行から顧客等に売

却された外国為替をいう。具体的には，外国への送金為替および輸入為替などである。→買為替

【売為替】

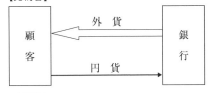

**売出し**（うりだし）

既に発行された有価証券の売付け勧誘等のうち，①第1項有価証券（金融商品取引法2条1項に規定される株券や社債等といった比較的流通性の高い伝統的な有価証券であり券面の発行されるもの）の場合は，多数の者（原則50名以上）を相手方として行う場合をいい，②第2項有価証券（同法2条2項で規定される信託受益権や匿名組合持分等といった比較的流通性の低い有価証券）の場合は，その売付け勧誘等に応じることにより，当該売付け勧誘等に係る有価証券を500名以上の者が所有することとなる場合をいう。なお，一定の機関投資家のみを相手方として一定の要件を満たして行われる場合には「売出し」に該当しない等の例外がある。

**売持ち・買持ち**（うりもち・かいもち）

外国為替取引等において使われる用語で，売持ちとは売りポジションを建てることで通称，ショートポジション（short position）といい，一方，買持ちとは買いポジションを建てることで通称，ロングポジション（long position）という。なお，売買持高差がゼロの場合をスクエア（square position）という。

**売予約**（うりよやく）

銀行が顧客に売る先物為替予約のこと。→買予約

**運転資金**（うんてんしきん）

企業が営業活動を営むうえで必要とする資金のこと。主に在庫投資など棚卸資産の購入に要する資金および売掛債権と買掛債務の滞留期間の差が原因で発生する資金を意味し，工場設備の新設，拡充といった固定資産の購入に充てられる設備資金とは区別される。設備資金がその性質上，回収に時間がかかることから長期的，固定的な資金であるのに対し，運転資金は回収期間が短いため，短期的，流動的な資金であることに特色がある。なお，賃金，利子といった経常的な費用の支払に充てる資金を運転資金に含めることもある。→設備資金

# え

## 永久劣後債 (えいきゅうれつごさい)

負債性の資本調達手段のうち，次に掲げる要件を有するもの。①無担保でかつ他の債務に劣後する払込済のものであること，②一定の場合を除き，償還されないものであること，③業務を継続しながら損失の補てんに充当されるものであること，④利払いの義務の延期が認められるものであること。なお，期限付劣後債と比較した場合，償還期限の定めがなく債務超過に陥った時等は利払いを行わなくてよい。また，期限付劣後債よりも後順位弁済となっているため上位債権や期限付劣後債が全額弁済された後に元利金が支払われるという違いがある。

## 営業的金銭消費貸借契約 (えいぎょうてききんせんしょうひたいしゃくけいやく)

個人の単発の貸付と異なり，銀行や貸金業者が行うような反復継続した貸付けのこと。金銭貸付けの上限金利の規制等を行う利息制限法と出資法において，上限金利およびみなし利息，みなし保証料について，特別の規定を置く。出資法では，刑罰の対象となる上限金利が原則として年109.5％（閏年は，年109.8％）であるが，貸金業者等の営業的金銭消費貸借では年20％を上限に制限された。利息制限法では，損害賠償の上限額が年29.2％に対して年20％に制限され，保証がある場合の利息については保証料を含めて法定上限以下に制限されるなど，保証料にも規制が行われていることに特徴がある。

## 営業店長専決貸出 (えいぎょうてんちょうせんけつかしだし)

銀行の貸出の決裁に際し，一定範囲内に限り本部への稟議承認を必要とせず，営業店長にその決裁権限を委譲する貸出をいう。金融機関によって，さまざまな名称で呼ばれる。現在，各銀行では営業店別と貸出科目別に一定の限度を設けているのが普通である。営業店別では，その規模，立地条件などによりいくつかにランク付けし，貸出科目別では担保付貸出，商業手形割引に比し信用貸付の権限枠は低く，また長期資金，特殊貸付は対象外となることが多い。

## 営利法人 (えいりほうじん)

法人（法律に基づいて権利義務の主体として認められた存在）のうち営利を目的とする法人のことをいい，一般社団法人や一般財団法人などの非営利法人に対する概念である。営利とは構成員の利益のことであり，法人の利益を配当・残余財産の分配などによりその構成員に分配することを目的としている。営利法人は社団に限られ，営利社団法人のことを「会社」という。会社の種類として会社法では，「株式会社」「合名会社」「合資会社」「合同会社」を定めている。

## エクイティ・ファイナンス (equity finance)

自己資本による資金調達のことで，具体的には新株の発行であるが，株式に転換する可能性のある転換社債や新株予約権付社債の発行も含む。

**延滞**（えんたい）

貸出金の弁済期日に借主の弁済が遅れることで，法律的にはこれを履行遅滞という。借入金の返済が遅れた場合は，借主はそれによって生じた貸主の損害を賠償しなければならず，損害賠償額としては，法定利息か，延滞利息の特約があればそれだけの額を支払う責任が生じてくる。元本以外の利息支払が遅れる場合も，広く延滞ということが多い。

**円高**（えんだか）

外貨に対する円の価値が過大評価されていること，または円の価値が高まることをいう。たとえば，円の対米ドル為替相場が1米ドル120円から1米ドル110円に上昇することをいう。→円安

**円建外債**（えんだてがいさい）

国際機関，外国政府・法人が日本国内市場において円貨建てで発行する債券。通称，サムライ債という。発行形態も多様化し，通常の固定利付債のほか，デュアルカレンシー債，リバースデュアルカレンシー債などの二重通貨建債券も発行されている。

**円安**（えんやす）

外貨に対する円の価値が過小評価されていること，または円の価値が低下することをいう。たとえば，円の対米ドル為替相場が1米ドル110円から1米ドル120円に下落することをいう。→円高

【円安・円高】

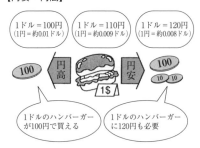

# お

**応預合罪** (おうあずけあいざい)
　発起人，取締役，監査役など会社法960条1項1号ないし7号に掲げる者が，払込みを仮装するため預合いをし，払込取扱機関の役職員などがこれらの者と通謀してこれに応ずると，応預合罪として5年以下の懲役もしくは500万円以下の罰金またはその双方に処せられる（会社法965条）。

**横線小切手** (おうせんこぎって) →線引小切手

**大口定期預金** (おおぐちていきよきん)
　正式には自由金利型定期預金といい，1985年10月，預入単位10億円でスタートした。その後最低預入金額は順次引き下げられ，1989年10月には1,000万円となった。個人・法人ともに対象となる。預金自体の仕組みは通常の定期預金と同様だが，預金金利が異なる。預金金利は法的には金融機関と顧客（預金者）の間で自由に決められ，通常の定期預金よりも高くなるのが一般的である。預入期間は1ヵ月から10年となっている。

**オーバー・ローン** (over-loan)
　市中金融機関，特に銀行が自己の準備資金に比べて恒常的に貸しすぎの状態にあり，その結果として常時巨額の中央銀行借入れやコール取入れに依存している現象をいう。

**奥書** (おくがき)
　契約書，印鑑用紙など書類の末尾に記載された証明。保証，承諾，領収等を表す文言を記載し署名すること。

**押切印** (おしきりいん)
　金融機関の支店名（店舗）までを表示する印章のこと。金融機関の取引に関する文書には，原則として責任者である支店長が署名（記名捺印）することが必要であるが，相対的に簡易な文書に対しては，押切印を押印することで対応している。押切印の押印は正式の記名捺印ではないが，法律上特に署名が必要とされておらず，金融機関の行為であることがわかればよい場合に用いられる。なお，金融機関の支店名および支店長名までを表示している印章のことを「職印」という。

**乙仲** (おつなか)
　海運貨物取扱業者（海貨業者），通関仲介業者，フォワーダーともいう。輸出入について，通関から荷物発送までを代行してくれる業者のこと。戦前の海運組合法で，定期船貨物の取次を仲介する業者を乙種仲立業（乙仲），不定期船貨物の取次を仲介する業者を甲種仲立業（甲仲）と分類していたことに由来する。この法律は，1947年に廃止されたため，現在はこのような分類はないが，名残りで使われている。港湾荷役（輸出貨物の船積，輸入貨物の荷卸しおよび国内運送までの作業手配），貨物の検数・鑑定・検量，倉庫業など貿易に関する荷役・通関業務を幅広く行う。

**帯封** (おびふう)
　紙幣を一定単位枚数（原則として100枚）ずつ縛る紙製のテープのことであり，

「小帯」と「大帯」がある。「小帯」は紙幣そのものを100枚ずつ結束して「小束」（1万円札であれば100万円）とするのに用い、「大帯」は小束10個をまとめ、これを結束して「大束」（100万円の小束であれば1,000万円）とするのに用いる。

**オフショア市場**（オフショアしじょう、off shore market）

非居住者からの資金調達や非居住者に対する資金運用（通称「外−外取引」）を金融規制（預金金利規制、支払準備等）や税法規制（源泉利子課税など）が少ない自由な取引として行わせるための仲介市場。日本では、1986年に東京オフショア市場（通称「JOM」）が創設された。なお、日本の金融機関が東京オフショア市場で取引を行うには、財務大臣の承認を経て「特別国際金融取引勘定」を開設し、通常の国内資金取引とは区別して行う必要がある。

**オプション取引**（オプションとりひき）

ある商品を将来のある期日（満期日）までに、その時の市場価格に関係なくあらかじめ決めた特定の価格（権利行使価格）で買う権利または売る権利を売買する取引。買う権利をコール・オプション、売る権利をプット・オプションといい、各々の権利に付される価格のことをプレミアムという。なお、満期日以前にいつでも権利行使できるものをアメリカン・タイプ、満期日のみに権利行使できるものをヨーロピアン・タイプという。

**オプトアウト**（opt-out）

第三者提供についての本人の同意を取得する原則が適用されない提供方法の1つ。同意を得ることをオプトインといい。個人情報保護法では、第三者に提供される個人データについて、本人の求めがあれば、第三者への提供を停止することとしている場合であって、あらかじめ、①第三者への提供を利用目的とすること、②第三者に提供される個人データの項目、③第三者への提供の手段または方法、④本人の求めに応じて当該本人が識別される個人データの第三者への提供を停止することについて本人に通知しているか、または本人が容易に知りうる状態に置いているときに認めている。

**オペレーショナル・リスク**（operational risk）

業務の過程、役職員の活動もしくはシステムが不適切であることまたは外生的な事象により損失を被るリスク等をいい、具体的には、事務処理上のミスやシステム障害等を原因として損失を被るリスクに加え、コンプライアンス態勢の不備や災害等によりオペレーションが中断したり、それによる評判の低下、訴訟等を受けるリスク等がある。オペレーショナル・リスクの顕在化の未然防止や極小化を実現するコントロールプロセスの構築が強く求められており、特に金融機関では金融庁の公表する金融検査マニュアルのなかで、管理すべき重要なリスクと位置付けられている。

**表保証**（おもてほしょう）

企業の借入債務を複数の銀行が保証する場合に、貸出債権者との保証契約は幹事銀行のみが締結し、他の銀行は借入企業が幹事銀行に対して負担する求償債務を保証する保証形態において、幹事銀行が行う保証をいう。表保証に対して他の

銀行の保証を「裏保証」という。保証する銀行の間で，保証形態の細則，幹事銀行と他の銀行との負担割合，保証料配分方法その他の事項について，あらかじめ詳細な協定書が締結されるのが通常である。

**及び** (および)

「並びに」と同じく，2つ以上の語句を併合的に連結する接続詞である。法令用語としての用法では，普通の場合は「及び」を使うが，併合的な接続が2段階になるときは，小さいほうの接続に「及び」を使い，大きいほうの接続に「並びに」を使う。

**カーゴ・レシート** (cargo receipt)

輸出入取引において，運送取扱人が貨物の輸送を海上運送人へ取り次ぎ，委託を行うとの前提で貨物を受け取ったことを証明する書類。

**カード・ローン** (card loan)

個人向けローンの一種。貸出極度内であれば，指定されたカードを使ってATM経由で，いつでも貸出を受けられるもの。当座貸越方式の一種であるが，担保の有無等により銀行ごとに貸出限度が違い，取引状況により金利を優遇しているところもある。

**海運貨物取扱業者（海貨業者）** (かいうんかもつとりあつかいぎょうしゃ（かいかぎょうしゃ）)

→乙仲

**外貨買入外国為替** (がいかかいいれがいこくかわせ)

輸出者が振出した輸出手形の買取りやトラベラーズ・チェック（T/C）の買取りなどで，買取銀行が海外で外貨を受け取るまでの間の勘定処理として利用し，輸出者に対する信用供与の勘定科目となる。海外での取立てによって外貨を受け取ると勘定は決済される。輸出手形買取では信用状付きと信用状なしの2種類が発生する。

**外貨準備** (がいかじゅんび, foreign reserve)

政府や中央銀行などの金融当局が外貨や金などの資産を保有すること。金融当

局は，対外債務の返済，輸入代金の決済のほか，為替相場の急激な変動を防ぎ，貿易などの国際取引を円滑にするために，外貨準備を行う。外貨準備は，「国民経済の貯金」とも呼ばれる。

【外貨準備】

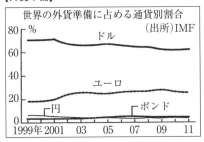

**外貨準備高**（がいかじゅんびだか）

国が海外への支払に備えて保有している外貨や金などの資産の総額。対外債務の返済，輸入代金の決済，外為市場への為替介入などのために，国が保有している公的な準備資産をいう。具体的には，政府や中央銀行が，主要各国の通貨や証券，金，SDRなどの形で保有している。貿易黒字の時は，お金が国に入ってくるので準備高が増え，逆に貿易赤字の時は，準備高が減ることになる。外貨準備高が十分にある国は，資本逃避に対する耐久性が強く，通貨危機になりにくいと考えられる。現在，中国が圧倒的に世界第1位であり，日本が第2位である。

**外貨預金**（がいかよきん）

円貨以外の通貨建ての預金のこと。円預金同様，普通預金，当座預金，定期預金等，様々な種類のものがある。なお，銀行等により取扱通貨や商品内容が異なる。外貨預金は預金保険制度の対象外である。

**買為替**（外国為替の）（かいかわせ，buying exchange）

銀行を基準とし，銀行が顧客等から買い入れた外国為替をいう。具体的には，輸出為替や外国からの被仕向送金為替などである。→売為替

【買為替】

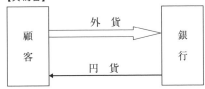

**外銀ユーザンス**（がいぎんユーザンス）

邦銀（自行）ユーザンスに対する用語で，輸入者が外国銀行から輸入ユーザンスの供与を受けることをいう。→邦銀ユーザンス

**外国為替及び外国貿易法**（がいこくかわせおよびがいこくぼうえきほう）→外為法

**外国為替市場**（がいこくかわせしじょう，foreign exchange market）

外国為替が取引される市場。狭義には，市中銀行，為替ブローカー，中央銀行3者間の銀行間為替市場（インターバンク市場）を外国為替市場といい，電子ブローキングシステムなどにより取引が行われる。広義には，対顧客取引をも含めた市場をいう。

【外国為替市場の仕組み】

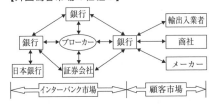

がいこく

**外国為替市場操作**(がいこくかわせしじょうそうさ, foreign exchange market operation)
　政府もしくは中央銀行が為替相場の安定化を狙いとして外国為替市場に介入するなどの操作，または銀行が為替の持高調整，あるいは保有する外貨資金と自国通貨資金との調整を目的として行う操作をいう。通常，前者を為替平衡操作と限定していい，後者を広く外国為替操作または為替操作と呼んでいる。

**外国為替相場**(がいこくかわせそうば, foreign exchange rate)
　一国と他国のそれぞれの通貨価値の比，すなわち両者の交換の比率であり，一国通貨の対外価値を反映するものである。外国為替取引上からいえば，この一国における外貨との交換比率は，その取引の対象となる外貨の値段である。

**外国為替手形**(がいこくかわせてがた, foreign bill of exchange)
　振出人が支払人に宛てて受取人その他の所持人に対し一定の金額の支払を委託する形式の手形を為替手形といい，外国為替手形は手形当事者が2国以上にまたがっているものをいう。国際間の荷為替取引においては，この外国為替手形を使用して決済される。

**外国PEPs**(がいこくペップス)
　外国の政府等において重要な地位を占める者（外国の国家元首，日本における衆参両院議長，最高裁判所判事等に該当する者）と，その地位にあった者，それらの家族，実質的支配者がそれらの者に該当する法人を示す。2016年10月施行の改正犯罪収益移転防止法により，外国PEPsとの取引はハイリスク取引として厳格な取引時確認が必要となった。

**外債**(がいさい)
　外国の政府，政府関係機関，企業等が発行する債券で，日本の政府，政府関係機関，企業等が海外で発行する債券も外債と呼ばれている。つまり，発行体，発行市場，通貨のいずれかが外国のものを外債という。なお，外貨建ての国内債を通称，ショーグン債という。

**改ざん**(かいざん)
　文書に記載された字句や内容を改め直すにあたり，適切な手続を経ないで行うことをいう。適切な手続を経ない例として，字句や内容を改め直す権限のない者が書き改めることなどが挙げられる。

**会社**(かいしゃ)
　営利を目的とする社団法人で，会社法によって設立されたものをいう（会社法2条）。会社法上，会社の種類は，株式会社・合名会社・合資会社・合同会社の4種に限られる（同法2条）。このほか，特別法上の会社があり，特定の種類の営業を目的とする会社のための一般的な特別法によるもの（たとえば，保険業を行う相互会社）がある。

**会社更生手続**(かいしゃこうせいてつづき)
　会社更生法に基づく株式会社の更生のための手続で，企業の解体・清算を目的とする破産や清算と違って，窮境にあるが再建の見込みのある株式会社につき，裁判所の監督のもとに旧債の弁済をいったん棚上げし，債権者・株主・その他の利害関係人の利害を調整しつつその企業を維持することによって相互の利益を図ろうとする制度および手続のこと。→民事再生手続

**会社法**（かいしゃほう）

2005年6月に成立した法律で，それまでの商法第2編，有限会社法，商法特例法等を1つの法典に再編成し，社会経済情勢の変化に対応した内容に改めた。主な改正点は，①従来の有限会社を廃止して株式会社に統合し，株式譲渡制限会社については1人役員，取締役会なし，監査役なしも可能な簡素な機関設計ができる定款自治による柔軟性を高めた，②会社設立時の最低資本金制度を見直し，資本金1円以上での設立が可能となった，③会社経営の健全性確保のため，会計参与制度を設け，また，従来の株主代表訴訟制度を合理化した，④組合的な規律が適用される合同会社を創設し，創業や共同研究開発を促進することとした，⑤会社の吸収合併時に，消滅会社の株主に交付される対価についての柔軟化を図った，などである。

**回収**（かいしゅう）

銀行が融資した資金の全部または一部を借入人（融資先）から弁済を受けること，またはそのための各種の手段・方法を指す実務用語。担保権の実行・強制執行・各種の法的整理手続への参加などの方法による強制的回収，弁済・相殺・債権譲渡・担保の任意処分などの方法による任意回収の2種類がある。

**外為法**（がいためほう）

正式には「外国為替及び外国貿易法」という。日本と外国との間における資金の移動（資本取引），物・サービスの移動（貿易取引・貿易外取引）などの対外取引，居住者間の外貨建て取引に適用される法律である。その目的は，対外取引の必要最小限の管理または調整を行い，対外取引を正常に発展させることにある。また，国際収支の均衡および通貨の安定を通じて，わが国経済の健全な発展に寄与することも外為法の目的である。

**介入**（かいにゅう）

政府もしくは公的機関が，外国為替相場の安定的維持を狙いとして，随時外国為替市場に出動して為替の売買操作を行うこと。たとえば，市場でドルの売りが多く，ドルの相場が著しく下落したときは，ドルの買い操作を行い，逆の場合には売り操作を行って為替相場の乱高下を防ぐ。日本では，1963年4月以降，日本銀行が外国為替資金特別会計の資金によりこの操作を行っている。為替平衡操作ともいう。→為替介入

**買持ち**（かいもち）

買いポジションを建てることで，通称，ロングポジション（long position）という。→売持ち・買持ち

**買戻請求権**（かいもどしせいきゅうけん）

特約に基づき，売主に対してその売主が一度売ったものを買い戻すべき旨を請求することのできる権利のこと。銀行実務上，買戻しや買戻請求権が問題となるのは，手形割引にあたり，割引手形の不渡事故に対処するためにするその手形の買戻特約であるが，それは銀行取引約定書に盛り込まれているのが普通である。

**解約**（かいやく）

土地・建物の賃貸借や人の雇用関係などの継続的取引関係を，その途中で終了させることで，銀行では定期預金の満期日前の解約，当座取引の解約などのときに生ずる。同じような用語に契約の解除

があるが，解除は，当初から契約がなかったことになるが，解約は解約の時から契約関係が終了するという違いがある。

**概要書面**（がいようしょめん）

貸金業法で定められた保証契約の締結前に保証人になろうとする者に交付すべき書面2種のうちの1種。貸金業者は，貸付けに係る契約について保証契約を締結しようとする場合に，保証人となろうとする者に当該保証契約を締結するまでに，所定の事項を記載した保証契約の内容を説明する書面を交付しなければならない。記載内容は，①貸金業者の商号，名称または氏名および住所，②保証期間，③保証金額，④貸金業者の登録番号，⑤債務者が負担すべき元本および利息以外の金銭に関する事項，⑥契約の相手方の借入金返済能力に関する情報を信用情報に関する機関に登録するときは，その旨およびその内容，⑦保証契約に基づく債務の弁済の方式，⑧保証契約に賠償額の予定に関する定めがあるときは，その内容。この書面は，詳細書面と同時に，かつ別書面で交付しなければならない。→詳細書面

**買予約**（かいよやく）

為替取引における売買では銀行を中心として考えるので，買予約とは，銀行が顧客等から買う先物為替予約のことである。輸出者が輸出契約の成立と同時に輸出外貨に相当する先物為替の売契約を銀行との間で取り決めておけば，輸出代金の回収時の為替相場が変動していても，先に取り決めた為替相場の適用を受けることができるので，採算を確定することができる。→売予約

**書替**（かきかえ）

実務上，手形の書替（切換）の意味に用いられる。既存の手形債務に関して新手形を振り出し，交付することをいい，2つの場合がある。1つは，既存手形の支払を延期する目的で振り出される場合であり，新手形には満期日は新しいもの，満期を除くその余の記載事項は既存の手形と同じものが記載される。もう1つは，既存の数通の手形債務やその他の債務がある場合，これを1通の手形債務にするため新たに手形を振り出すものである。前者がより一般的である。新しく振り出された手形は，書替手形または切換手形と呼ばれる。

**書替継続**（定期預金の）（かきかえけいぞく）

期日の到来した定期預金の元利金の全部または一部を，引き続き定期預金として預け入れること。書替継続の形態には，同額継続，元加継続，増額継続，減額継続がある。

**隔地手形**（かくちてがた）

手形・小切手の受入銀行の加盟手形交換所と，当該手形等の支払銀行の加盟手形交換所が異なる手形。受入銀行と支払銀行が同一の手形交換所に加盟している場合の「同地手形」に対する用語である。ただ，最近の交通の発達から，たとえば東京地区の銀行を支払銀行とする手形を大阪地区で受け入れた場合でも，翌日朝の東京での手形交換に付すことは可能である。このように交換母店持出とすればかなり広範な手形の即日取立が可能であるが，夜間交換（東京・横浜・大阪・名古屋の交換所で実施），交換所分類手形の持出（東京のみ実施）には時間的に

間に合わないため，それぞれ例外扱いとされている。

**格付機関**（かくづけきかん）

国・地方公共団体や企業が発行する債券について，元利金が支払われる安全性の程度を示す格付を行う機関のこと。わが国の場合，債券の発行条件に関しては引受，受託など起債関係者の間でその適債基準や格付基準の申し合わせが行われる慣行があった。しかし，債券市場の国際化，自由化の進展に伴って第三者による債券格付のニーズが急速に高まってきた。このため，アメリカのムーディーズ社，Ｓ＆Ｐ社その他のような格付機関の設立が急がれ，現在，格付投資情報センター，日本格付研究所等が格付機関として存在する。なお，2009年の金融商品取引法改正により，格付機関の登録制度が導入されている。

**確定給付型年金**（かくていきゅうふがたねんきん）

年金の支給方法には，年金の給付額があらかじめ一定の給付水準で決められている「確定給付型年金」と，給付水準が決められておらず加入者の拠出額と運用実績に応じて将来の年金給付額が変動する「確定拠出年金」がある。年金制度の発足以来，日本の公的年金，企業年金のほとんどは確定給付型年金であった。しかし，景気悪化，運用不振等による積立不足の顕在化，企業財務の悪化等から確定給付型年金の維持が難しくなり，米国の401k制度を参考に日本では2001年10月，確定拠出年金の企業型が，翌年1月には同個人型が導入されるようになった。

**確定拠出型年金**（かくていきょしゅつがたねんきん）

拠出額は確定しているものの，給付水準は加入者の拠出額と運用実績に応じて将来の年金給付額が変動する年金。米国の401k制度を参考に日本では2001年10月，確定拠出年金の企業型が，翌年1月には同個人型が導入された。この制度では拠出者は，年金の運用方法を自己責任で選択するため将来の給付額が変動するリスクを負っているが，転職の際，年金口座を継続することができ，また，税制上のメリットも享受できる。一方，企業側は運用実績が悪化しても追加負担が生じないというメリットがある。

**確定日付**（かくていひづけ）

証書について，その作成された日時にある意味の公証的効力を認め，完全な証拠力ないし対抗力があると法律上認められるところの日付をいう。民法施行法5条1項1号ないし6号および2項に，確定日付と認められる場合を規定している。

**確定日付ある証書**（かくていひづけあるしょうしょ）

確定日付ある証書による通知または承諾は，指名債権の譲渡を第三者に対抗しうる要件（民法467条1項・2項）として特に重要視され，民法施行法5条の趣旨から次のようなものを指す。①公正証書（公証人法36条10号により作成年月日および場所は必ず記入される），②登記所または公証役場において日付のある印章を押捺した私署証書，③官庁または公署において，ある事項を記入しこれに日付が記載された私署証書。普通は③により内容証明郵便が使用される。→公正証書

### 確定日払手形 (かくていびばらいてがた)

暦上の特定の日を満期とする手形（手形法33条1項4号，77条1項2号）。

### 確認信用状 (かくにんしんようじょう，confirmed credit)

信用状発行銀行の依頼に基づき，信用状発行銀行以外の銀行（これを確認銀行という）が，その信用状に基づく支払・引受または買取を確約することを信用状の確認といい，そのような確約を加えた信用状のことを確認信用状という。

### 確認表 (かくにんひょう)

金融検査において，金融機関に対し検査官が金融機関の認識を確認するために作成される書類。かつては三段表ともいわれた。左側に検査官が確認した問題点の内容，右側に金融機関側の認識を記載する。証券取引等監視委員会による検査では，整理票と呼ばれる。

### 掛金（定期積金の）(かけきん)

定期積金において，積金者が満期日に一定金額の給付契約金の支払を受けるために，あらかじめ決められた金銭を払い込むことを掛ける，あるいは掛け込むというが，その金銭を掛金もしくは積金と呼ぶ。

### 瑕疵ある意思表示 (かしあるいしひょうじ)

他人の詐欺または強迫によってなした意思表示をいい，一定の要件のもとに取り消すことができるものとされる（民法96条，120条）。表示行為に相当する効果意思はあるが，意思表示の動機が自由でなかった場合であるから，表示行為に相当する効果意思の存在しない場合（意思の欠缺）と区別される。

### 貸金業者 (かしきんぎょうしゃ)

金銭の貸付けまたは金銭の貸借の媒介（手形の割引，売渡担保その他これらに類する方法によってする金銭の交付または当該方法によってする金銭の授受の媒介を含む）で業として行う者をいう。本店，営業所等が1つの都道府県内に所在するときは当該都道府県知事へ，複数の都道府県に所在するときは内閣総理大臣への登録を行わなければ営業することはできない。無登録業者を一般に「ヤミ金融」と呼ぶ。なお，銀行や保険会社など貸付けを行うことに銀行法・保険業法等の特別の法律に規定がある者，売買等に付随して貸付けを行う者，従業員のみに対して貸付けを行う者などは，貸金業法の対象から除かれている。

### 貸金業者合算額 (かしきんぎょうしゃがっさんがく)

ある個人顧客に対する当該貸金業者の与信残高のこと。貸金業者が貸付けの契約により個人顧客に貸し付けようとする金額（極度方式基本契約では極度額）に，当該個人顧客と当該貸付けの契約以外の貸付けに係る契約を締結しているときは，その貸付けの残高（極度方式基本契約では，極度額）の合計額を合算した額をいう。貸金業者合算額が50万円を超える場合は，源泉徴収票その他定期的な収入の額を記載した証票をもって個人過剰貸付契約に該当しないか，調査する義務がある。

### 貸金業法 (かしきんぎょうほう)

深刻な社会問題となった消費者金融問題，特に多重債務者の救済と発生防止を目的として，従前の「貸金業の規制等に

関する法律」を改題して2006年12月に成立した法律。その主な内容は，刑事罰を伴う上限金利の引下げ，借り手の自殺を保険事故とする生命保険の付保の禁止，みなし弁済制度の廃止，貸金業者の財産的基礎要件の引上げ，貸金業務取扱主任者の国家試験化と必置義務，過剰貸付の禁止等である。

**貸金業務取扱主任者** (かしきんぎょうむとりあつかいしゅにんしゃ)

貸金業法により，貸金業者の営業所または事務所ごとに従業者数に応じた選任と登録が義務付けられ，貸金業に従事する使用人その他の従業員に対し，これらのものが貸金業に関する法令の規定を遵守して，その業務を適正に実施するために必要な助言や指導を行う役割をもつ国家資格。貸金業者は，貸金業務取扱主任者がその職務を適正に遂行できるよう，必要な配慮を行わねばならない。貸金業務取扱主任者は資格取得後，内閣総理大臣の登録を受け，貸金業者はその中から営業所ごとに選任し，内閣総理大臣または都道府県知事に届け出る必要がある。

**貸金庫** (かしきんこ)

金融機関が顧客に対し，店舗内にある金庫の一区分（セーフティボックスなど）を賃貸借契約に基づいて賃貸することであり，金融機関の付随業務の1つとして認められている。以前の賃貸先は，優良取引先に限られていたが，最近では一般の利用者を含め，多くの顧客が利用している。貸金庫は，金融機関のもつ鍵と利用者がもつ鍵の両方を使って開閉する仕組みとなっていることが多い。金融機関の責任範囲は貸金庫の保全までであり，貸金庫内の内容物には及ばない。ただし，約款によって一定期間賃借料の支払がないときは，原則として内容物を処分できることになっている。

**貸越極度** (かしこしきょくど)

当座貸越契約によって合意された貸越の限度額をいう。銀行は取引先との間で，当座勘定または普通預金（総合口座の場合）の残高が十分でないときでも，一定の金額までは，その取引先の振り出した手形・小切手等の支払に応じる契約を結ぶことがある。この契約を当座貸越契約と呼び，その金額を貸越極度（額）という。

**貸出金利** (かしだしきんり)

金銭消費貸借契約の一種である貸出金の使用対価として通貨の形で支払われる利子のこと。年率で表示される（住宅ローンの金利については，契約上，年率を12で除したものを月利として表示することもある）。貸出金利は「利息制限法」「出資の受入れ，預り金及び金利等の取締りに関する法律」「臨時金利調整法」の三法律によってその最高限度が規制されている。「貸金業法」の成立によって高金利違反の罪となる金利の上限が，年29.2％から年20％に引き下げられた。

**貸出（融資）の五原則** (かしだし（ゆうし）のごげんそく)

銀行が貸出を実行するにあたって確保されなければならない5つの基礎条件で，安全性，収益性，公共性，流動性，成長性をいう。このなかでも，安全性，収益性，公共性が特に重視される。

**貸出稟議** (かしだしりんぎ)

銀行が取引先の申込みにより貸出を行

う場合，内部においてその貸出を行うべきか否かを決定するための手続で，通常の場合，貸出稟議書を作成し，その承認を得て実行することになる。承認権限は，支店長，本部審査役，同課長，次長，部長，担当役員など各レベルで定められており，それぞれがあらかじめ定められた範囲内で決済する。

**過失**（かしつ）

一定の事実を注意すれば認識しえたのに不注意で認識しないこと。故意，すなわち一定の事実を知っていながらあえてすることに対する用語である。

**果実**（かじつ）

物（元物）から生ずる経済的収益（民法88条）。民法は，天然果実と法定果実の2種類を認めている。物の経済的用途に従って直接収取される収益物（例＝桑樹から桑葉）を天然果実，物の使用の対価として受ける金銭その他の物（例＝貸金の利息，貸地の地代）を法定果実という。

**貸付有価証券**（かしつけゆうかしょうけん）

金融機関が保有している有価証券（公社債，株券等）を顧客に対して一定の貸付料を徴収したうえで一定期間貸与する取引。顧客は自己資金の固定化を回避したうえで，納税延期，入札保証，商取引の維持が図られるというメリットがあり，金融機関は顧客のニーズに応えるとともに貸付先からの貸付料を徴収できるというメリットがある。

**過失相殺**（かしつそうさい）

債務不履行があると債務者は損害賠償責任を負うが（民法415条），債務不履行について債権者にも過失があるときは，裁判所は損害賠償の責任や額を決定するにあたって，これを考慮しなければならない（同法418条）。また，不法行為による損害賠償責任についても，被害者に過失があるときは，裁判所は損害賠償額の決定にあたり，これを考慮することができる（同法722条2項）。債務者や加害者に故意・過失があるとはいえ，債権者や被害者にも過失があるときは，損害を前者だけに負担させるのは公平に反するため，過失相殺の制度が設けられている。

**仮装払込み**（かそうはらいこみ）

株式会社の設立または新株発行において，形式的には株式の払込みがなされるものの，実質は払込みがなされず，会社の資本の充実を伴わない事象。①預合い，②見せ金，③会社の資金による増資払込，の3つのケースに分類される。
→預合い，見せ金

**過怠金**（手形交換の）（かたいきん）

手形交換所に加盟している金融機関が交換所規則に違反した場合，当該金融機関が交換所に対して支払わねばならない違約金。交換所の事業は加盟金融機関の統一的行動を前提としており，規則の遵守を怠れば交換事業の円滑な運営に支障を来すこととなるので，過怠金の制度が設けられている。

**片落ち**（かたおち）

利息計算の際の日数計算の方法で，両端入れに対する言葉である。「片端入れ」ともいう。4月1日から4月10日までの期間を10日間と計算するのが両端入れで，9日間と計算するのが片落ちである。期間の初日（1日）と末日（10日）のうち，片方の日のみしか計算に入れないからである。銀行の貸金の利息計算は

原則として両端入れであり，預金の利息計算は片落ちである。→両端入れ

**肩書地**（かたがきち）
手形・小切手面の署名者等の名称の記載に付記された所在地の表示。支払人の肩書地は支払地を，振出人の肩書地は振出地を，それぞれ補充する効力が認められる（手形法2条3項・4項，76条4項，小切手法2条2項・4項）。裏書人・振出人の肩書地は，遡求の通知に関して通知先としての意義を有する。

**肩代り融資**（かたがわりゆうし）
銀行等金融機関が，他の金融機関の貸付金を自己の貸付金により一部ないし全額を自己に乗り替えさせる融資方法。肩代り融資は，企業側の資金繰り上の必要性から直接生じる融資ではない点で，一般の融資とは異なる。たとえば，企業側が借入条件などの点で金融機関を変えたほうが有利であるといった財務政策上の理由，金融機関側の融資推進等の営業政策上の理由等によって生ずる。

**課徴金制度**（かちょうきんせいど）
広義においては，租税を除いて，国が収納する金銭一般を意味するため，司法権に基づいて徴収する罰金，科料等および行政権に基づいて徴収する手数料等もすべて一種の課徴金とはいえるが，一定の行政目的を達成するために行政庁が行政法規に違反した事業者等に対して金銭的不利益を課すという行政上の措置のことを指すのが一般的である。後者の例としては，独占禁止法に基づき，カルテルや入札談合等の公正かつ自由な競争を阻害する行為を行った者に対して課される課徴金や，金融商品取引法に基づき，インサイダー取引や相場操縦行為等証券市場への投資家等の信頼を損なう行為を行った者に対して課される課徴金などがある。

**割賦販売法**（かっぷはんばいほう）
①販売業者等が，購入者等に対して，商品や役務を2ヵ月以上かつ3回払い以上の条件（割賦払い）で販売等を行いまたはカード等を利用してリボルビング払いで販売等を行う「割賦販売」，②販売業者等が，カード等を利用して，購入者等が商品や役務の購入代金に充てるためにする借入（割賦払いまたはリボルビング払い）を保証して商品や役務の販売等を行う「ローン提携販売」，③カード等を利用者に交付して，当該利用者が当該カード等を利用して商品や役務を購入した場合，当該販売業者等に対して代金を交付するとともに，当該利用者から後払い（2ヵ月を超える期間またはリボルビング払い）で受領する「包括信用購入あっせん」，④カード等を利用しないで，購入者等が販売業者等から商品や役務の販売等を受けた場合，当該販売業者等に対して代金を交付するとともに，当該購入者等から2ヵ月を超える後払いで受領する「個別信用購入あっせん」，⑤「前払式割賦販売」（割賦販売のうち，販売業者が商品の引渡し前に購入者から2回以上にわたりその代金を受領する取引）および⑥「前払式特定取引」（商品の売買または役務の提供の取次ぎで，購入者等に対する商品の引渡し前または役務の提供前に購入者等から割賦払いでその代金を受領する取引）の6類型の取引について取引の公正の確保と購入者等が受けることのあ

る損害の防止などを図る目的で消費者保護的民事ルールを有する業法。割賦販売とローン提携販売を除いて，業者の登録制または許可制を採用している。民事ルールとして，割賦販売と個別信用購入あっせんにクーリングオフ制度，信用購入あっせんに支払停止の抗弁権，個別信用購入あっせんにクレジット契約の取消制度と過量販売によるクレジット契約の取消制度を設けている。

**合併転換法** (がっぺいてんかんほう)

正式には「金融機関の合併及び転換に関する法律」という。金融機関同士の合併の可能性を広げることにより，適正な競争環境の整備，金融の効率化，ひいては国民経済の健全な発展に資することを目的としている。同法により同種金融機関相互間の合併のみならず，異種金融機関相互間の合併および転換も行うことができる道を開いた。1992年の法改正により，長期信用銀行・外国為替専門銀行の他業態との合併・転換も可能となった。

**過払い** (かばらい)

①金融機関が，金銭支払請求権を有する顧客に対し，顧客の請求金額以上の現金を支払った場合をいう。その場合，現金勘定の締切を行うと不突合が生じることとなるので，現金検査により通貨・手形類の監査，伝票の精査など不突合の原因を十分調査し，過払いの原因を究明する必要が出てくる。当該金融機関は顧客に対して，超過部分の返還請求権を有することになる。②利息制限法を超える金利で借り入れた顧客が，当該貸金業者に払いすぎた金利部分をいう。

**株券の不発行** (かぶけんのふはっこう)

わが国では従来，有価証券は券面発行が前提とされていたが，発行手続が複雑で発行・保管等のリスクが高いことから券面の不発行化が検討され，2001年6月より段階的にCP，地方債・社債，投資信託の券面不発行（ペーパーレス化）が実現した。株券については，2004年6月に成立した「株式等の取引に係る決済の合理化を図るための社債等の振替に関する法律の一部を改正する法律」により，2009年1月から上場株券が電子化されたことで，すべての上場会社は株券不発行制度の利用会社となった。なお，2005年施行の会社法においても株券発行は，原則不要，例外発行と規定された。

**株式** (かぶしき)

同等の大きさに分けられた単位を元に株式会社における社員の地位（持分）を定めたもので，株式会社が事業を推進するうえで必要な資本金を調達する際，小額の出資を多数の出資者から募ることが可能になる。なお，株式を表章する有価証券を株券という。

**株式会社** (かぶしきがいしゃ)

資本主義下の代表的企業形態。株式会社に類似する制度は15世紀のイタリアなどで発生していたが，現在の株式会社の起源は1602年のオランダ東インド会社に求められる。株式会社においては，社員（株主）の地位（持分）は均等の割合的単位に細分化され，証券化された株式の数で表示される。また，株主は株式の引受額を限度として会社に対してのみ責任を負い，株式は原則として自由譲渡性を認められている。このため，株式会社は大

衆の投資を吸収し，大企業経営に便利である。会社債権者の保護は会社財産により担保され，株主個人の責任は追及されないため，物的会社の典型とされる。

**株式払込金保管証明書**（かぶしきはらいこみきんほかんしょうめいしょ）

株式会社の設立を募集設立の方法によって行い，その登記をする場合には，株式払込取扱金融機関が発行する保管証明書の添付を必要とする。この証明は株式払込が確実になされたことの証明を意味するため，証明書の記載が事実と異なることや，払い込まれた金銭の返還に関する制限があることをもって，金融機関は成立後の株式会社に対抗することはできないとされている（会社法64条2項）。なお，会社法施行前には会社の発起設立や，会社設立後の新株発行（増資）の場合も保管証明書の発行を必要としていたが，同法施行後は，これらの場合は「払込があったことを証する書面」として，金融機関の口座の残高証明等の任意の方法での証明で足りることとなった。

**株主**（かぶぬし）

株式を所有することにより株式会社の社員としての地位が与えられる者。株主は，会社に対して各自の保有する株式の引受価額を限度とする有限責任を負担するのみで，会社債権者に対してなんら責任を負わない（株主有限責任の原則，会社法104条）。また，株主としての資格に基づく法律関係については，原則としてその保有する株式数に応じて平等の取扱いを受ける（株主平等の原則）。

**株主資本等変動計算書**（かぶぬししほんとうへんどうけいさんしょ）

2006年5月に施行された会社法により新たに制定された，貸借対照表のうちの純資産の変動状況を表す財務諸表。従前，資本（純資産）の部の変動は定時株主総会によって承認を受ける利益処分計算書や連結剰余金計算書で表示されていた。しかし，会社法の施行に伴い，利益処分が定時株主総会以外でも行うことが可能となったことから，期中の純資産の変動を適切に表示する目的で作成されることとなった。純資産を，①株主資本，②その他包括利益累計額（評価・換算差額等），③新株予約権，④少数株主持分の4つに分けて掲載，株主資本の期中の変動額については変動事由ごとに区分した表示とし，株主資本以外の項目は原則として当期の変動額の純額で表示することとなっている。なお，2011年4月1日以後開始する事業年度から，各項目の「前期末残高」という表示は，「当期首残高」に変更することとなった。

**株主総会**（かぶぬしそうかい）

株主によって構成され，会社内部での意思を決定する株式会社の最高決議機関。その権限は，定款の変更，解散，合併，機関の任免，計算に関する事項等会社法に規定する事項と，定款によってその決議を必要とすると定められた事項に限られる。決算期ごとに定時に開催されることを要する定時総会と，必要あるごとに随時に開催される臨時総会とがある。

**株主代表訴訟**（かぶぬしだいひょうそしょう）
→責任追及等の訴え

かぶり

### 過振り (かぶり)

当座預金開設者が，当座預金残高を越えて（貸越契約があるときはその契約で合意された極度額を超えて）手形・小切手を振り出すこと。この場合，銀行が預金者の依頼によって一時的に過振りを認めたときは，決済資金の貸付けとなり，預金者に連絡せず，または銀行が過振りに気づかないで当該手形・小切手の支払を行ったときは，委任事務処理の費用の立替えとなる。

### 上期・下期 (かみき・しもき)

企業会計や経済・金融統計などでは年間の動きを上期・下期の2期に分けて集計し，決算や予算編成などを把握する。通例では，4月1日から9月30日までを上期，10月1日から翌年3月31日までを下期とする。

### 貨物引換証 (かもつひきかえしょう)

陸上物品運送契約において，運送人が運送品を受け取ったことを認証し，かつこれをこの証券の所持人に引き渡すべきことを約した有価証券のこと。実務上は，運送中の貨物の売却や質入れに利用される。

### 仮差押え (かりさしおさえ)

将来の金銭債権執行を保全するために債務者の責任財産に対してなされる暫定的な差押えの処分。金銭債権または金銭債権に換えることのできる請求につき，債務者の財産の現状を維持しておかなければ，強制執行が不能になるか著しく困難となるおそれのあるときは，仮差押えをすることができる。

### 仮処分 (かりしょぶん)

金銭の支払以外の物を対象とする給付請求権の実現が現状の変更によって不能もしくは著しく困難になる場合に，その執行を保全するため，または権利関係についての現在の危険を避けるために暫定的・仮定的になされる処分。前者は係争物に関する仮処分であり（民事保全法23条1項），後者は仮の地位を定める仮処分（同条2項）である。

### 仮登記 (かりとうき)

登記申請に必要な手続上の要件が具備しない場合，または登記されるべき権利の設定・移転・変更・消滅の請求権を保全しようとする場合になされる登記（不動産登記法105条）。後日これらの要件を具備して本登記がなされると本登記によって対抗力が生じ，仮登記の順位が本登記の順位となる（同法106条）。仮登記はそれ自体効力を有しないが，本登記を確保するためになされるものである。

### 仮登記担保 (かりとうきたんぽ)

仮登記の順位保全的効力を利用する特殊な担保制度で，「仮登記担保契約に関する法律」の適用を受ける。代物弁済予約の形式をとり，債務者の不動産に所有権移転請求権保全の仮登記をなし，債務不履行の場合にはその予約を完結させることにより，債権者が目的物の所有権を取得するというもので，抵当権と併用され，また単独でも利用されることがある。

### 仮封 (かりふう) →本封

### 「科料」と「過料」 (「かりょう」と「かりょう」)

科料は刑罰としての財産刑の一種であり，1,000円以上1万円未満とされる（刑法9条，17条，罰金等臨時措置法2条2項）。科料を完納することができない者

は、1日以上30日以下の期間、労役場に留置される（刑法18条2項）。過料も金銭罰の一種であるが、刑罰ではなく、非訟事件手続法により決定される。

**カルテル**（cartel）

独占禁止法上、「不当な取引制限」の一類型として禁止されている行為。具体的には、事業者または業界団体の構成事業者が相互に連絡を取り合い、本来、各事業者が自主的に決めるべき商品の価格や販売・生産数量などを共同で取り決める行為をいう。カルテルを行った事業者に対しては、公正取引委員会から、その違反行為を除くために必要な措置が命じられること（排除措置命令）や課徴金が課せられることなどが独占禁止法上予定されている。

**為替介入**（かわせかいにゅう）

各国の中央銀行などの通貨当局が、為替相場を安定させるために、外国為替市場で通貨を売り買いすること。介入という言葉には、市場の流れを変えるという意味がある。日本では、財務省が介入するかどうかの権限をもち、金額やタイミングを決める。財務省の指示を受けた日本銀行が代理人として、民間銀行に売り買いの注文を出すのが一般的である。介

【円売りドル買い介入の仕組み】

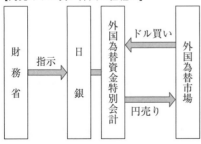

入原資は、外国為替資金特別会計から引き出す仕組みになっている。一国の政府・中央銀行が単独で実施する単独介入のほか、複数の通貨当局が一定の目的をもって同一の通貨を買い支える協調介入がある。

**為替カバー**（かわせカバー、exchange cover）

銀行等は、顧客との外国為替取引の結果生じる為替の持高の調整のために、売持ちのときは買い埋め、買持ちのときは売り埋める操作を行う。このような操作を為替カバーという。

**為替通知**（かわせつうち）

全国銀行内国為替制度で為替取引または資金決済取引の内容を示す次の通知をいう。①国庫金送金案内、②振込通知、③振込票、④給与振込通知、⑤入金報告（個別取立）、⑥不渡通知（個別取立）、⑦付替通知、⑧請求通知。

**為替手形**（かわせてがた）

振出人が第三者（支払人）に宛てて一定の金額の支払を委託する形式の手形。支払人は、手形に引受の署名をしたとき、はじめて支払義務が生ずる。振出人は、償還義務を負うのみである。今日、為替手形は主として貿易代金の決済に使われているほかは、国内取引での使用は非常に少ない。使用される場合でも、振出人が引受をして約束手形の振出人と同様の支払義務を負ってから交付するという形

【為替手形の記載例】

式がほとんどで,約束手形の代わりに使われている程度である。

**為替手数料**(かわせてすうりょう)

為替取扱いの手数料。その中には報酬と費用が含まれる。全国銀行内国為替制度においては,振込(至急扱い),振込(普通扱い),振込(文書扱い),代金取立(至急扱い),代金取立(普通扱い)の区分に従って,手数料の基準が定められているが,手数料協定を結ぶことは独占禁止法に抵触するので,加盟銀行は自行で定めた手数料率を金融当局に届け出ている。この手数料は,仕向,被仕向に定められた割合で配分される。

**為替デリバティブ,通貨デリバティブ**(かわせデリバティブ,つうかデリバティブ)

主に為替相場の変動によるリスクを回避する目的で,事前に売買の時期や価格等を定めて外貨に関する取引を行うデリバティブ取引。たとえば,輸出入業を営む企業が為替相場の変動に伴うリスクを回避するために,金融機関との間で,あらかじめ一定の価格で外貨を売り買いしておく契約等がこれに当たる。一般的に,企業にとっては,円安時のリスクヘッジの目的で締結されるものであるが,円高になった場合には,企業にとって不利な条件となるため,企業はかかるデリバティブ取引のリスクを十分に理解した上で契約を締結するか否か判断すべきであり,他方,金融機関は,後に説明義務違反等の責任追及をなされることがないように顧客の属性に応じた十分な説明義務を尽くす必要がある。

**為替取引**(かわせとりひき)

銀行法上,銀行の固有業務とされ,銀行等以外が営むことのできない排他的業務として規定されている。法令上,為替業務を明確に定義した規定は存在しないが,判例において,「顧客から,隔地者間で直接現金を輸送せずに資金を移動する仕組みを利用して資金を移動することを内容とする依頼を受けて,これを引き受けること,又はこれを引き受けて遂行することをいう」とされている。為替取引は,その機能面に着目して,送金(銀行を介して資金の送付を行う取引),振込(受取人の預金口座に一定金額を入金することを内容とする取引),代金取立(手形や小切手その他証券類による金銭債権に関して,当該金銭債権の支払人に請求して債務を履行させることを内容とする取引)の3つに区分されることが一般的である。2010年4月に施行された資金決済法により,銀行固有の排他的業務とされてきた為替業務のうち,少額の送金業務について一般の事業会社にもその取扱いが開放されている。

**為替持高**(かわせもちだか,exchange position)

銀行が顧客との外国為替取引の結果として保有する外国為替の持高。売為替の合計額が買為替の合計額を上回る場合を売持ち,逆の場合を買持ち,同額の場合をスクエア・ポジションという。為替相場の変動を避けるには持高をスクエアにすることが望ましい。なお,為替持高には直物外国為替持高,先物外国為替持高,直先総合外国為替持高の3種類がある。

**為替予約**(かわせよやく,exchange contract)

外国為替取引には,直物為替取引と先物為替取引とがあるが,後者の先物為替取引に関する契約を為替予約という。具

体的には，為替の売買当事者間で取引外貨の通貨種類，金額，為替相場，受渡時期などの条件をあらかじめ決定し，将来この条件で為替の受渡しを行うことを相互に約することをいう。為替相場の変動による危険回避が目的。

**為替リスク**（かわせリスク，exchange risk）
外国為替相場の予想外の変動によって被る危険をいう。

**簡易の引渡し**（かんいのひきわたし）
既に物を現実的に所持している相手方に対して，意思表示のみによって，引渡し（占有の移転）を行うこと（民法182条2項）。たとえば，B（賃借人）がA（賃貸人）から賃借して使用（占有）する物を，BがAから買い取る場合は，占有を移転する旨の意思表示のみによって，その物の占有（権）は，AからBに移転する。

**元加**（がんか）
利息支払方法の1つで，利息を残高（元金）に加算（入金）すること。

**元金均等償還方式**（がんきんきんとうしょうかんほうしき）→残債方式

**監査等委員会設置会社**（かんさとういいんかいせっちがいしゃ）
2015年5月施行の会社法改正により，新たに導入された株式会社の設計機関。監査役会に代わって過半数の社外取締役を含む取締役3名以上で構成される監査等委員会が取締役の職務執行の組織的監査を担う。監査役を置くことはできず，常に会計監査人の設置が必要とされる。取締役の任期は，監査等委員である取締役は選任後2年以内に終了する事業年度のうち，最終のものに関する定時株主総会の終結の時まで（他の取締役は同1年以内）となる。

**監査役**（かんさやく）
株式会社において，取締役の業務執行の監査および会社の会計監査を任務とする機関。指名委員会等設置会社および監査等委員会設置会社以外の株式会社に置くことができ，株式公開会社では取締役会とともに必須の設置機関である。このうち，大会社においては，監査役会を設置しなければならない。監査役会設置会社においては，3名以上の監査役が必要となり，かつその半数以上は社外監査役であることを必要とする。株式非公開会社においては，大会社では会計監査人とともに，監査役は必須の設置機関であるが，その他の場合には必須の設置機関ではなく，また，監査役の権限を定款によって会計監査権限に限定することができる。監査役が設定されていない場合は会社経営の適正を確保する観点から，株主による取締役会の招集請求権や，取締役会に出席して意見を陳述する権限が与えられる等の，株主による業務監視権限が強化される。

**勘定締上げ**（かんじょうしめあげ）
当日中の伝票を，勘定科目ごとに入と出，振替と現金に分けて，それぞれの合計額を算出すること。

**関税**（かんぜい，tariff, customs duty）
貨物が関税線（一般には国境）を通過する際に賦課される租税を指す。かつては，①自国を通過する商品に課税する通過税，②外国への輸出品に課税する輸出税，③外国からの輸入品に課税する輸入税などの種類があったが，今日では，輸

入品に課税する輸入税を意味するようになった。以前は国の財源調達の目的で課されること（財政関税）が多かったが，最近では国内産業を保護する目的で課されること（保護関税）が多い。

**関税・消費税延納保証**（かんぜい・しょうひぜいえんのうほしょう）

輸入商品に関する関税と消費税は，個々の輸入申告のつど現金で一括納付するのが原則であるが，税関に担保を差し入れることで，この支払を3ヵ月を限度として延長することができる。通常，この担保は，銀行もしくは損害保険会社が発行する保証書で代行しているが，この保証を関税消費税延納保証という。輸入者は，関税と消費税を現金で納付する場合，税関が関税受領を確認してから通関を許可するまでに時間がかかるが，保証書を差し入れることにより，通関をスピードアップすることができる。

【関税・消費税延納保証】

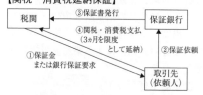

**間接金融・直接金融**（かんせつきんゆう・ちょくせつきんゆう）

最終的な資金の借手（資金需要者）が金融機関を通じて最終的な資金の貸手（資金供給者）から資金を調達することを間接金融，金融機関を通さず最終的な借手が最終的な貸手から直接に資金を調達することを直接金融という。前者の場合には，金融機関が預金・金融債・信託・保険などの形で個人等から資金を吸収し，主として貸出の形で企業などに資金を供給することになるが，後者の場合は，企業などが株式や債券を個人等に直接売却して資金を調達することになる。戦後，わが国では間接金融のウェイトが圧倒的に高かったが，最近では，資金需要の緩和，貯蓄形態の多様化などから，そのウェイトは次第に低下してきている。

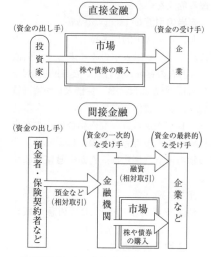

**間接償却**（不良債権の）（かんせつしょうきゃく）

融資先の破綻に備えて回収不能見込額を見積り，貸倒引当金を引き当て，融資債権はそのまま帳簿に残しておく償却方法をいう。融資先が現実に破綻し，融資債権が回収不能となった場合に引当金を取り崩し，残った融資債権は帳簿から外すことになる。この方式では，融資先の経営悪化がさらに深刻化したり担保物件の価値が下がる等の現象が生じると，引当金の積増しが必要となるため，その後も不良債権の処理が続くこととなる。

→直接償却

**間接投資**（かんせつとうし）

国際資本取引のなかで，企業経営を支配することを目的とせずに，もっぱら投資収益を上げるための対外貸付，公社債投資，株式投資などをいう。このうち，公社債・株式などへの投資は，証券投資と呼ばれる。

**簡素化書面**（かんそかしょめん）

極度方式基本契約に基づく貸付の契約において，マンスリーステートメントを利用する場合，貸金業法17条1項における契約締結時の交付書面，または同法18条1項における弁済時の受取証書に代えてマンスリーステートメントに先立って交付する書面。前者については契約年月日と貸付額，後者については受領年月日と受領金額の記載が必要である。ATMにおいて借入れ，または弁済に際して交付されるジャーナルが該当する。→マンスリーステートメント

**監督指針**（かんとくししん）

1998年6月の金融監督庁の発足を前に取りまとめられた行政部内の職員向けの手引書のことを「事務ガイドライン」と称した。当時，旧大蔵省は，ルールに基づく透明かつ公正な金融行政への転換の一環として，金融関係通達等を全面的に見直し，大幅な廃止および省令・告示化等を行い，行政の透明性の向上を図り，その一環として，行政の統一的な運営を図るための法令解釈，行政部内の手続および金融機関の財務の健全性や業務の適切性等の着眼点等につき，「事務ガイドライン」を策定した。その後，より多面的な評価に基づく総合的な監督体系の構築のため，監督事務の基本的考え方，監督上の評価項目，事務処理上の留意点について，従来の「事務ガイドライン」の内容を踏まえて体系的に整理し直し，「事務ガイドライン」を発展的に解消し，新たに策定したものが「監督指針」である。現在は，「主要行等向けの総合的な監督指針」「中小・地域金融機関向けの総合的な監督指針」「金融商品取引業者等向けの総合的な監督指針」など業態に応じた監督指針が策定されている。

**カントリー・リスク**（country risk）

貿易取引の相手国や投融資の対象となる国の政治，経済，社会情勢の変動により債務の返済が不能となる危険の度合いをいう。

**元利金**（がんりきん）

元金と利息のことをいうが，元金と利息の合計額のことを意味する場合もある。元金とは，利息を算出する場合の元本になるもので，延滞利息の計算もこの元金を元本とするのが普通である。しかし，利息が1年分以上延滞すると債権者は催告のうえ，その利息を元本に組み入れる重利（複利）計算にしたり，複利の特約により一定時点でこの元利金をまとめて新しい元本（元金）にしたりすることができる。

**元利均等償還方式**（がんりきんとうしょうかんほうしき）→残債方式

き

**機械化店舗** (きかいかてんぽ)

店舗の人員基準がおおむね4名以内で，取扱業務が，①預金業務，②消費者金融に限定した貸付業務，③内国為替業務，④付随業務と，小型店舗に比較すると若干制限されており，機械（ATM）による処理が主体となっている出張所扱いの店舗のこと。「機械化店舗」は昭和54・55年度金融機関店舗通達（昭54.3.22蔵銀第491号）において新しく制度化され，その後店舗通達の廃止により設置場所の制限がなくなった。

**期間** (きかん)

一般には，ある時点から他の時点まで継続した時の区分。期間は時効，年齢におけるように法律上種々の効果が与えられるので，民法はその計算方法の一般原則を定めている（民法138条以下）。時以下の単位で期間を定めた場合には即時を起算点とする（同法139条）が，日以上を単位とする場合は初日を入れない（同法140条）。後者の場合に，月・年が単位のときは，日に換算せず暦に従って計算し，最後の月または年においてその起算日に応当する日の前日を末日とするが，応当日のないときは，その月の末日をその期間の末日とする（同法143条）。なお，末日が日曜・祝休日に当たり，かつその日に取引をしない慣習のあるときは翌日を満了日とする（同法142条）。

**機関投資家** (きかんとうしか)

生命保険，年金，投資信託など，主として他人から委託された多額の資金を運用している投資家。個人投資家と比べて，はるかに大きな資金量，運用に伴う情報量・手法などで優位に立ち，株式，債券，外国為替などの市場で多大な影響力をもつ。

**企業会計原則** (きぎょうかいけいげんそく)

企業会計の実務において慣習として形成されてきたものの中から，一般に公正妥当と認められる基準を要約し，設定された原則。企業会計原則は法律ではないため法的拘束力はないが，すべての企業が従うべき会計規範としての役割を担っている。企業会計原則は，①一般原則，②損益計算書原則，③貸借対照表原則および④注解から成り立っているが，一般原則は，他の原則に比べ上位原則と位置付けられている。一般原則は，7つの原則から構成されており，①真実性の原則を最上位原則とし，②正規の簿記の原則，③資本取引・損益取引区分の原則，④明瞭性の原則，⑤継続性の原則，⑥保守主義の原則，⑦単一性の原則の6つの原則が並列的に並ぶ体系となっている。なお，重要性の原則は，会計処理面（正規の簿記の原則）および表示面（明瞭性の原則）の両方に適用され，重要性の高い内容には厳密な会計処理や明瞭な表示を求める一方，重要性の乏しい内容には簡便な会計処理や表示を容認している。

**企業年金** (きぎょうねんきん)

企業が勤務者の退職後の生活の安定化を図るため，企業が単独でまたは勤務者との折半により退職後の生活資金を積み立てる制度。国民年金，厚生年金，共済

年金が公的年金に区分されるが、企業年金は個人年金とともに私的年金に区分される。企業年金には自社年金、確定給付企業年金、確定拠出年金、厚生年金基金、各種共済制度がある。この年金原資の運用、管理、給付などは母体企業が設立した厚生年金基金や企業年金基金等が行っているが景気悪化、運用不振等による積立不足の顕在化、母体企業の財務悪化等から支給額の減額や制度の終了を行わざるを得ない企業も増加している。

**企業物価指数**（きぎょうぶっかしすう）

企業間取引における個別価格を総合したもので、日銀によって作成・発表されている。企業物価指数は、基本分類指数として国内企業物価指数、輸出物価指数、輸入物価指数の3指数と、その他参考指数からなっており、商品需給の動向を比較的敏感に反映するので、景気動向を判断するための先行指標として利用されている。2002年までは、卸売物価指数が利用されていた。

**期限**（きげん）

法律行為の効力の発生・消滅または債務の履行を将来確実に到来する事実の発生まで延ばす附款をいう。その事実が確実に到来する点で条件と異なる。到来する時期が確定しているものが確定期限であり、確定していないものが不確定期限である。また、債務の履行と法律行為の効力の消滅に関するものが終期である。

**期限後裏書**（きげんごうらがき）

支払拒絶証書作成後、または支払拒絶証書作成期間経過後になされた裏書。単に、後裏書ともいう。この裏書には、指名債権譲渡と同一の効力しか認められないため（手形法20条1項但書）、人的抗弁の切断の効力がなく、また、通説・判例は、被裏書人に善意取得による保護を認めていない。ただ、権利移転的効力はあるので、資格授与的効力はある。

**期限後利息**（きげんごりそく）

延滞利息の名称。このほかに、損害金、期日後利息、期日後損害金、延利ともいう。延利の特約がある場合は、その特約（賠償額の予定）により、その特約のない場合は法定利息となる。また、定期預金など期日のある預金をその期日後に払い戻す場合に付ける利息をいう。

**期限付為替手形**（きげんつきかわせてがた、usance bill）

貿易取引において輸出者が代金を回収する際に利用する為替手形のうち、一覧後支払までの間に猶予期間のあるもの。確定日払い、日付後定期払い、一覧後定期払いがある。一覧後60日、90日、120日などの定期払いがよく利用されている。輸入者は、手形の呈示があった場合、引受をして船積書類を入手し、貨物を引き取ったうえでこれを売却し、その代金で手形の満期日に手形代金を決済する。輸入者には、その間、外貨金融を受けるのと同じ効果が生じる。

**期限の利益**（きげんのりえき）

金銭の借主は、その契約による弁済期が到来するまでは、特段の事情のない限り、自己の権利として当該債務の弁済を拒否することができるが、このように期限がまだ到来しないことによって、当事者の一方または双方が受ける法律上の利益を期限の利益といい、それは債務者側にあると推定するのが法の建前である（民

法136条1項)。

**期限の利益喪失約款** (きげんのりえきそうしつやっかん)

債務者の信用が悪化し，または債務者が背信行為をしたような場合に，債務者が期限の利益を主張できず，直ちに弁済する旨を定める債権者・債務者間の特約をいう。民法は，債務者に破産，担保の毀損・減少および担保を供する義務を負う場合においてこれを供しない場合には，債務者は期限の利益を喪失するとするが(民法137条)，この法定事由以外に，債務者が期限の利益を喪失すべき事由を特約することが行われている。

**期限の利益の放棄** (きげんのりえきのほうき)

期限の利益を有する者が，その利益を放棄すること。民法は，期限は債務者の利益のために定めたものと推定し，債務者はこれを放棄することができると規定している (民法136条1項・2項本文)。しかし，そのために相手方の利益を害することはできないとされる (同条2項但書)。例えば，銀行が定期預金を期限前に一方的に払い戻す場合には，払戻日から期限までの預金利息も付けなければならない。

**期限前買戻し** (きげんまえかいもどし)

銀行が割り引いた手形を，割引依頼人が支払期日前に買い戻すこと。旧銀行取引約定書では，債権保全の必要から，手形法の遡求権の規定 (手形法43条，77条1項) とは別に，一定事由が生じた場合に，取引先が銀行に対し，期限前買戻義務を負担する旨を規定していた。すなわち，割引依頼人に旧銀行取引約定書5条1項の期限の利益喪失事由が生じた場合にはすべての手形について，また，手形の主債務者が支払わなかったとき，もしくは手形の主債務者について期限の利益喪失事由と同様の事由が生じた場合には，その者が主債務となっている手形について，取引先に当然に買戻義務が発生するものとし (旧銀行取引約定書6条1項)，それ以外のときでも，債権保全を必要とする事由が生じた場合には，銀行の請求により買戻義務が発生するものとしている (旧同6条2項)。

**期限前解約** (きげんまえかいやく)

定期預金などの期日前に，預金の払戻しをすること。定期預金は一定の期間を定めた預金であるから，期日前は銀行に払戻しの義務はない。しかし，預金者に預金を必要とする特別の事情のある場合には，銀行は期限前解約に応じ払戻しをすることがある。その場合，銀行は義務がないのに支払うのであるから，通常より注意義務が加重される。このため銀行は，期日における払戻しの場合以上に，本人確認等の手続を慎重に行う必要がある。満期前解約，中途解約ともいう。

**起算日扱い** (きさんびあつかい)

定期預金の期日到来から数日後に新たな定期預金に書き替えた場合，当初の定期預金の期日に遡って新定期預金に書き替えられたものとする扱い。例えば，4月10日に期日の到来した定期預金を4月20日に書き替えた場合，4月10日に新定期預金が作成されたとするものである。かつては，臨時金利調整法の趣旨に反することから原則として禁止されていたが，定期預金金利の完全自由化以降は取扱いが認められている。

**基軸通貨**（きじくつうか）
　金融取引や貿易決済に広く使われ，各国・地域通貨の価値基準になる通貨のこと。明確な基準や定義はないが，通貨を発行する国・地域の政治力や経済規模などで決まるとされる。戦前は英ポンドが基軸通貨であったが，戦後は米ドルに交代し，現在は欧州の単一通貨であるユーロも基軸通貨の1つに位置付けられている。

**期日案内**（きじつあんない）
　預金や貸出金の期日が近付いた場合，銀行は取引先に期日が近く到来する旨を通知することがあるが，これを期日案内（通知）という。法人への貸出取引では，取引先の来店頻度が高く，その必要性が低い場合もあるが，個人への貸出取引の場合には取引先は期日を忘れがちなので，期日案内をする必要性が高いと考えられる。一方，定期預金の期日案内は，預金者に対し注意を促して書替継続してもらうためのものであり，預金確保とサービスのために行われる。

**期日指定定期預金**（きじつしていていきよきん）
　預入期間が1年以上（最長預入期間は通常3年）で，預入時には満期を指定せず，1年間の据置期間経過後に預金者が任意の日を満期日として指定し，元金の一部または全部を引き出すことができる定期預金。利回りは複利で計算される。対象は個人のみである。

**期日手形**（きじつてがた）
　満期が月末および手形交換所の交換事務の繁忙が予想される日（10日，20日等の各手形交換所にて定める指定期日）の手形につき，現物手形の交換を前もって（東京手形交換所の場合は，月末期日は交換日の3営業日前，その他の指定期日は交換日の2営業日前）行い，資金決済は満期日とする内容の「期日手形準備交換制度」を設けており，この交換制度にかかる手形を期日手形という。

**基準額超過極度方式基本契約**（きじゅんがくちょうかきょくどほうしききほんけいやく）
　個人顧客を相手方とする極度方式基本契約で，新たに極度方式基本契約を締結することにより，当該個人顧客に係る極度方式個人顧客合算額（新たな極度方式基本契約の極度額，当該極度方式基本契約以外の貸付に係る契約の残高（極度方式基本契約では，極度額）の合計額，他貸金業者の貸付の残高を合算した額）が当該「個人顧客に係る基準額」（年間の給与およびこれに類する定期的な収入の金額を合算した額の3分の1の額）を超えることとなるものをいう。貸金業者は，個人顧客と極度方式基本契約を締結している場合において，所定の時期に指定信用情報機関の保有する当該個人顧客に係る信用情報を使用して，当該極度方式基本契約が基準額超過極度方式基本契約に該当するかどうかを調査しなければならないとされている。これに抵触する場合は，基準額を超えない範囲まで極度額を減額するか，新たな貸出を禁止する必要がある。→総量規制，個人過剰貸付契約

**基準割引率および基準貸付利率**（きじゅんわりびきりつおよびきじゅんかしつけりつ）
　「公定歩合」に代わる言葉で，日本銀行が金融機関に対し資金を貸し出す際の基準利率を意味する。過去の規制金利時代

には，預金利率や融資の短期最優遇利率（短期プライムレート）等の金利が公定歩合に直接連動していたが，自由金利時代の到来とともに直接的な連動関係は消え，政策金利としての意味合いは薄れたため，「公定歩合」の用語に代えて用いられるようになった。

**季節資金**（きせつしきん）

毎年同じ時期に生じるなど季節的に発生する資金需要をいう。通常は販売（または生産）が一時期に集中する反面，生産（または販売）は年中通じて行われるなど，生産と販売との時期のズレにより発生する運転資金需要のことを指す。また，人為的な制度，慣習などにより発生する資金需要，すなわち①期末資金，年末資金，旧盆資金，旧正月資金など取引慣習により発生する資金需要，②納税資金など財政制度に起因する資金需要も含まれる。

**偽造手形**（ぎぞうてがた）

権限のない者が勝手に他人の署名（記名捺印）をし，あたかもその他人が手形行為をしたような外観を作り出した手形。例えば，他人の印章を盗用して振り出された手形等である。手形交換所規則では，「偽造」は「変造」とともに第2号不渡事由に該当し，「資金不足」「取引なし」の第1号不渡事由と重複する場合には，通常の第2号不渡事由であれば第1号不渡事由を優先すべきところ，「偽造」，「変造」に限り，第2号不渡事由を優先させるとしている。また，一定の要件を具備すれば，異議申立提供金の免除を申請できる。

**寄託**（きたく）

当事者の一方（受寄者）が相手方（寄託者）のためにある物を保管する契約（民法657条〜666条）。寄託には保管料を支払う有償・双務契約と，保管料を支払わない無償・片務契約とがある。目的物は動産でも不動産でもよい。

**期近手形**（きぢかてがた）

期日の切迫した手形および小切手の総称。銀行が手形の取立依頼を受けた場合，手形期日までに余裕があれば同一支払銀行の手形を集手センターで取りまとめ，期日の一定日前までに支払銀行に一括して取立依頼をすることとなっているが（集中取立），期日の切迫した手形等の場合は，その対象とすることができないため，別途その方式に準じて，あらかじめ個別銀行間で締結した契約で定めた集中店で手形等を授受することで，集中取立を行っている。

**記帳**（きちょう）

会計帳簿に取引を記録すること。会計帳簿への記録（＝簿記）とは，企業の資産，負債および純資産の増減に影響を与える取引を，仕訳という一定のルールに従って借方，貸方に分けて記録することであるから，いかなる場合にも最小限，①取引または記帳の行われた日付，②取引の内容の説明，③取引の金額の3つの要素を表示する必要がある。借方に記録されるものは，ⅰ資産の増加，ⅱ負債の減少，ⅲ純資産の減少，ⅳ費用の発生であり，貸方に記録されるものは，ⅴ資産の減少，ⅵ負債の増加，ⅶ純資産の増加，ⅷ収益の実現である。

**規定方式** (きていほうしき)
　契約当事者が一方的・定型的に取引規定として定めた約款について相手方が包括的に承認する契約約款。当座勘定規定，普通預金規定などがこれに当たる。
→差入方式

**記入帳** (きにゅうちょう)
　銀行事務における総勘定元帳の説明的帳簿で，取引の内訳ならびに付帯事項を詳細に記録したもの。たとえば，受入手形記入帳，代金取立手形記入帳など。

**記番号** (きばんごう)
　預貯金の証書や通帳などに付された記号と番号のこと。

**記名式裏書** (きめいしきうらがき)
　裏書文句と被裏書人名（氏名・商号）を記載して，裏書人が署名（記名）・捺印してなされる裏書。被裏書人としては「人」の名称と認めうる記載があれば足り，法人の場合は代表者の記載は不要である。裏書の場所は普通裏面であるが，表面でもよい（手形法13条1項，77条1項，小切手法16条1項）。正式裏書，完全裏書ともいう。

**記名式小切手** (きめいしきこぎって)
　受取人が特に指定されている小切手。たとえば「上記の金額をこの小切手と引替えに甲野太郎殿へお支払いください」というような形式のものである。記名式小切手も裏書によって譲渡できるが（小切手法14条1項），「指図禁止」「裏書禁止」など，裏書を禁止する記載があると裏書譲渡をすることができず，指名債権の譲渡方式によってのみ譲渡ができる（同法14条2項）。

**記名持参人払式小切手** (きめいじさんにんばらいしきこぎって)
　「甲殿または持参人へお支払いください」と，特定人を受取人と記載したうえに，「または持参人」という文字またはそれと同じ意味をもつ文言を記載した小切手。選択無記名式小切手とも呼ばれている。これは，持参人払式小切手とみなされる（小切手法5条2項）。

**記名捺印** (きめいなついん)
　書類や有価証券などにゴム印・パソコン印刷・和文タイプなどの方法で契約当事者の名称を記すとともに，契約当事者を表象する印章を押すことを指し，「記名押印」ともいう。「署名」が原則として，契約当事者の名称を手書きすれば十分であるのに対し，「記名捺印」は手書きの必要はないが，印章を押すことが必要とされる。したがって，「記名捺印」は他人が代行することも可能である。私法（商法，手形法，小切手法）上および裁判上は，「署名」に代えて「記名捺印」することが一般に認められている。→印章，署名

**逆為替**（外国為替の）(ぎゃくかわせ)
　隔地者間の債権・債務を決済するにあたって，債務者からの送金によらず，債権者側から取立を行う場合をいう。輸出

【逆為替（外国為替の）】

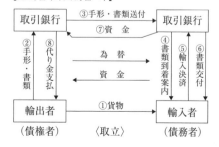

ぎゃくか

者が輸出代金決済のため輸入者宛てに荷為替手形を振り出す場合などがこれであって，銀行がこれらの手形を買い取った場合，買為替となる。→並為替

**逆為替**（内国為替の）（ぎゃくかわせ）

取立為替のこと。資金の流れを基準とした内国為替の分類である。順為替（送金為替）の資金の動きは，依頼人→仕向銀行→被仕向銀行→受取人であるが，取立為替では支払人→被仕向銀行→仕向銀行→依頼人というように，送金為替とは逆に動くので，逆為替という。→順為替

**逆交換**（ぎゃくこうかん）

不渡手形・小切手を返還する方法の1つで，不渡手形・小切手を翌営業日の手形交換に組み入れて返還する方法。手形・小切手の決済を手形交換において行う場合には，持出銀行から交換にかけられた手形・小切手が支払銀行により持ち帰られるが，不渡返還においては，これが反対に，支払銀行から交換にかけられ，持出銀行が持ち帰ることとなるため，逆交換といわれている。

**逆相殺**（ぎゃくそうさい）

銀行取引において，取引先側からする相殺のこと。銀行側からする相殺と対比する意味で用いられる。逆相殺は，全国銀行協会（全銀協）が作成した1962年の銀行取引約定書ひな型上も別段禁じられていないと解されていたが，銀行取引約定書にこれを明記しないのは対等性に欠けるとする批判もあり，また歩積・両建解消策の1つとしてこれがクローズアップされるに及び，1977年の銀行取引約定書ひな型の改正において，取引先の相殺権が明記されるに至った（逆相殺条項）。同時に，逆相殺権の行使により銀行の債権保全に支障が生じないよう，充当指定に関する特約の整備が図られた（逆相殺における充当指定条項）。全銀協の銀行取引約定書ひな型は2000年に廃止されたが，現在も，多くの銀行の銀行取引約定書において逆相殺条項が採用されているものと考えられる。

**キャッシュ・カード**（cash card）

現金自動預払機（ATM）等の利用のために，金融機関が発行するカード。このカードをATM等に挿入し，暗証番号を入力することにより，印鑑や通帳なし（あるいは通帳併用）で預金の預入れおよび引出し，残高照会，振込等の取引ができる。キャッシュ・カードの普及と共に不正使用が増加したため，近年ではキャッシュ・カード内に暗証番号を記録しない「ゼロ暗証化」を進めるとともに，取引情報が漏れにくいIC（集積回路）チップを搭載したICキャッシュ・カードや，生体認証機能がついたICキャッシュ・カードも登場している。

**キャッシュ・ディスペンサー**（Cash Dispenser：CD）

CDと略称される現金自動支払機のこと。磁気カードを挿入し，暗証番号，払戻金額などの必要情報をキーインするだけで，通帳，払戻請求書なしで現金払出しを行うことができる。入金・支払・通帳記帳・残高照会のほか，振込・振替，通帳の繰越発行のできるATMに比べ，機能が限定された機器である。→ATM

**キャッシュフロー**（cash flow）

「資金の流れ」を意味し，企業が受け取った収入および企業が支払った支出の

増減を示すものである。財務諸表の1つである損益計算書では，発生主義会計に基づく収益から費用を控除することで利益を計算している。この企業会計上の利益は，費用性資産（建物，機械器具など）の償却方法（定額法，定率法，生産高比例法など）の違いや，棚卸資産（商品，製品，仕掛品など）の評価方法（個別法，先入先出法，移動平均法など）の違いの影響を受けるため，企業経営者の裁量によりある程度変動させることが可能である。これに対し，キャッシュフローは企業経営者の裁量の余地がないことから，その重要度が高まってきている。一般的には，税引後当期純利益に減価償却費および引当金などの非資金費用の増加分を加えたものであるが，様々な概念が使われることがあるため，その定義を個々に確認することが必要である。→キャッシュフロー計算書

**キャッシュフロー計算書**（キャッシュフローけいさんしょ）

1会計期間（原則として1年）における資金（現金および現金同等物）の増減を明らかにするため，その期間に生じた収入と支出を活動別に区分して記載表示した計算書のことをいい，C/F（Cash Flow Statement）と略称されることが多い。会計期間の一時点（決算期末）の財政状態を示す貸借対照表（B/S）および1会計期間の経営成績を示す損益計算書（P/L）とともに，企業会計上の財務諸表を構成する基本的な計算書である。営業活動によるキャッシュフローの区分には，営業損益計算の対象となった取引，営業活動に伴って発生した債権・債務などから生じるキャッシュフローが記載される。投資活動によるキャッシュフローの区分には，固定資産の取得および処分，資金の貸付および回収，有価証券の取得および売却など将来の利益獲得や資金運用に関するキャッシュフローが記載される。財務活動によるキャッシュフローの区分には，営業活動および投資活動を維持するための資金の調達および返済・償還などの取引にかかわるキャッシュフローが記載される。→財務諸表

【キャッシュフロー計算書(間接法)】
○株式会社（自△年△月△日 至×年△月△日）

| |
|---|
| 営業活動によるキャッシュフロー |
| 　税金等調整前当期純利益 |
| 　減価償却費 |
| 　売上債権増減額 |
| 　棚卸資産増減額 |
| 　仕入債務増減額 |
| 　法人税等の支払額 |
| 投資活動によるキャッシュフロー |
| 財務活動によるキャッシュフロー |
| 現金および現金同等物増減額 |
| 現金および現金同等物期首残高 |
| 現金および現金同等物期末残高 |

**キャッシング・サービス**（cashing service）

クレジットカードの利用者が現金を必要とする場合，銀行の窓口等でカードを呈示する，あるいはCD機などを利用して，クレジットカード会社から一定限度内で現金の借入れができるシステム。

**キャピタル・ゲイン，キャピタル・ロス**（capital gain, capital loss）

保有している有価証券（債券，株式等）が買った値段より値上がりするなど，価格の変動によって得る利益のことをキャ

ピタル・ゲインといい，逆に価格の変動によって被る損失をキャピタル・ロスという。このように，投資元本に対する値上がり益（キャピタル・ゲイン）と値下がり損（キャピタル・ロス）の概念がある一方で，配当・利子収入等の果実部分をインカムゲインという。債券利回りは，この両方の概念・要素が含まれている。

**キャリートレード** (carry trade)

異なる国の金利差を活用した投資方法。金利が低い国の通貨で資金を調達し，金利の高い国の通貨で運用して利ざやを稼ぐ取引。円を調達して，高金利の他国通貨に換えて，高利回りの商品に投資するのが円キャリートレードである。

**求償権** (きゅうしょうけん)

他人が負担すべき出捐(しゅつえん)をした者が，その他人に対して償還を請求することができる権利。連帯債務者の一人または保証人が債務を弁済した場合に，他の債務者または主たる債務者に対して有する償還請求権（民法442条，459条），被用者が事業の執行につき第三者に加えた損害を使用者または代理監督者が賠償した場合における被用者に対する償還請求権（同法715条3項）などがその例。→保証，連帯債務

**給付契約金** (きゅうふけいやくきん)

定期積金契約において，受入金融機関が満期時に支払うことになる金銭。なお，預金者が定期的に払い込む掛金の合計額と給付契約金との差額は給付補填金と呼ばれ，これが預金の利息に相当する。

**給付補填備金** (きゅうふほてんそなえきん)

定期積金の預入れを受ける金融機関が，給付契約金と掛金合計額との差額を給付補填金として支払うために，掛金の受入高積数に応じて積み立てる金額を整理する勘定のこと。預金の未払利息に相当するものである。なお，給付補填金と同義で用いられる場合もある。

**休眠預金等活用法** (きゅうみんよきんとうかつようほう)

正式には「民間公益活動を促進するための休眠預金等に係る資金の活用に関する法律」という。2018年1月1日に施行され，最後の残高異動から9年を経過した残高1万円以上の預貯金がある場合には，金融機関が預貯金者に対する通知と公告を行い，10年を経過した預貯金が休眠預金となる。休眠預金は，預金保険機構が金融機関から移管を受け，新たに設立される「指定活用団体」に交付される。さらに，公募によって複数選定される「資金分配団体」を経由して，民間の公益活動を行う団体への助成・貸付・出資に活用される。休眠預金となっても，預貯金者が請求すれば，預金保険機構が口座のあった金融機関を通じて支払を行う。

**給与振込** (きゅうよふりこみ)

企業が従業員に給料・賞与などを支払うに際し，現金で直接渡すのではなく，銀行にあるその従業員の預金口座に振り込む制度。給料振込ともいい，給振と略される。企業には手数が省けるメリットが，また銀行には預金として相当額が滞留するメリットがそれぞれあり，今日はほとんどの企業が採用している。なお，労働基準法上は現金払いが原則なので，給与振込を行うにあたっては何らかの形で従業員の同意を得る必要がある。また，給与支給日の一定時限までに預金口

座に振り込まれなければならない等の制約がある。

**教育ローン**（きょういくローン）
　本人またはその子弟の高校・大学などの入学金や授業料などの教育資金に使途を限定した個人向けローン。民間金融機関が行うもの，ゆうちょ銀行で取り扱う郵貯積立貯金者向けのもの，日本政策金融公庫などで取り扱うものなどがある。民間金融機関のローンでは，系列保証会社による保証および団体信用生命保険の付保が要件となるものの，担保・保証人は徴しないものが多い。

**強制解約**（預金の）（きょうせいかいやく）
　銀行の意思表示のみにより，普通預金取引，当座預金取引等を解約すること。当座預金取引の強制解約は，取引振りの不良，手形交換所の取引停止処分等の場合に行われ，通常は証拠力のある書面（配達証明付内容証明郵便）で通知したうえで解約される。普通預金の強制解約は，預金名義人の意思によらない口座開設の場合，法令・公序良俗に反する行為に口座が利用された場合等に行われる。なお，近年は政府の指針に基づき，どの金融機関も，預金者が反社会的勢力に該当することが判明した場合，反社会的行為を行った場合等についても強制解約事由として普通預金規定等に定めている。

**強制執行**（きょうせいしっこう）
　国家権力によって，債務名義に表示された私法上の請求権の満足を強制的に実現する裁判上の手続。金銭債権の回収を目的とする強制執行と，金銭債権以外の債権の履行を目的とする強制執行とに大別される。

**供託**（きょうたく）
　金銭，有価証券などを国家機関である供託所（法務局・地方法務局またはそれらの支局もしくは法務大臣の指定する出張所など）に提出して，その財産の管理を委ね，最終的には供託所がその財産をある人に取得させることによって債務の弁済等一定の法律上の目的を達しようとする手続または制度をいう。供託は，これを義務付けまたは許容する法令の規定（たとえば，民法，商法，民事訴訟法，民事執行法など）がある場合になされるが，それら法令の規定はきわめて多岐にわたって存在する。供託をその機能によって分類すれば，①弁済のためにする供託（弁済供託），②担保のためにする供託（担保保証供託），③強制執行のためにする供託（執行供託），④保管のための供託（保管供託），⑤没取の目的物の供託（没取供託）の5種類になる。

**共通印鑑**（きょうつういんかん）
　同一の金融機関において定期預金取引，通知預金取引等複数の預金取引を行う場合において，預金取引ごとに預金者に印鑑届を出してもらう代わりに，1つの印鑑を各預金取引共通の印鑑として届け出てもらう方法が可能である。この場合の印鑑を共通印鑑という。

**協同組織金融機関**（きょうどうそしききんゆうきかん）
　会員または組合員（中小企業，農林漁業，個人等）の相互扶助を基本理念とする金融機関で，株式会社形態をとっている一般の金融機関に比較し独自の特色をもっている。わが国でこれに属する金融機関としては，信用金庫，信用組合，労

働金庫および農林系統金融機関の4業態があり、それぞれの法令に基づいた金融業務を行っている。

**共同利用**（きょうどうりよう）

個人情報保護法における第三者提供に該当しないとされる利用形態。個人情報保護法の適用のある個人データをグループ企業や業界団体など特定の者との間で共同して利用する場合をいう。第三者提供に該当しないためには、共同利用する旨、共同して利用される個人データの項目、共同して利用する者の範囲、利用する者の利用目的および当該個人データの管理について責任を有する者の氏名または名称について、あらかじめ、本人に通知し、または本人が容易に知りうる状態に置いておくという要件をすべて満たす必要がある。

**強迫による意思表示**（きょうはくによるいしひょうじ）

相手方または第三者の強迫によって畏怖を生じ、これに基づいてなされた意思表示。強迫による意思表示は、これを取り消すことができる（民法96条1項）。そしてこの取消しは、すべての第三者に対抗しうるのであり、第三者の強迫の場合にも、相手方の知・不知にかかわらず常に取り消すことができる。強迫されて意思表示をした者は、強迫によって被った損害を、強迫者の不法行為を理由に賠償させることができる（同法709条）。

**業務改善命令**（ぎょうむかいぜんめいれい）

監督官庁が監督対象の事業者に対して実施する行政処分の1つで、検査や監督を通じて法令違反等の問題を発見した場合、当事者の言い分を聞いた上で発するもの。主に経営の健全性確保・再発防止を目的とする。例えば、銀行法では、銀行の業務もしくは財産または銀行およびその子会社等の財産の状況に照らして、当該銀行の業務の健全かつ適切な運営を確保するため必要があると認めるときは、改善計画の提出その他監督上必要な措置を命ずることができるものとされている。

**業務純益**（ぎょうむじゅんえき）

金融機関の基本的な業務の成果を示す金融機関固有の利益指標のこと。①預金、貸出金、有価証券などの利息収支を示す「資金運用収支」、②金融サービスの提供によって受け取る各種手数料などの収支を示す「役務取引等収支」、③債券や外国為替などの売買損益を示す「その他業務収支」の3つを合計した「業務粗利益」と、控除項目である「一般貸倒引当金繰入額」および「経費」から構成され、具体的には「業務粗利益－一般貸倒引当金繰入額－経費」で計算される。金融機関が金融当局に提出する「決算状況表」の利益指標であり、一般企業が公表する損益計算書の「営業利益」に近い概念である。

**極度額**（根抵当権の）（きょくどがく）

根抵当権の優先弁済の限度額であり、根抵当権設定契約の必要的事項（民法398条の2第1項）。根抵当権者は、この極度額の範囲内においては、元本、利息、損害金等の全部について優先弁済を受けられるが、これを超えては一切、優先弁済を受けられない。極度額は、元本の確定の前後を問わず、利害関係者の承諾を得たうえ根抵当権者と設定者との合意により変更することができる（同法398条の

5)。

**極度額**（根保証の）(きょくどがく)

根保証における責任限度額。法人による保証については必要的事項ではないが，個人による保証のうち，貸金等根保証契約においては，必要的事項であり，極度額を定めなければ，その効力を生じない（民法465条の2第2項）。貸金等根保証契約の保証人は，極度額を限度として，主たる債務の元本，利息，損害金等の全部について履行をする責任を負うが，これを超えては一切責任を負わない。なお，民法改正法では，これらの規制の対象が貸金等根保証契約から個人根保証契約一般に拡張されている。
→保証

**極度方式基本契約**(きょくどほうしききほんけいやく)

貸金業法に規定される継続的貸付の契約のこと。貸金業法では「あらかじめ定められた条件に従った返済が行われることを条件として，当該顧客の請求に応じ，極度額の限度内において貸付を行うことを約するものをいう」とされており，極度額の範囲内での繰返しの貸付が行われるリボルビング返済のローンカード契約が典型的である。しかし，極度額を定めて1回払いや分割払いによる返済方式のローンカード契約も含まれる。極度方式基本契約自体は，諾成的金銭消費貸借契約であり，この契約に基づく個別の貸付（これを「極度方式貸付」という）により，金銭交付がなされるので，書面交付事項の内容が異なる。

**居住者・非居住者**(きょじゅうしゃ・ひきょじゅうしゃ)

外為法上，居住者とは，日本国内に住所または居所を有する自然人および日本国内に主たる事務所を有する法人をいう。非居住者の日本国内の支店，出張所その他の事務所は，法律上代理権があると否とにかかわらず，その主たる事務所が外国にある場合においても，居住者とみなされる（外為法6条5号）。非居住者とは，居住者以外の自然人および法人のことをいう（同法6条6号）。また，所得税法にも居住者・非居住者の定義が定められている。

**拒絶証書**(きょぜつしょうしょ)

手形・小切手の支払または引受が拒絶された場合，手形等の所持人が裏書人，振出人（為替手形）に対して償還を請求するにあたり，適法な支払呈示，引受呈示があった事実および支払人がこれを拒絶した事実を証明するために作成される公正証書。これは手形法上の遡求権を行使するための要件ではあるが，統一手形・小切手用紙では「拒絶証書作成不要」の不動文字が記載されており，その作成手続が省略されている。なお，小切手の場合には，支払銀行の拒絶宣言，手形交換所の不渡宣言によっても拒絶証書と同一の効果を達しうる（小切手法39条）。

**銀行API**(銀行エーピーアイ)

銀行の各種サービス（預金残高の照会，預金の入出金，振込等）の一部が組み合わさったサービスを，社内外のアプリケーションから利用するための仕組み。

**銀行代理業制度**(ぎんこうだいりぎょうせいど)

2005年10月成立の銀行法一部改正によ

ぎんこう

り，新たに認められた制度。従前の銀行代理店制度にあった，金融機関以外の法人が営む場合は銀行の100％出資または銀行の子会社でなければならない等の出資規制や，代理店業務以外の業務の兼業が禁止される専業規制等が廃止され，大幅に規制が緩和された。銀行代理業は，銀行のために預金，貸付，為替取引等の契約の締結の代理または媒介のいずれかを行う営業と定義され（銀行代理業者からの再委託を含む），内閣総理大臣の許可が必要である。許可に際しては，銀行代理業を遂行するために必要な財産的基礎を有し，人的構成面でも業務遂行可能かつ社会的信用を有する者であること等が基準となる。このほか，銀行代理業以外の業務の兼業については個別承認制とし，銀行代理行為に関して顧客から交付を受けた金銭等を自己の固有財産と分別管理することや，顧客に対する説明義務，健全な運営の確保措置等が規定されている。

**銀行等引受地方債**（ぎんこうとうひきうけちほうさい）

地方公共団体が一会計年度を超えた資金調達の手段として地方債を発行するが，それには全国型市場公募地方債，共同発行市場公募地方債，住民参加型ミニ市場公募債および銀行等引受債がある。このうち，銀行等引受地方債とは，地方公共団体の指定金融機関が中心となって「証券形式」または「証書借入形式」で引き受けるものをいう。以前は発行条件を発行体と金融機関との間の個別交渉により条件が決定していたが，近年は入札方式を採用するなど形態は変化している。

今日では，発行の利便性や時価会計制度の観点から「証書借入形式」が増加している。

**銀行等保有株式取得機構**（ぎんこうとうほゆうかぶしきしゅとくきこう）

2002年1月末に設立された認可法人で，大手銀行等が出資している。銀行の保有する取引先との持合株式を買い取ることを目的としており，株式市場に大量の株式が短期間のうちに売却され，需給関係が悪化するのを防ぐとともに，銀行経営の重荷となっている持合株式の一時的な受け皿となる役割を果たす。株式買取りに必要な資金は，大手銀行等からの出資金のほか，金融機関や市場から調達し，その一部には政府保証が付けられる。買い取った株式は，株式発行会社による自社株買取りのほか，投資信託への組入れ，市場売却等により処分される。この買取業務は，2016年11月25日の第6次改正法案成立により，期限が2017年3月31日から2022年3月31日まで，5年間延長されている。

**銀行取引停止**（ぎんこうとりひきていし）
→取引停止処分

**銀行引受手形**（ぎんこうひきうけてがた）

銀行が自ら支払人として引き受けた期限付為替手形。通常，信用状取引に利用される。信用状発行銀行は輸出者に対し自行を支払人とする為替手形の振出を求め，書類が信用状条件を充足する限り当該手形の引受・支払を保証するが，当該手形を銀行が引き受けた場合，銀行引受手形となる。

**銀行秘密**（ぎんこうひみつ）

銀行が営業上知りえた取引先の秘密の

こと。取引先の月商，預金残高，貸出残高，その他営業上の秘密などがこれに該当するが，一般に公示されている商号，資本金，取締役の住所・氏名などはこれに含まれない。銀行はこの秘密の保持義務を負い，もし秘密を漏洩したときは損害賠償責任を負うことがある。

**金庫株**（きんこかぶ）

企業が既に発行した自社の株式を買い戻し，自社で保有する株式のこと。2001年10月の商法改正により，従前は「消却」（発行済株式数の減少）や「ストックオプション」（企業の役員および従業員が，あらかじめ決められた価格で自社の株式を購入できる権利）など，限られた目的でしか認められなかった自社株式の保有が原則自由となった。現在では，自己株式の取得自由化の趣旨に基づき，株主総会や取締役会の決議があれば，配当可能利益の範囲内で自己株式の取得が可能となっている。なお，金庫株（保有自己株式）には議決権，剰余金配当請求権，残余財産分配請求権などの権利が認められていない。

**金銭消費貸借**（きんせんしょうひたいしゃく）

当事者の一方（借主）が，同一額の金銭を返還することを約して相手方（貸主）から金銭を受け取ることによって成立する契約（民法587条）。借主が借りた金銭と同一額の金銭を返還する債務を負うだけであって，貸主はなんらの債務も負わないから片務契約であることを原則とするが，商人間の金銭消費貸借は利息付きであることが原則である（商法513条）。金銭消費貸借が成立するには，当事者間の合意のほかに，借主が貸主から金銭を受領することが必要であるから（民法587条），要物契約である。なお，民法改正法では，かかる要物契約としての消費貸借に加えて，書面による合意のみで成立する諾成的消費貸借についても規定を置いている（民法改正法587条の2）。

**金銭信託**（きんせんしんたく）

信託会社が信託を引き受ける際，金銭をもって受け入れ，信託終了時には金銭で返還する信託。なお，運用方法および目的物を委託者が具体的に指示するものを「特定金銭信託」，運用方法およびその目的物の種類を指示するものを「指定金銭信託」という。

**金融ADR制度**（きんゆうエーディーアールせいど）

金融商品・サービスに関する紛争を，裁判外で迅速に，安価な費用負担で解決を目指す制度で，「金融商品取引法等の一部を改正する法律」（2010年4月1日施行）により，銀行法・金融商品取引法・保険業法・金融機関の信託業務の兼営等に関する法律など金融関連の16業法にこの制度の整備が追加された。制度の基本部分は，金融庁が指定する紛争解決機関（指定ADR機関）が中立的な第三者の立場で利用者と金融機関の間の仲裁を行い，和解案を提示するものである。銀行法および農林中央金庫法上の指定ADR機関としては全国銀行協会が指定を受けている。本制度の利用については，金融機関に，①苦情処理・紛争解決手続の応諾義務，②事情説明・資料提出義務，③特別調停案の受諾義務が課せられており，特に特別調停案については金融機関に対して片面的法的拘束力をもつ特徴が

ある。すなわち，一定の場合に指定ADR機関が提示した特別調停案は利用者側が受諾しない場合または一定期間内に金融機関が訴訟を提起した場合等を除いて，金融機関側に受諾義務が生じる内容となっている。全国銀行協会では，東京銀行協会の「銀行とりひき相談所」を発展解消して「全国銀行協会相談室」として苦情処理手続を行い，紛争解決手続は「あっせん委員会」が行うこととしている。

**金融円滑化**（きんゆうえんかつか）

日本の中小企業および住宅ローン借入者の債務の負担の状況が芳しくないことから，金融機関の業務の健全かつ適切な運営の確保に配意しつつ，中小企業および住宅ローン借入者に対する金融の円滑化を図り，中小企業者の事業活動の円滑な遂行およびこれを通じた雇用の安定ならびに住宅資金借入者の生活の安定を期し，もって国民生活の安定向上と国民経済の健全な発展に寄与することを目的とする「中小企業者等に対する金融の円滑化を図るための臨時措置に関する法律」（金融円滑化法）が2009年11月30日に成立し，同年12月に約2年間の時限立法として施行された。同法の施行により，中小企業や住宅ローン借入者の債務の支払いについて，返済に困窮した者が希望すれば一定期間，金融機関が猶予すること等が義務付けられたが，上記期限を迎えても中小企業の業況・資金繰り等が依然として厳しいことから，2013年3月末までその期限が延長され，期限到来によって廃止された。同法の趣旨は監督指針や検査マニュアルに織り込まれており，同法廃止後も，金融機関は，柔軟に条件変更等の申込みに応じていくことが期待されている。

**金融緩和**（きんゆうかんわ）

金融市場において，貸手の資金供給量が借手の需要量を上回り，借手の資金調達が容易に可能な状態にあることをいう。企業（借手）と民間金融機関（貸手）との関係でいえば民間金融機関の預金量が企業の借入需要を上回る状態にあり，民間金融機関と中央銀行の関係では民間金融機関の現金準備が増加し，中央銀行からの借入需要が減少する状態にあることをいう。これと反対の状態を金融逼迫といい，また金融緩和より緩和感が強い状態のときを金融緩慢ともいう。通常金融緩和になると，金融市場は買手市場となり，金融機関は貸出先確保に向かい，貸出金利の引下げ，貸出条件の緩和，逆選別などの現象がみられる。→金融逼迫

**金融機関**（きんゆうきかん）

文字どおり，お金を融通する官民の組織。お金の需要者と供給者の間に立って仲介役を果たしている機関であり，日本銀行，都市銀行，地方銀行，信託銀行，信用金庫，信用組合，生命保険会社，損害保険会社，証券会社などが挙げられる。

**金融機関共同コード**（きんゆうきかんきょうどうコード）

全国銀行協会の金融機関共同コード管理委員会が制定する金融機関に付与された数字4桁のコード。銀行の事務機械化に伴い，各金融機関別に金融機関のコードを設定し使用していたが，とりわけ手形交換事務では，銀行間において共通使用するコードの設定がより合理的となる

ため，1965年のMICRの方式の実施に関する申合わせの決定とともに，3桁からなる金融機関共同コードが設定された。ところが，各種の振込，口座振替などのコンピュータを利用する諸業務処理のために共通して使用できるものであるから，できる限りすべての金融機関を網羅したコード化が望ましいため，1966年11月に4桁構成とし，すべての金融機関，手形交換所についてコード化がなされた。

**金融機能強化法**（きんゆうきのうきょうかほう）

正式には「金融機能の強化のための特別措置に関する法律」という（2004年8月成立）。公的資金の投入を通じて地域金融機関の経営を立て直すことを狙いとし，併せて，健全な金融機関にも予防的に資本増強ができる制度とした。しかし，公的資金の注入を受ける金融機関の経営責任を問うルールが厳しいことなどもあり制度利用は数件にとどまった。2008年12月に成立した改正金融機能強化法では，注入要件を緩和し，地域における中小規模の事業者に対する金融の円滑化の方策とすべく，従前と異なり，金融機関の経営責任等の明確化は制度上一律には求めないこととしており，不良債権比率を目標から削除する等の変更がなされた。併せて，協同組織金融機関の中央機関への資本参加スキームが加えられ，信金中金，農林中金等への資本注入が可能となった。同法は現在，2022年3月までの適用とされている。

**金融行政方針**（きんゆうぎょうせいほうしん）

金融行政が何を目指すかを明確にするとともに，その実現に向け，いかなる方針で金融行政を行っていくかについて，金融庁が公表する方針。金融検査・監督のみならず，企画（立法）や国際関係も含めた金融庁のすべての金融行政活動を網羅する方針として，策定・公表されている。

**金融検査（銀行検査）**（きんゆうけんさ（ぎんこうけんさ））

金融庁の検査官が，銀行などの金融機関に立ち入り，法令に基づき，業務や財産の状況などを検査すること。例えば，金融庁は銀行法25条に基づき，当該職員に銀行の営業所等の施設に立ち入らせ，銀行の業務および財産の状況を検査することができ，銀行は検査を受忍する義務がある。金融検査は，銀行などの金融機関がほかの一般企業に比べ強い公共的性格をもっているところから，業務の健全かつ適切な運営を確保するために行われるものである。→日銀考査

**金融検査評定制度**（きんゆうけんさひょうていせいど）

金融検査の際，金融検査マニュアルに基づき検証した検査結果を段階評価することにより，金融機関の自主的・持続的な経営改善に向けての取組みや検査官と金融機関との双方向の議論を促し，評価の結果を選択的な行政対応に結びつけ，検査の効率化を図るとともに，金融行政の透明性等を向上させる目的で2007年4月から開始された制度。評定項目は，「経営管理（ガバナンス）態勢－基本的要素」，「金融円滑化編」，「法令等遵守態勢」，「顧客保護等管理態勢」，「総合的リスク管理態勢」，「自己資本管理態勢」，「信用リスク管理態勢」，「資産査定管理態

勢」、「市場リスク管理態勢」、「流動性リスク管理態勢」、「オペレーショナル・リスク管理態勢」の11項目であり、各評定項目について、A、B、C、Dの4段階評価を行うこととされている。

**金融検査マニュアル**（きんゆうけんさマニュアル）

金融庁が1999年7月から公表している検査官向けの金融検査の手引書で、正式には「預金等受入金融機関に係る検査マニュアル」という。主な内容は、経営管理（ガバナンス）態勢に始まり、法令等遵守態勢、顧客保護等管理態勢などの10個の管理態勢、合計12個のカテゴリーに分かれており、経営管理態勢を除く各態勢の確認検査用チェックリストは、①経営陣が主体となった内部管理の重視、②動的な管理プロセス重視の観点から、Ⅰ．経営陣による態勢整備・確立状況、Ⅱ．管理者による態勢整備・確立状況、Ⅲ．個別の問題点で構成されている。これにより、金融検査は「当局指導型から自己管理型へ」「資産査定中心から顧客保護、リスク管理重視へ」の転換が図られ、金融機関に自己責任原則による内部管理の徹底が求められることとなった。なお、金融庁は2017年12月に、金融検査マニュアルを2019年4月1日以降をめどに廃止する意向を公表している。

**金融市場**（きんゆうしじょう）

資金の貸借取引が継続的に行われている場。資金の供給者と需要者との自由な競争により資金の価格である金利が決定され、この金利に基づいて貸借が行われる。取引の対象となる資金の種類・貸借期間・使途などによって、いろいろな部分市場に分かれる。マネー・マーケットという場合は、短期金融市場を指す。

**金融商品会計**（きんゆうしょうひんかいけい）

有価証券やデリバティブなどの一定の金融商品の評価方法を従来の「取得原価」から「時価」に変更し、取得原価との差額を損益計算書や貸借対照表に反映させる会計処理で、2000年4月1日以降に開始する事業年度から決算時点の資産状況を適正に表すために導入されたもの。具体的には、上記金融商品を有価証券とその他に分類し、金融商品別に規定する評価方法を適用し評価差額を損益計算書や貸借対照表に反映させるもの。なお、有価証券に関する金融商品会計では、対象の商品を①「売買目的有価証券」、②「満期保有目的の債券」「子会社・関連会社株式」の場合、③「その他有価証券」に分類のうえ実施することとなっている。

**金融商品仲介業**（きんゆうしょうひんちゅうかいぎょう）

第一種金融商品取引業または投資運用業を行う金融商品取引業者、または登録金融機関の委託を受けて、一定の販売行為（有価証券の売買の媒介、取引所金融商品市場・外国金融商品市場における有価証券の売買・市場デリバティブ取引・外国市場デリバティブ取引の委託の媒介、有価証券の募集・売出し・私募・特定投資家向け売付け勧誘等の取扱い、投資顧問契約・投資一任契約の締結の媒介）を当該金融商品取引業者または登録金融機関のために行う業務をいう。金融商品仲介業の登録（金融商品取引法66条）を受けることにより、金融商品取引

業の登録（同法29条）を受けることなく金融商品仲介業を行うことができる。同法66条の規定により登録を受けた者を「金融商品仲介業者」といい，金融商品仲介業者が委託を受ける金融商品取引業者・登録金融機関を「所属金融商品取引業者等」という。

**金融商品取引業**（きんゆうしょうひんとりひきぎょう）

金融商品取引法による規制の対象となる業務であり，同法2条8項各号に掲げる行為のいずれか（ただし，一定の行為は除外される）を業として行うことをいう。原則として，同法29条の登録を受けた者でなければ「金融商品取引業」を行うことができない。金融商品取引業は，「第一種金融商品取引業」（流動性の高い有価証券の売買，売買の媒介・取次ぎ・代理，募集・私募の取扱い，有価証券関連デリバティブ取引・店頭デリバティブ取引またはその媒介・取次・代理等，有価証券の引受け，PTS業務，有価証券等管理業務など），「第二種金融商品取引業」（自己募集，流動性の低い有価証券の売買，売買の媒介・代理等，募集・私募の取扱いなど），「投資助言・代理業」（投資助言業務，投資顧問契約・投資一任契約の締結の代理・媒介）および「投資運用業」（投資一任，自己運用など）に分類され，それに応じて適用される規制の内容が異なっている。

**金融商品取引法**（きんゆうしょうひんとりひきほう）

2006年6月7日に成立した法律で，従前の証券取引法が改題されたほか，金融先物取引法など4つの法律が廃止，統合された。本法律では，有価証券，金融商品取引業，デリバティブ取引などが定義され，株式や投資信託などの有価証券の売買等の取引や，デリバティブ取引のルールが規定されている。さらに，本法律では，金融商品取引所の設立や機能を定めるとともに，インサイダー取引規制などの公正な取引を保つための規制や，有価証券そのものや有価証券の発行者等の開示に関するルール，株式公開買付制度など株式取得に関するルールなどを規定している。

**金融商品販売法**（きんゆうしょうひんはんばいほう）

2001年4月施行の「金融商品の販売等に関する法律」の略称。金融機関が取り扱うリスク商品の比率の高まりに伴い，顧客が安心して種々の金融取引ができるよう，金融商品の販売・勧誘について公正で透明度の高いルール整備を図った。法施行後数度の改訂を経て2006年6月の金融商品取引法の成立に伴い大改訂がなされている。主要な内容は，金融機関に対し，金融商品販売時の勧誘方針を策定して遵守させ，重要事項である元本欠損のおそれがある場合に，その原因としての「市場リスク（価格変動リスク）」，「金融機関の信用リスク（倒産リスク）」，「取引のうちの重要な部分」の説明義務を課し，さらに「当初元本を上回る損失の生じるおそれがあるとき」についても同内容の説明義務を課した。また，これらの説明義務を尽くしたかどうかの解釈に，顧客の属性に照らして考えるとする適合性の原則が導入されている。この他，金融商品販売業者による断定的判断の提供

を禁じ、顧客が損害を被り、損害賠償責任を追及する場合は、顧客側は重要事項の説明を受けなかったり、断定的判断の提供を受けた点のみ立証すれば足りることや、元本欠損額を損害額と推定する等損害の範囲が明確化された。

**金融政策**（きんゆうせいさく）

政府・中央銀行などの金融当局が金融手段によって行う経済政策をいうが、通常は、中央銀行が貸出政策・債券・手形オペレーション・預金準備率操作などの政策手段を用いて、通貨・信用の総量を調節し、政策目的を達成することを指す場合が多いので、一般には通貨政策という意味で金融政策と呼んでいる。もっとも、通貨量の規制にとどまることなく、一国全体の流動性を調節し有効需要に影響を与えようとする流動性政策がとられるようになり、国債管理政策が通貨政策と並ぶ有力な政策手段となっている。主要な金融政策手段を備える中央銀行が、金融政策の主体をなすのが通例。

**金融仲介機能のベンチマーク**（きんゆうちゅうかいきのうのベンチマーク）

2016年9月に、金融機関における金融仲介機能の発揮状況を客観的に評価できるとして、金融庁が掲げた指標。すべての地域金融機関が利用することが予定されている5項目の共通ベンチマークと、各地域金融機関が自身の事業戦略やビジネスモデル等を踏まえて選択できる50項目の選択ベンチマークで構成される。

**金融庁，財務局，財務支局**（きんゆうちょう，ざいむきょく，ざいむしきょく）

金融庁は、日本の金融の機能の安定を確保し、預金者、保険契約者、有価証券の投資者その他これらに準ずる者の保護を図るとともに、金融の円滑を図ることを任務とし内閣府の外局として設置される行政機関であり、法令に基づいて金融機関に対する監督権限が付与されている。金融庁の前身に当たる金融監督庁は旧大蔵省から分離して新たな中央省庁の1つとなったが、地方の出先機関である各地の財務局・財務事務所までは分離されず旧大蔵省の下に残ったため、現在は、法律上は金融庁に所属する地方支分部局は存在しない。しかし、財務省の地方支分部局である財務局および財務支局が金融業務を行うにあたっては、金融庁の指揮監督を受けることとされており、金融庁の地方における業務遂行部局としての役割を事実上果たしている。

**金融ビッグバン**（きんゆうビッグバン）

経済発展に不可欠の強固で安定性を保ちつつ、新しい金融システムの構築を目的として1996年以降に実施された改革をいう。従前の参入規制と価格規制を柱として形成された金融システムでは、金融業務への参入の許認可権や社債発行の厳格な資格要件等によって安定化を図り、金利規制や手数料の統一によって競争を排除することに特徴があったが、先進的な海外市場に対抗するため、自由競争を制限する規制を撤廃し、自由な市場形成を目指す改革が進められた。自由競争下で安定的な金融システムを維持するためには、取引の公正性と健全性に注視し、自己責任を徹底することが求められている。

**金融逼迫**（きんゆうひっぱく）

金融市場において、借手の資金需要量

が貸手の資金供給量を上回り，借手の資金調達が難しくなる状態をいい，金融緩和と対比される。金融逼迫は，物価上昇，国際収支の赤字などに対処して通貨の増勢を抑え総需要抑制を図るため，預金準備率の引上げ，売りオペレーションなど，中央銀行が行う金融引締政策によってもたらされる。通常，金融逼迫期には，金融市場が売手市場となるため，貸出金利の上昇，借入条件の不利，選別融資などの現象が起こる。→金融緩和

**金融分野個人情報安全管理指針**（きんゆうぶんやこじんじょうほうあんぜんかんりししん）

正式には「金融分野における個人情報保護に関するガイドラインの安全管理措置等についての実務指針」という。金融分野個人情報保護ガイドライン8条に定める安全管理措置の実施について，その基本方針と取扱規定の整備，実施すべき体制の整備として組織的安全管理措置，人的安全管理措置，技術的安全管理措置の内容，同9条，10条に定める従業員や委託先の管理，監督の内容などを定め，講ずべき措置と責任の明確化，検証が可能となる個人情報保護の態勢の構築が求められている。

**金融分野個人情報保護ガイドライン**（きんゆうぶんやこじんじょうほうほごガイドライン）

正式には「金融分野における個人情報保護に関するガイドライン」という。個人情報保護法と政府の「個人情報の保護に関する基本方針」を踏まえて，金融庁が所管する分野の個人情報取扱事業者に対し，個人情報の適正な取扱いの確保に関して行う活動を支援するため，金融分野における個人情報の性質および利用方法にかんがみ，事業者が講ずべき措置の適切かつ有効な実施を図るための指針として定めたもの。法律の条文について，金融分野における個人情報の性質および利用方法に対応した解釈や具体的な対処方法，適用の基準などについて掲載されている。このガイドラインを元に業態別に認可された金融分野における認定個人情報保護団体がさらに個別の自主ルールを定めている。金融分野の各事業者は，個人情報取扱事業者としてこれらを踏まえた社内の規定を整備している。

**金利裁定取引**（きんりさいていとりひき）

裁定取引（異なる2つ以上の市場間の価格差や金利差に着目して利益を確保する取引）の一種で，異なる2つ以上の市場間で同時取引を実施することでリスクなしに利益を稼ぐことができる手法。日本においては，1975年以降，CD市場の創設，インターバンク市場の金利自由化，金融先物市場の開設などが行われたことで金利裁定取引の機会は拡大している。

**金利スワップ**（きんりスワップ）

固定金利と変動金利，または変動金利同士の調達資金の金利条件を交換する取引。

**金利政策**（きんりせいさく）

金融政策当局が基準割引率および基準貸付利率をはじめ，広く諸金利を政策的に変更し，政策目的の達成を図る政策のことであり金融政策ともいう。狭義には，中央銀行の行う基準利率に関する政策を指すが，金融政策当局は公開市場操作によって債券利回りの変動をもたらすことができるほか，法令によって各種市中金利を直接規制することもでき，基準

きんろう

利率に限らず広く金利を操作しうるので、より広義に用いられるのが一般的である。

**勤労者財産形成住宅貯蓄制度**（きんろうしゃざいさんけいせいじゅうたくちょちくせいど）

勤労者財産形成促進法に基づく勤労者財産形成貯蓄制度の1つ。財形住宅貯蓄と略されるのが一般的である。勤労者が持家としての住宅を取得するための貯蓄制度で、所定の手続をとれば、財形年金貯蓄（勤労者財産形成年金貯蓄制度）と合わせて元本550万円を限度として、その利子所得は非課税とされる。契約要件は、財形年金貯蓄とほぼ同じで、ポイントは次のとおりである。①契約締結時に55歳未満の勤労者であること、②5年以上の期間にわたり定期的に積立てを行う必要がある、③持家としての住宅の取得等のために財形住宅貯蓄の元利金を充当する、④財形住宅貯蓄単独もしくは財形年金貯蓄と合わせて、元本550万円までの利子所得について非課税、⑤1人1契約に限る。

**勤労者財産形成貯蓄**（きんろうしゃざいさんけいせいちょちく）

1971年6月に公布・施行された勤労者財産形成促進法（財形法）に基づく貯蓄のこと。財形貯蓄には一般財形貯蓄、財形年金貯蓄、財形住宅貯蓄の3種類があり、勤労者が得る給与からの控除（天引き）によって一定の額が定期的に貯蓄される。財形年金貯蓄と財形住宅貯蓄については、所定の目的で引き出される限りにおいて利子所得が一定限度まで非課税とされる。また、財形貯蓄契約者に対する公的融資制度も用意されていて、勤労者の財産形成の促進が図られている。

**勤労者財産形成年金貯蓄制度**（きんろうしゃざいさんけいせいねんきんちょちくせいど）

勤労者財産形成促進法に基づく勤労者財産形成貯蓄制度の1つ。財形年金貯蓄と略されるのが一般的である。退職後も引き続き貯蓄に対する非課税措置の適用を受けることができる。財形住宅貯蓄（勤労者財産形成住宅貯蓄制度）と合わせて元本550万円を限度として、その利子所得は非課税とされる。契約要件のポイントは次のとおりである。①契約締結時に55歳未満の勤労者であること、②5年以上の期間にわたり定期的に積立てを行う必要がある、③年金として受け取る以外には払出しをしない、④据置期間は5年以内、⑤受取りは満60歳以降、5年以上の期間であること、⑥1人1契約に限る。

**区分所有権**（くぶんしょゆうけん）
　一棟の建物が構造上数個の部分に区分され，かつその各部分が独立して住居，店舗，事務所その他建物としての用途に供することができる場合に，その区分された建物の部分を目的とする所有権。共用部分は，区分所有権の目的とはならない。

**組手形**（くみてがた，set bill）
　外国為替手形の郵送中の紛失，延着あるいは盗難を防ぎ，かつ流通を円滑にするため，同一内容で数通（一般に正副2通）振り出された手形。それぞれ別便によって相手方に送付される。組手形に対し，1通のみ振り出される手形を単一手形（sole bill）という。

**組戻し**（くみもどし）
　①手形交換においては，一度交換にかけて相手銀行に呈示したものを持出銀行の依頼返却によって，取り戻すこと。②内国為替においては，電信振込等の取組みをしたものを，相手銀行に通知して，取組みを取り消すこと。

**クラウドファンディング**（Crowd Funding）
　群衆（Crowd）と資金調達（Funding）を組み合わせた造語で，クリエーターや起業家が製品・サービスの開発やアイデアの実現などのためにインターネットを通じて不特定多数の者から資金の出資や協力を募ることをいう。日本ではリスクマネーの供給強化の手段としてクラウドファンディングを活用する施策が掲げられ，規制緩和のための金融商品取引法等の改正がなされている。クラウドファンディングは資金提供者に対するリターンの形態により，金銭的リターンのない「寄付型」，金銭リターンを伴う「投資型」，プロジェクトが提供する何らかの権利や物品を購入することで支援を行う「購入型」に分類される。

**倉荷証券**（くらにしょうけん）
　取引所が指定した倉庫会社（指定倉庫）が発行する，物品の保管を証明する有価証券（保管証書）。倉荷証券が発行されることで，物品はその倉庫会社に保管したまま所有者はその物品の権利譲渡，質入れ等の契約を行うことができる。

**クリア・バンド**（clear band）
　手形・小切手用紙において，銀行が磁気インク文字を書き込む部分（用紙の底返から16ミリの幅）。

**クリーン信用状**（クリーンしんようじょう，clean credit）
　荷為替信用状（documentary credit）に対する用語で，船積書類の呈示を条件としていない信用状をいう。貿易取引において，売主が買主に船積書類を直送し，信用状に基づき為替手形のみ，すなわちクリーン・ビル（clean bill）により代金の回収を図る商業信用状はこれに当たる。

**繰延資産**（くりのべしさん）
　既に対価の支払が完了または支払義務が確定し，これに対応する役務の提供を受けてはいるものの，その効果が将来にわたって発現すると考えられるため，当

該費用を次期以降の期間に配分すべく、貸借対照表の資産の部に記載することが認められたものをいう。具体的には、2006年8月に企業会計基準委員会が公表した「繰延資産の会計処理に関する当面の取扱い」に規定されており、①株式交付費、②社債発行費等、③創立費、④開業費、⑤開発費が認められている。繰延資産は会社計算規則に従って相当の償却を行うこととなっており、貸借対照表上の表示は償却累計額控除後の金額となる。繰延資産は原則として定額法によって償却することとなっており、各々の償却期間は、①は3年以内のその効果が及ぶ期間、②は社債償還期間または3年以内のその効果が及ぶ期間、③～⑤は5年以内のその効果が及ぶ期間とされている。

**繰延税金資産**（くりのべぜいきんしさん）

金融機関は、融資が返済されなくなるおそれがある場合、貸倒れに備えて引当金を計上するが、法人税法の定める要件を満たさない場合、税務上は損金として扱われず、いったん税金を支払うことになる。当該引当金は、融資先が破綻する等によって回収不能となるなど、法人税法が定める要件を満たした時点で損金として認められ、支払済みの税金が還元される。この将来の税金還付を見込んだ額を資産として計上するのが繰延税金資産であり、金融機関は税効果資本として自己資本に組み込んでいる。繰延税金資産の計上可否は、将来の税金負担額を軽減する効果が認められるか否かにかかっているが、①将来の課税所得を過大に見積もっていると、回収できないリスクがあること、②資金の裏付けのない資本であることから、自己資本に占める比率が高い場合、健全性を損なっている可能性があるとの見解がある。

**クレジット・カード**（credit card）

クレジット・カード会社が認めた会員に対して発行したカードで、加盟店において物品・サービスの購入あるいはキャッシング・サービス、ローンなどの提供が受けられるもの。割賦販売法で分割払い、リボルビング払いができるものを「包括信用購入あっせん」と呼び、経済産業省への登録が発行の要件である。物品購入の場合、決済は最低25日最高55日間カード会社が無利息で立て替えることになっており、便利なキャッシュレスの支払手段となっている。銀行にとってカード会員の拡大は、優良取引先の拡大、定着化、個人消費資金のトレース、加盟店取引の深耕につながるため、各行とも積極的にカード会員、加盟店の増強に注力している。

**クレジットカード番号等保有業者**（クレジットカードばんごうとうほゆうぎょうしゃ）

クレジットカード会社（マンスリークリア方式のクレジットカード会社、立替払取次業者を含む）とその加盟店、クレジットカード会社および加盟店のクレジットカード番号等の業務処理の委託先（2段階以上の再委託先を含む）をいう。クレジットカード番号や有効期限などの情報は、クレジットカード加盟店や業務委託先にとっては、個人を特定できないため個人情報に当たらないが、クレジトカードの保有者にとっては重要な情報であり、不正利用された場合は、財産上の損害を被る可能性がある。そこで、こ

れらの情報が個人情報に当たるクレジットカード会社と同レベルの保護をクレジットカード加盟店や業務委託先に求めるため，これらの情報を取り扱う事業者をクレジットカード番号等保有業者として，割賦販売法で安全管理義務を課している。また，これら事業者の役職員について，クレジットカード番号等の情報の漏えいや不正目的利用に刑罰が適用される。

**クロス・デフォルト条項**（クロス・デフォルトじょうこう）

債務者の他の債務につき債務不履行が生じたときに，当該債務も同時に債務不履行とみなすことに合意する債務者または保証人の誓約条項。他の債務の支払義務の不履行のほか，誓約の不履行等が対象となる。

**クロスボーダー取引**（クロスボーダーとりひき）

国境を越えて行われる取引の総称であり，システムの発展や資本取引の自由化などの進展により拡大している。このような傾向は金融業界においても例外ではなく，金融のグローバル化が進展するなか，金融・資本市場化においても，クロスボーダー取引は盛んに行われており，金融・資本市場の活性化に寄与している。もっとも，国内における監督当局の追及を逃れようとして，たとえば，海外口座を利用したクロスボーダーのインサイダー取引や相場操縦，海外のダミー会社を取引先に仮装した粉飾，外国籍の投資ファンドを引受先とした不公正なファイナンスなど，クロスボーダー取引を利用した不公正な取引が行われる場合があ

ることも指摘されている。

**契印**（けいいん／ちぎりいん）

契約書等の一連の書類が数枚にわたる場合に，その相互の連接が正当になされており，かつ1つの契約書であることを証明するため，つづり目や継ぎ目に印章を押すこと。使用する印章は，記名捺印に使用したものと同一の印章としなければならず，契約当事者が複数であるときは，契約当事者全員が押印する。公務員の作成する書類では，契印を要求されることがある（民法施行法6条2項など）。
→割印

**経営者保証に関するガイドライン**（けいえいしゃほしょうにかんするガイドライン）

中小企業金融における経営者保証について，主債務者，保証人および債権者らにおいて合理性が認められる保証契約のあり方等を示すとともに，主債務の整理局面における保証債務の整理を公正かつ迅速に行うための準則を定めることにより，経営者保証の課題に対する適切な対応を通じてその弊害を解消し，主債務者，保証人および債権者らの継続的かつ良好な信頼関係の構築・強化とともに，中小企業の各ライフステージにおける取組意欲の増進を図り，日本経済の活性化に資することを目的としている。

なお同ガイドラインの適用対象とされている保証契約は，①保証契約の主債務者が中小企業であること，②保証人は主債務者の経営者である個人（実質的な経営者や事業承継予定者らも含む）であること，③主債務者と保証人の双方が弁済について誠実であり，債権者の請求に応じ，それぞれの財産状況等について適時適切に開示していること，④主債務者および保証人が反社会的勢力ではなく，そのおそれもないこと等の条件を満たしていなければならない。

**経済白書**（けいざいはくしょ）

正式名は年次経済財政報告。内閣府が貿易，生産，物価，財政金融など国民経済の1年間の動きを分析し，今後の経済の動向と経済政策の方向を記述している。イギリス政府が外交の内容を知らせるために出した文書の表紙が白いことから白書（white paper）と称される（青書もある）。

**継続**（けいぞく）

銀行取引において，貸付金の手形を書き替えて期日を延長することや，定期預金を期日に書替延長すること。

**競売**（けいばい／きょうばい）

多数の者から口頭または書面で買受けの申出を受け，最高価額の申出人に売るという方法で売買すること。せり売りと同義。競売はお互いに他人の申出価格を知りうることにより比較的高く，かつ公平な価格で換価できる点に特色がある。国家が管理する「公の競売」には，民事執行法に基づく，強制執行として行われる不動産の競売（強制競売），担保権の実行としての競売などがある。

**景品表示法**（けいひんひょうじほう）

正式には「不当景品類及び不当表示防止法」という。事業者が商品および役務

の取引に関連して，不当な景品類を提供することおよび不当な表示により顧客を誘引することを防止し，一般消費者の利益を保護することを目的に一般消費者による自主的かつ合理的な選択を阻害するおそれのある行為の制限および禁止について定めた法律。景品類の提供に係る額が一定額に制限されているが，金融業の場合，景品類提供の価額となる額は利息額であり，クレジットカード取引の場合は，取引額（立替額）である点に注意が必要である。また，他の商品や役務より優良と誤認する表示や他の取引より有利であると誤認する表示が禁止されている。

### 契約 （けいやく）

2人以上の当事者の意思表示の合致により成立する法律行為で，一定の法律効果の発生を目的とするもの。通常，一方の申込みと他方の承諾によって成立する。

### 契約自由の原則 （けいやくじゆうのげんそく）

個人は社会生活においてその意思に基づいて自由に契約を締結することができるもので，国家はこれに干渉すべきでないという原則のこと。この原則は，個人の平等を前提とし，個人の自由の尊重を基調として，経済自由主義に適応するものであって，資本主義の初期に特に強調されたが，今日では，経済的弱者の保護などを目的に適切に制限して社会の私法関係を是正している。たとえば，借地借家法，労働基準法等は，法律に定めた条件でなければ契約ができないようにしている。

### 契約履行保証 （けいやくりこうほしょう，performance bond）

国際入札の落札者や輸出者に対して，契約の相手方である発注者や輸入者から，契約の確実な履行の担保として保証金の差入れを要求されることがある。特に，多額の契約あるいは納期まで長期間を要する場合には，担保としての保証金を要求される。この場合，保証金が現金で差し入れられることは稀で，通常は銀行の保証状により対応する。このような保証を契約履行保証という。保証金額は，通常，契約金額の10％前後である。

【契約履行保証】

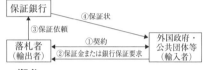

### 懈怠 （けたい／かいたい）

民法上は，過失と同意義に用いられる。民事訴訟法上は，当事者が訴訟行為をなすべき時期にこれをしないこと，特に口頭弁論期日に出頭せず，または出頭しても弁論しないことを期日の懈怠といい，期間内になすべき訴訟行為をしないことを期間の懈怠という。一般に，訴訟行為を懈怠すると，特に追完を許すもののほかは，訴訟行為ができなくなるのが原則である。

### 決済 （けっさい）

取引によって発生する債権・債務について，資金の受渡しを行うことで貸借関係を終わらせ，債権・債務を解消させること。

### 決済用預金 （けっさいようよきん）

無利息，要求払い，決済サービスを提供できることの3条件を満たす預金をいう。2005年4月1日のペイオフ全面解禁以降も，決済用預金はその全額が預金保

険制度によって保護されている。当座預金や無利息の普通預金がこれに該当する。→ペイオフ

**決算**（けっさん）

現代の企業はゴーイング・コンサーン（継続企業）が前提となっているため，企業の利害関係者に財政状態や経営成績を明示する手段として，企業の財務計算に期間（原則として1年）を設け，一定の会計期間（事業年度）における期間損益や一定時点における財産内容を集計・整理することが必要となる。この会計数値の集計・整理手続が決算である。決算手続は主に，①総勘定元帳の各勘定科目の残高を集計・整理した試算表を作成する，②決算整理手続（固定資産の減価償却，有価証券の評価，貸倒引当金の設定，費用および収益の繰延・見越しなど）を行う，③試算表に決算整理手続を反映した精算表を作成する，④精算表を基にして貸借対照表・損益計算書を作成する，⑤帳簿を締め切る，などのプロセスを経る。→総勘定元帳

**月例経済報告**（げつれいけいざいほうこく）

内閣府が毎月，経済動向を調査・分析し，これに適切な判断を与えてとりまとめたものを公表している。2001年の中央省庁再編により，経済企画庁が行っていたものが承継された。主な内容は，総論，消費・投資などの需要動向，企業活動と雇用情勢，物価と金融情勢等で，国内の動向のみならず主要諸外国の動向にも言及している。また，日本銀行においてもほぼ同時期に月例報告のとりまとめを行っている。

**検印**（けんいん）

金融機関等において，役席者（特定の業務範囲に関して権限をもつ管理者等）および役席者以外で支店長等上位の権限者の指名により証印権限を委譲された者を「検印者」といい，検印者が自己の権限に基づいて書類や伝票などの書類を精査したうえで押す責任印（承認印）をいう。→権限

**現金**（げんきん）

狭義には中央銀行券，政府発行の補助貨幣，政府紙幣を指すが，銀行業務上では一定の条件を満たす手形・小切手などの有価証券も現金として扱っている。日本の例でいえば，日本銀行券と補助貨幣が狭義の現金であり，手形，小切手，配当金領収証，公社債の元金・利札，郵便為替証書，国庫金送金通知書などで，一定の要件を備え，支払場所がその受入店または受入店所在地もしくはその近接地で手形交換などによって決済されるものは，現金として取り扱われる。

**現金自動設備**（貸金業における）（げんきんじどうせつび）

貸金業者が貸付の契約に基づく金銭の交付や返済金の回収を行う者として設置した設備である現金自動支払機および現金自動受払機のこと。いわゆるCD，ATM。なお，貸付の契約の締結に係る業務を行う設備である自動契約受付機（いわゆる自動契約機）は，貸金業法上，現金自動設備とは区別される。無人でも貸金業法の営業所等に該当し，貸金業務取扱主任者の登録が必要とされるが，有人の営業等に隣接して設置されている場合に限り，現金自動設備については，営業

所登録が不要とされている。

**現金通貨**（げんきんつうか）
中央銀行券や補助貨幣のように，法律上最終支払手段としての資格を与えられている通貨で，一般的な流通手段としての通貨の基本をなすもの。預金通貨に対する語。現金通貨は賃金の支払，家計支出，小口の取引決済に用いられるが，預金通貨は主として企業間の取引決済手段として用いられる。→預金通貨

**欠缺**（けんけつ）
欠けていること。法の欠缺が生じる原因としては，①自明のこととして成文化されず解釈に委ねられたこと，②立法当時予想できなかった事情が後日生じたこと，③立法技術に問題があったことなどが考えられる。法に欠缺がある場合，裁判官は，まず事実たる慣習や慣習法によってこれを補い，それも存在しないときは条理に基づいて妥当な裁定基準を見い出す必要があり，法の欠缺を理由に裁判を拒むことは認められない。

**権原**（けんげん）
ある法律的行為または事実的行為をなすことを正当とする法律上の原因のこと。たとえば，他人所有の土地上に工作物（家屋など）を設置する権原は，地上権・賃借権等である（民法242条参照）。ただし，占有の場合には，占有することを正当とするかどうかを問わず，占有を開始した原因一般を意味する（同法185条）。

**権限**（けんげん）
組織内のある職位にある者が，責任遂行上他人や物を当然に支配・強制しうる権利および力のこと。その者が本来的に有するものではなく，その職位や立場に登用されることに伴って付与されるものである。

**権限調査**（けんげんちょうさ）
金融機関において貸出を行う際，担保提供者が真の所有者であり，法律行為の能力を有するかどうかを確認するための調査のこと。担保提供者が個人の場合は，行為能力の有無で調べ，制限行為能力者であれば法定代理人等の同意を得る必要がある。法人の場合では，法人の定款などの目的の範囲内の行為であるか，利益の相反行為に該当しないか，取締役会の決議を得ているかどうかの調査を行う必要がある。

**現先取引**（げんさきとりひき）
債券を一定期間後に一定の価格で買い戻す，または売り戻すことを条件に売買する取引のこと。債券の売り手にとっては短期の資金調達の手段として，債券の買い手にとっては短期の資金運用の手段として銀行や証券会社などで利用されている。

**検索の抗弁権**（けんさくのこうべんけん）
債権者が主債務者に催告した後であっても，保証人が主債務者に弁済の資力があり，かつ執行が容易であることを証明したときは，債権者からの請求を拒むことができる権利。この場合，債権者はまず主たる債務者の財産について執行しなければならない（民法453条）。「催告の抗弁権」とともに，単純保証での保証人には認められるが，連帯保証人には認められない。→催告の抗弁権

### 原産地証明書 (げんさんちしょうめいしょ, certificate of origin)

国際間の条約によって，輸入税を免除・軽減するために，商品の産地国を証明する書類。また，近年では，偽装問題や食の安全性が話題となり，製造国や生産国が注目されている。その観点からも，船積書類の1つとして要求されることが多くなっている。

### 原状回復義務 (げんじょうかいふくぎむ)

給付されたものを返還して契約がなかったのと同一の状態を生じさせる債務を負うことである（現有利益の返還義務のみではない）。特に契約の解除の効果として，この原状回復義務が生ずる。

### 源泉分離課税制度 (げんせんぶんりかぜいせいど)

給与所得や事業所得等を合算して課税額を計算する「総合課税」と異なり，別勘定で所得を計算し税金を徴収する「分離課税」のうち，所得の支払人によって源泉徴収される方法をいう。確定申告の過程で他の所得と合算せずに分離して課税される「申告分離課税」の対極にある概念である。分離課税は，総合課税に比べて税率の累進性がないという特徴をもつ。定期預金，貸付信託，公社債などの利子所得や，定期積金，相互掛金の給付補てん金，抵当証券利息，金投資（貯蓄）口座の利息，外貨定期預金の為替差益，一時払養老保険や一時払損害保険の差益には，原則としてすべて20.315％の源泉分離課税が課せられ，支払を受ける際に税金が差し引かれることによって課税関係が終了することとなる。→申告分離課税制度

### 現送 (げんそう)

金融機関と日本銀行間や金融機関本支店間において現金を輸送するにあたり，現金を送ることを「現送」といい，現金を受けることを「現受」という。営業店の現金収支は日々異なっているため，特に大口の収支があった場合などは手元現金に過不足が生じるので，現金の効率的運用の観点から本支店間あるいは対日銀間の現金輸送がしばしば行われる。

### 減損会計 (げんそんかいけい)

企業が保有する固定資産の収益性が低下し，投資額の回収が見込めなくなった場合，当該固定資産の帳簿価額に価値の下落分を反映させる会計制度のことをいい，上場企業に対して2006年3月期より強制適用となった。減損の兆候が生じていると見られるとき，減損損失の判定を行うことになる。減損損失の判定とは，おおむね独立したキャッシュフローを生み出す最小の単位を1資産グループとし，当該資産グループから得られる割引前将来キャッシュフローの総額が帳簿価額を下回る場合に減損損失を認識することをいう。減損損失が認識された場合，帳簿価額を回収可能価額まで減額するとともに，その差額を当期の損失として処理する。なお，回収可能価額とは，①資産グループから得られる将来キャッシュフローの割引現在価値の合計である「使用価値」と，②資産グループを現時点で売却した場合に得られる価額である「正味売却価額」のうち大きいほうとなる。

### 限定承認 (げんていしょうにん)

相続人が，被相続人の債務について，相続によって得た積極財産（資産）を限

度として責任(負債)を負うことを留保して行う相続の承認(民法922条以下)。限定承認をしようとする相続人は、相続開始を知ったその日から3ヵ月以内に、相続財産の目録を作成して家庭裁判所に対し限定承認する旨の申述をしなければならない。ただし、複数の相続人による共同相続の場合に限定承認するときには、相続人全員で行わねばならない(同法923条)。積極財産を処分して債務を弁済し、残りがあれば相続人に帰属するが、不足する場合は、相続人は責任を負わない。→相続の承認

**検認**(遺言書の)(けんにん)

遺言証書の方式、内容について家庭裁判所が形式上の調査をすること(民法1004条、家事審判規則122条)。遺言書の保管者は、相続開始後遅滞なく家庭裁判所に検認を求めなければならないが、公正証書遺言については、検認は不要である。検認が行われると、家庭裁判所によって検認調書が作成される(家事審判規則123条)。検認は遺言書の偽造や変造を防ぐための保全措置との位置付けであり、適法に作成されていない遺言書についても検認はなされることから、遺言書の有効・無効を判定するものではない。また、検認を受けなければ、過料の制裁はあるが、遺言の効力に影響はない。

**現物出資**(げんぶつしゅっし)

金銭以外の財産でもって出資すること。現物出資の目的となりうる財産は、動産、不動産、鉱業権、漁業権、特許権、営業上のノウハウ、動産・不動産の使用収益権など貸借対照表上資産能力のあるものに限られる。

**原本, 謄本, 正本, 抄本**(げんぽん、とうほん、せいほん、しょうほん)

原本は、作成者により一定の事項を表示するために確定的なものとして創造された文書であり、謄本、抄本等のもとになる文書。謄本は原本の内容を同一文字符号により全部写した文書で原本の内容を証明するために作成されるものをいい、戸籍謄本がその例。正本は、謄本の一種であるが権限のある者が原本に基づいて作成し、原本と同一の効力を有するものをいい、裁判またはこれに準じた効力ある文書について認められる。抄本は、原本の一部を抜き写したもの。

**権利移転的効力**(裏書の)(けんりいてんてきこうりょく)

裏書をすることによって、被裏書人に対して手形上の権利がすべて移転することになる効力のこと(手形法14条1項、77条1項1号)。

**権利能力**(けんりのうりょく)

権利の主体となりうる能力。すなわち、権利を有し、義務を負うのに必要な資格である。権利能力をもつものは、自然人と法人である。自然人は出生によってすべてこれを取得する(民法3条)のが原則であるが、胎児についても遺産の相続などでは、既に生まれたものとして権利能力をもつことが認められている。また、法人については、社団、財団が成立したとき取得する。

**権利能力なき社団**(けんりのうりょくなきしゃだん) →法人格のない社団

## こ

**行為能力**（こういのうりょく）

単独で確定的に有効な法律行為（契約その他）をすることのできる能力。自然人と法人はすべて権利能力をもっているが，必ずしも常に完全な行為能力をもっているわけではない。

**公益法人**（こうえきほうじん）

祭祀・宗教・慈善・学術・技芸その他の公益（社会一般人の利益）を目的とし，かつ営利を目的としない法人。社団法人，財団法人の2種類がある。国内の公益法人は税法上その他の保護を受けるが，外国の公益法人は，日本では権利能力を認められない。宗教法人，学校法人，医療法人，社会福祉法人については，公益法人の一種として，特別法が設けられている。→営利法人

**公開会社・非公開会社**（会社法上の）（こうかいがいしゃ・ひこうかいがいしゃ）

その発行する全部または一部の株式の内容として，譲渡による当該株式の取得について株式会社の承認を要する旨の定款の定めを設けていない株式会社を「公開会社」という（会社法2条5号）。よって，かかる定款の定めを，発行するすべての株式について設けている株式会社が「非公開会社」となる。

**公開市場操作**（こうかいしじょうそうさ）

中央銀行が誰でも参加できる公開の市場で市場価格により手形・債券などの売買操作を行い，金融の調節を図る政策措置。基準利率操作，預金準備率操作と並ぶ中央銀行の主要な量的金融政策手段の1つであるが，市場取引を通じて行われるので強制力を伴わず，また情勢に応じて自由に売買量を調整できるので，最も機動的・弾力的な政策手段であるといわれている。アメリカ，イギリスなどでは主要・有力な金融調節手段となっており，日本のそれも本格的な公開市場操作に近づきつつある。

**交換印**（こうかんいん）

手形交換に付す証券類に押捺する裏印。交換に付する手形には，すべて押印する必要がある（東京手形交換所規則25条参照）。交換印は，持出銀行名，日付，交換の文言が要件となっており，このほか，統一金融機関番号，支店名などが入っているものもある。各銀行は，支店が異なっても，必ず同一様式の交換印を使用することとなっている（同規則細則25条3項参照）。

**交換方**（こうかんがた）

手形交換は各銀行の代表店としてそれぞれ交換母店が行うが，交換所内において，その銀行を代表し，相手銀行との手形の受渡し，混入の補正，資金決済さらに日本銀行に対する振替請求書の作成など一切の事務を行う行員をいう。

**交換所分類手形**（こうかんじょぶんるいてがた）

（東京）手形交換所においては，加盟銀行を支払場所とする約束手形，小切手（送金小切手を除く）はすべてMICR方式による金融機関共同コードの印字を行うこととなっており，この共同コードのある手形に金額印字を行い，これを一定の

束に区分して交換所規則施行細則に定める帳票を添付して交換所に持ち出すこととなっており，上記方法により交換所に持ち出された手形をいう（東京手形交換所規則29条参照）。この方法に基づいて手形が持ち出されれば，交換所が相手銀行別の分類，集計などを行う。

**交換尻決済**（こうかんじりけっさい）
　手形交換所における加盟金融機関の決済方法で，手形交換所に持ち出した手形と持ち帰る手形の差額（交換尻）で決済をすること。交換尻の決済は，日本銀行の本支店のある手形交換所では，日本銀行にある銀行協会名義の当座預金と加盟金融機関の当座勘定の振替処理によって行われ，日本銀行本支店のない地区では，交換決済銀行（幹事銀行）に設けた加盟金融機関の当座勘定の振替によって行われる。

**交換呈示**（こうかんていじ）
　手形交換所において，持出銀行が交換のために行う手形・小切手の持出行為。手形法・小切手法上，支払のための呈示としての効力が認められている（手形法38条2項，小切手法31条）。加盟銀行の支払うべき手形・小切手は原則として交換に付さなければならないが，交換尻の不足金不払いのために繰り戻されたものおよび混入手形として返還されたものは，店頭呈示をして直接取立ができる。店内交換分については，交換呈示の必要はない。

**交換手形**（こうかんてがた）　→持出手形
**交換払い**（こうかんばらい）
　支払場所となる銀行の加盟している手形交換所を経由して，手形・小切手を決済すること。特に，手形・小切手の支払場所の銀行に直接取引がある者からの請求か，持参人払式でない限り，原則として，どこの銀行も手形・小切手の支払は交換払いを希望しており，現払いの例は少ない。

**交換日**（こうかんび）
　交換証券が交換持出しされた日。法律上，手形の呈示期間は期日後2日間（手形法38条1項，77条1項3号），小切手は振出日付後10日間（小切手法29条1項）となっているが，この期間のうち，交換に持ち出された日が交換日となる。交換日の交換証券への表示は，交換印によって行われ，取引停止処分，持帰事務処理の基準となる。

**公共債の窓販**（こうきょうさいのまどはん）
　新たに発行される債券（国債，政府保証債，公募地方債）を不特定多数の者に対し一定期間中，一定条件で販売すること（募集の取扱い）およびはね返り玉の買取り（銀行が窓販した債券を満期償還前に購入者からの中間換金の希望に従って買い取ること）をいう。1983年，大量の国債発行，資金運用・調達の多様化，金利選好の高まりを背景に取扱いが開始された。

**航空貨物運送状**（こうくうかもつうんそうじょう，air waybill）
　貨物が国際航空貨物で運送される場合に，運送人が発行する書類で，国際航空貨物の運送契約が締結されたことを示す証拠書類かつ貨物の受領証となる。船荷証券のような有価証券ではない。

**後見制度**（こうけんせいど）
　精神上の障がいにより，判断能力を欠

く常況にある者について、申立てに基づき家庭裁判所の「後見開始の審判」がなされる。この審判とともに、「成年後見人」が選任され、「成年被後見人」の法定代理人となる。被後見人が単独でなした行為は日常生活に関するものを除き取り消すことができ、成年後見人は被後見人の身上・療養看護と財産の管理を行う。このための代理権、取消権を有する。

**後見制度支援信託**（こうけんせいどしえんしんたく）

成年後見人による被後見人の預金等の財産横領を防止する目的の制度で、2012年から取扱いが開始となった。被後見人の日常生活で使用する分を除いた金銭を信託銀行等に信託し、信託財産の払戻しや信託契約の解約には家庭裁判所の指示書を必要とするもので、後見人は勝手に払戻しや解約ができない。家庭裁判所がこの制度の利用を検討すべきと判断した場合は、司法書士等の専門職後見人を選任して検討を求め、利用すべきと判断した場合は指示書を発行する。この結果、比較的金銭の資産を多く保有する被後見人の資産が信託銀行に大量にシフトする現象が生じており、一部の金融機関（信金、信組）では類似の預金を開発し取扱いを開始する動きが見られる。

**公告**（こうこく）

ある事項を一般に知らせること。通知をすべき相手が不明または不特定多数の場合に行われる。

**口座**（こうざ）

銀行取引においては、主として預金取引先別に預金勘定を記入した元帳区分のことを指すことが多く、預金口座ともいう。預金口座は、当座預金（元帳）口座、普通預金（元帳）口座等預金科目ごとに分類される。同一顧客のために2口座以上を開設することもある。口座には口座番号が付され、預金の種類や取引先別に分類整理されるのが通常である。

**口座相違**（こうざそうい）

何らかの理由により、取引先の入出金記帳を誤って名義の異なる預金口座に記帳したり、取引先が指示した預金口座以外の預金口座に記帳すること。口座相違の問題が生じた際には、話合いにより解決できる場合が多いが、解決しない場合、金融機関は生じた損害に対し、受任義務違反として賠償責任を負担しなければならない場合もある。もちろん、誤入金先に対しては、不当利得返還請求権（民法703条、704条）を有するが、誤入金先が資金を引き出して使ってしまい、資力がなければ回収不能となる危険がある。

**口座振替**（こうざふりかえ）

金融機関が、預金者の依頼に基づき、指定された日に、預金者の有する同額の金銭債務を弁済するため、通常の支払手続によらずに預金口座から一定の金額を払い出して、指定された収納企業者の預金口座へ振り込むこと。自動振替あるいは自動振込ともいう。口座振替は授業料の支払や特定先への定時送金、あるいは貸金の内入返済やクレジットカード代金の決済などにも利用されるが、最も多いのは、公共料金（NHK、電気、ガス、水道など）や税金の納付のための利用である。口座振替の目的は、納入者および徴収者の事務負担を軽減し、かつ納入の確実性を図ることにある。

**合資会社**（ごうしがいしゃ）
　無限責任社員と有限責任社員からなる会社。経済的にみれば，無限責任社員が経営する事業に，有限責任社員が資本を提供し，その事業から生ずる利益の配当にあずかるものである。社員の人的結合が強く組合的性質を帯有し，人的会社に属する。しかし，有限責任社員は直接かつ他の社員と連帯して人的責任を負うものとされているが，それは出資額を限度としている点が全く異なり，また，有限責任社員の出資は財産出資に限られ，また有限責任社員は会社の業務執行および代表権限のないこと等は，合名会社と異なる。

**公示催告**（こうじさいこく）
　法律の定めた場合（例えば，約束手形などを紛失したときなど），裁判所に申立てをし，裁判所が公告の方法で利害関係人に失権の警告を付して権利の届出を促す，裁判上の催告。一定の期間内に何人からも権利の届出のないときは，申立てによって除権決定をする。

**公社債**（こうしゃさい）
　国，地方公共団体，政府関係機関，地方公社が投資家から一定期間，資金を借り入れるために発行する有価証券。具体的には，国債，地方債，政府関係機関債，地方公社債を指す。国債には超長期国債，変動利付国債，長期国債，物価連動債などが，地方債には市場公募地方債，共同発行市場公募地方債，住民参加型ミニ市場公募債，銀行等引受債が，政府関係機関債には政府保証債，財投機関債，非政府保証債がある。

**後順位抵当権**（こうじゅんいていとうけん）
　抵当権は，その性質上，抵当権の目的たる同一の不動産の上に，2個以上存在することが許される。しかも，その各々が目的物の全体について，優先弁済を主張することができる関係にあるため，これをそのままに放置しておくと，混乱と不都合が生じることになる。そこで，この抵当権の競合から生じる不都合を調整するため，抵当権の設定登記の行われた日時を標準として抵当権相互の優先性の順序を定め，これによって抵当目的物の売得金配当に関する法的地位とした。これが抵当権の順位であり，順位が劣後する抵当権のことを後順位抵当権という。

**公証人**（こうしょうにん）
　法務大臣によって任命され，公証人役場で執務を行う実質的意義の公務員。公証人の権限は公証人法に規定されており，当事者その他の関係人の嘱託により，法律行為その他私権に関する事実について公正証書を作成し，私署証書および株式会社等の定款に認証を与える等の職務権限を有する実質的意義における公務員を意味する（公証人法1条）。金融機関に深く関連した業務としては，遺言証書の作成，手形・小切手の拒絶証書の作成，私文書への確定日付の付与などが挙げられる。

**公信力**（こうしんりょく）
　公示を信頼して取引をした者に対して，公示どおりの権利を取得させる法律上の効力。公信力を認めると，公示を信頼して取引をした者が保護される反面，真実の権利者の利益が犠牲となる。日本の民法は，動産の公示方法である占有には公

信力を認めているが，不動産の公示方法である登記には公信力を認めていない。

**公正証書**（こうせいしょうしょ）
公証人が，公証人法その他の法令の定めるところに従って作成した証書。高い信憑力があり，強度の証拠力を認められているばかりでなく，ある種のものは債務名義と認められ，強制執行力が認められている。

**更生特例法**（こうせいとくれいほう）
正式には「金融機関の更生手続の特例等に関する法律」という。金融機関について会社更生法を適用する場合，預金者等の債権者の数が多数にのぼるため，更生計画の同意を取り付ける点に難点があったものを，預金保険機構が預金者の代理を務めることを可能とすることで解消した。相互会社形態の保険会社にも適用することが可能であり，その場合は生命（損害）保険契約者保護機構が保険契約者の代理を務めることになる。

**公正取引委員会**（こうせいとりひきいいんかい）
独占禁止法を運用するために設置された機関。「行政委員会」と呼ばれる合議制の機関に当たり，委員長1名と委員4名で構成されており，他から指揮・監督を受けることなく独立して職務を行う。国の行政組織上，現在は内閣府の外局として位置付けられている。私的独占，不当な取引制限，不公正な取引方法を規制するために排除措置命令を発する等強い権限を有している。独占禁止法違反事件の処理は，公正取引委員会の「審判手続」を経て審理され，同委員会が「審決」という形で最終意思決定する。また，株式所有，合併等により一定の取引分野における競争が実質的に制限されることになることを防ぐ企業結合規制（市場集中規制）においても重要な役割を果たしており，国内の会社の合併等の届出，銀行・保険会社の株式保有制限の例外に該当する場合の認可等を行っている。

**合同会社**（ごうどうがいしゃ）
2005年6月成立の会社法により，新たに設立が認められるようになった事業形態。出資者の全員が有限責任社員で，社員1人での設立も可能。社員は出資時に全額を払い込み，債権者に対しては直接責任を負うことはない。内部関係では，重要事項の決定は総社員の一致によることが原則で，定款の変更その他会社のあり方の決定が行われ，各社員が自ら会社の業務を執行する。ただし，定款の定めまたは社員全員の同意により，一部の社員のみ業務執行社員として定めることができ，所有と経営の分離した企業組織とすることも可能である。全社員が有限責任しか負わない合同会社の債権者保護のため，会社の財産状況を適切に開示するための法務省令で定める計算書類の作成が義務付けられ，社員の出資については全額払込制度をとり，労務出資等は認められず，剰余金の分配については株式会社と同様，財源規制が課せられている。

**行内交換**（こうないこうかん）
同一銀行内の店舗相互間における手形等の交換決済。店内交換ともいう。手形交換は手形交換所を経由して，他行との間で手形の交換，資金決済などを行うが，この行内交換もその仕組みは手形交換所経由の場合と基本的には同一である。異なる点は資金決済が本支店勘定，

代理交換の場合には受託銀行当座勘定を利用しているだけで，持出手続，不渡処分制度もほとんど同一に適用されている。

**公募，私募**（こうぼ，しぼ）

新たに発行される有価証券の取得勧誘のうち，公募とは，①第1項有価証券（金融商品取引法2条1項に規定される株券や社債等といった比較的流通性の高い伝統的な有価証券であり券面の発行されるもの）の場合は，適格機関投資家以外の者50名以上に対する取得勧誘行為を行う場合等をいい，②第2項有価証券（同法2条2項で規定される信託受益権や匿名組合持分等といった比較的流通性の低い有価証券）の場合は，その取得勧誘により500名以上の者が当該取得勧誘に係る有価証券を所有することとなる場合をいう。これに対して，私募とは，③第1項有価証券の場合は，50名未満の者を相手方として取得勧誘をする場合（少人数私募）や適格機関投資家のみを相手方として取得勧誘をする場合（プロ私募）などをいい，④第2項有価証券の場合は，取得勧誘であって，上記②の公募に該当しない場合をいう。

**合名会社**（ごうめいがいしゃ）

無限責任社員のみからなる会社。資本的結合の色彩よりも人的結合の色彩が強く，社員の個性が強く会社に反映する，人的会社の典型である。有限責任の物的会社と異なり，社員は会社の債務につき，直接会社債権者に対して，連帯して人的無限責任を負うこととされている（会社法580条）。

**コール資金**（コールしきん）

原則として短資会社を通じて金融機関相互間で貸借される，きわめて短期の資金。貸手側からみてコール・ローン，借手側からみてコール・マネーと呼ぶ。現在，コール市場で取引されているコール資金には，①取引の行われた当日中に決済される半日物，②取引の翌日の交換尻をもって決済する無条件物（回収または返却には，取引の翌日の交換尻決済時までにその旨の通告を必要とし，この通告がない場合には自動的に継続される），③確定日の交換尻をもって決済する期日物（最短の2日物から最長の7日物までの6種類）の3種類がある。

**小切手行為**（こぎってこうい）

小切手上に所定の事項を記載して，行為者が署名（記名捺印）することによって，小切手上の債務の負担を生ずる法律行為。振出・裏書・保証・支払保証の4種類がある。

**小切手要件**（こぎってようけん）

小切手を作成するにあたって記載される事項のうち，その記載をしないと小切手としての効力を生じなくなる事項のこと。小切手要件は法定されており，そのいずれか1つを欠いても，小切手法の特別の救済がある場合以外，小切手は無効となる（小切手法2条）。小切手要件は，小切手文句，小切手金額，支払委託文句，支払人の名称，支払地，振出日，振

【小切手の記載例】

出地，振出人の署名である。小切手法2条2項〜4項は，救済項目である。

**顧客志向**（こきゃくしこう）

企業の諸活動が，顧客を軸に動いていくこと。すなわち，顧客の立場に立って，顧客のもっている欲求を十分に満たしていくことを基本とする企業経営のあり方であって，金融機関としては，その機能およびサービスを顧客のニーズに適合させ，積極的・多面的に利用できるようにすることをいう。

**顧客本位の業務運営**（こきゃくほんいのぎょうむうんえい，フィデューシャリー・デューティー：Fiduciary duty）

金融庁は「平成26事務年度金融モニタリング基本方針（監督・検査基本方針）」の中で，この概念を初めて導入しており，「家計や年金，機関投資家が運用する多額の資産が，それぞれの資金の性格や資産保有者のニーズに即して適切に運用されることが重要である。このため，商品開発，販売，運用，資産管理それぞれに携わる金融機関がその役割・責任（フィデューシャリー・デューティー）を実際に果たすことが求められる」と述べられている。そして，フィデューシャリー・デューティーには「他者の信認を得て，一定の任務を遂行すべき者が負っている幅広い様々な役割・責任の総称」との注釈が表示されている。特に相談業務や金融商品取引業務では，一般的に，関連する知識や情報の量は圧倒的に金融機関側が多く保有しており，顧客はその状態を前提として自己に最適と思われる手段・方法の情報提供を求めてくるのである。そのため金融機関は，信認に応え，顧客の利益を実現するとの責任のもとで適切な裁量を働かせなければならない。また，金融モニタリング基本方針では「顧客ニーズに応える経営」として「手数料や系列関係にとらわれることなく顧客のニーズや利益に真に適う金融商品・サービスが提供されているか」を検証するとしている。これは金融機関が投資信託や保険商品の販売時に最も求められる姿勢であり，金融商品の紹介，提供にとどまらず民法，税法をはじめとする多くの法令の定めを前提とした幅広いノウハウの提供がなされることから，フィデューシャリー・デューティーをより強く認識した業務運営を心掛けねばならない。

**国債**（こくさい）

国が借金の見返りとして発行する証券で，信用度はすべての債券の中で最も高い。日本の場合，正式名称は「国庫債券」というが，実務上は国債またはJGB（Japanese Government Bond）ということが多い。具体的な商品は，超長期国債（20年超），変動利付国債（15年），長期国債（10年），中期国債（2・5年），国庫短期証券（1年以下），個人向け国債（3・5・10年）などがある。

**国際収支**（こくさいしゅうし）

ある国の一定期間中の，あらゆる対外経済取引をいう。ここでいう対外取引とは，居住者と非居住者との取引を原則とし，その取引の内容は，①財貨・サービスの収支，②移転収支，③資本収支の3つに基本的には分類できる。なお，国際収支とはフロー，すなわち期間に関する概念であり，一定時点でのある国の対外債権債務の状況を示すストックとしての

対外資産負債残高と対比される。

**国民総生産**（こくみんそうせいさん，Gross National Product : GNP）

国民総支出に対する供給面（最終生産物に対する費用）を表し，1国の国民によって一定期間（通常1年）に生産された総生産額から二重計算を避けるために，中間生産物の額を差し引いたもの。つまり，国民経済全体の粗付加価値の合計である。年々の実質的な価値を比較する場合はデフレーターで修正して，実質国民総生産を算出する。

**個人過剰貸付契約**（こじんかじょうかしつけけいやく）

個人顧客を相手方とする貸付に係る契約で，新たに貸付に係る契約を締結することにより，当該個人顧客に係る個人顧客合算額（新たな貸付額と自社の既存貸付残高および極度額の合計額および他社の借入残高の合計額を合算したもの）が当該「個人顧客に係る基準額」（年間の給与およびこれに類する定期的な収入の金額を合算した額の3分の1の額）を超えることとなる場合をいう。この場合の貸付は禁止されている。なお，住宅資金貸付契約，所有権留保付自動車の購入ローンなど除外契約に係る貸付の残高を加算する必要はない。また，個人顧客の利益の保護に支障を生ずることがない契約として内閣府令で定める借換契約，緊急医療費に係る貸付契約などは，当該貸付を行う貸金業者のみ例外的に貸付を行うことができる。→基準額超過極度方式基本契約

**個人金融資産**（こじんきんゆうしさん）

個人が保有する現金，預金，投資信託，株式，保険などの金融資産のこと。日本の場合，現金・預金での保有が約50％と最も大きく，投資信託・株式などの有価証券で保有している割合は約15％にとどまる。一方，米国では有価証券の比率が50％超で，現金・預金の割合は約15％にとどまっており，日本の状況と逆転している。

**個人顧客合算額**（こじんこきゃくがっさんがく）

貸金業者が貸付の契約により個人顧客に貸し付けるときに，当該貸金業者合算額（自社における貸付けの予定金額および既存残高の合計額と既存極度方式基本契約における極度額の合計額）に加えて，指定信用情報機関から提供を受けた信用情報により判明した当該個人顧客に対する他の貸金業者の貸付の残高を合算した額をいう。個人顧客合算額が100万円を超える場合は，源泉徴収票その他定期的な収入の額を記載した証票をもって個人過剰貸付契約に該当しないか，調査する義務がある。なお，極度方式基本契約の場合は，「極度方式個人顧客合算額」といい，①当該極度方式基本契約の極度額，②当該個人顧客と当該極度方式基本契約以外の貸付に係る契約を締結しているときは，その貸付の残高（極度方式基本契約にあっては，極度額）の合計額，③指定信用情報機関から提供を受けた信用情報により判明した当該個人顧客に対する当該貸金業者以外の貸金業者の貸付の残高の合算額をいう。いずれも住宅資金等に係る貸付の残高等は除かれる。→貸金業者合算額，個人過剰貸付契約

### 個人情報取扱事業者（こじんじょうほうとりあつかいじぎょうしゃ）

個人情報の取扱いを業として行う事業者をいう。個人情報取扱事業者は、利用目的の公表、取得にあたっての利用目的の通知・明示義務、目的外利用の禁止、同意を得ない第三者への提供の原則禁止、安全管理措置を講じる義務などが定められており、これらの規定に違反し、主務大臣が個人の権利利益を保護するため必要があると認めるときは、当該違反行為の中止その他違反を是正するために必要な措置をとるべき旨の勧告を受けることがある。また、個人の重大な権利利益を害する事実があるため緊急に措置をとる必要があると認めるときは、当該違反行為の中止その他違反を是正するために必要な措置をとるべきことを命じられることもある。なお、金融分野に関しては、金融庁から「金融分野における個人情報保護に関するガイドライン」および「金融分野における個人情報保護に関するガイドラインの安全管理措置等についての実務指針」において、より望ましい対応が規定されている。

### 個人情報保護委員会（こじんじょうほうほごいいんかい）

個人情報保護法に基づき設置された内閣府の外局。独立性の高い機関であり、独立した専門的見地から、個人情報の有用性に配慮しつつ、その適正な取扱いを確保するために必要な措置を講じることを任務とする。

### 個人情報保護法（こじんじょうほうほごほう）

正式には「個人情報の保護に関する法律」という。生存する個人に関する情報であって、氏名等により特定の個人を識別することができる「個人情報」の適正な取扱いに関して、基本理念、政府による基本方針等の作成により、国および地方公共団体の責務等を明らかにするとともに、個人情報取扱事業者の遵守すべき義務、個人情報の主体の請求権などを定めた法律。個人情報の主体には、個人情報取扱事業者に対し、保有個人情報の開示請求、保有情報の訂正請求、利用停止の請求を行うことが認められている。

### 個人信用情報センター（こじんしんようじょうほうセンター）

全国銀行協会が設置、運営している個人を対象とする信用調査機関であり、正式には「全国銀行個人信用情報センター」という。消費者に対する会員金融機関の与信業務の円滑かつ健全な発展に資することをその目的としている。個人信用情報や不渡情報のデータを合わせて収集・登録し、これを会員金融機関の与信業務に共同利用することにより、消費者等への過剰貸付（多重債務）の防止や審査事務の迅速化を図ろうとするものである。

### 個人当座勘定（こじんとうざかんじょう）

個人が利用する当座勘定をいうが、近年の日本においては個人事業主を除き審査が厳しく開設はほぼ不可能である。これは、金融機関側において小切手の発行により多くの事務負担を要することから、特別な理由がない限り受け付けないことや、日本においては資金決済の手段としてクレジットカードの利用・口座振替・口座振込・自動引落など、小切手を介する必要のない決済手段が充実してい

ることによる。

**個人番号**（こじんばんごう）
「行政手続における特定の個人を識別するための番号の利用等に関する法律」に基づき，個人の識別番号として各市町村または特別区からその住民に指定される12桁の番号。通称はマイナンバーと呼ばれ，特定個人情報として利用範囲は社会保障，税，災害対策等に限定される。→特定個人情報，マイナンバー制度，法人番号

**個人向け国債**（こじんむけこくさい）
購入者を個人に限定した国債。2003年3月から変動金利型10年満期が，2006年1月から固定金利型5年満期が，2010年7月から固定金利型3年満期が発行されている。変動金利型10年満期と固定金利型5年満期は年4回（3・6・9・12月），固定金利型3年満期は毎月募集されている。購入単価は購入しやすいように1万円から1万円単位となっているが，中途換金には制限が付されている。

**個人ローン**（こじんローン）
企業や組織体にではなく，個人を対象として貸し出されるローン。一般に「無担保」の消費者ローンと有担保ローン（たとえば，住宅ローン）など，個人向けに貸し出すローンを総称するときに用いる用語。消費者ローンともいう。

**戸籍**（こせき）
日本国民の親族関係を記録公証するための公文書。現在の戸籍は夫婦およびこれと氏を同じくする子ごとに編製されている（戸籍法6条）。戸籍はその筆頭に記載した者の氏名および本籍で表示する。戸籍内の各人については，氏名，生年月日，戸籍に入った原因および年月日，実父母の氏名および実父母との続柄，養子であるときは養親の氏名および養親との続柄，夫婦であるときは夫または妻である旨，他の戸籍から入った者についてはその戸籍の表示，その他規則で定めた事項が記載されている。戸籍の一部を抄写したものを戸籍抄本，全部をそのまま謄写したものを戸籍謄本という。

**国庫**（こっこ）
国を財産権の主体として捉え，行政，司法などの権能の主体である国と区別した場合の呼称であり，国有の現金，有価証券，動産，不動産などを経理する制度のこと。→国庫金

**国庫金**（こっこきん）
国庫に属する財産は現金，有価証券，動産，不動産など多岐にわたるが，このうちの現金のこと。国庫金制度のうち，国庫金を他の資金と全く切り離して管理する制度を「金庫制度」，国庫金を預金として銀行に預けて他の資金とともに経理させ，国は返還請求権のみをもつ制度を「預金制度」というが，現在わが国は，預金制度を採用しており，国庫金は中央銀行である日本銀行の預金に統一されている。国庫収支は，①国庫内振替収支，②国庫対日銀収支，③国庫対民間収支に区分される。なかでも，国庫対民間収支（国庫と民間との収支）は，わが国経済に大きな影響を与えることから重要な指標であり，統計上は国庫対民間収支にいくつかの調整を加えた「財政資金対民間収支」を重用している。→国庫

**国庫短期証券**（こっこたんきしょうけん）
従来，短期証券・政府短期証券として

発行されていたものが，2009年2月，国庫短期証券に統合された。国債の償還の平準化，円滑な借換え，一時的な資金不足をカバーするために発行される国債で，公募入札・割引方式形式で発行される。なお，償還年限は，2ヵ月，3ヵ月，6ヵ月，1年で，保有対象は法人に限定されている。通称，TDB，T-billといわれている。

**5％ルール**（5パーセントルール）

銀行がもてる一般事業会社の株式を5％までに抑えた出資規制。銀行が出資を通じて融資先の企業を実質的に支配することがないように定められた。銀行法で定められているが，同様の規定が独占禁止法にもある。

**個別取立**（こべつとりたて）

代金取立方式の1つで，委託店と受託店との間で手形・小切手などを授受し，手形1件ごとに入金報告または不渡通知を全銀システムを利用して発信する方法。→集中取立

**コベナンツ**（covenants，財務制限条項）

コベナンツとは，本来は契約の根本をなす約束事を意味し，英米の融資契約ではcovenant clauseを設けて，契約当事者が互いに義務履行を誓約する形状がとられる。わが国では，特定の財務指標を一定値以上に維持することをあらかじめ約定し，それに違反した場合には，期限の利益の喪失や融資条件の見直しを行うことができる特約条項を意味することが多い。

**コマーシャル・ペーパー**（Commercial Paper：CP）

優良企業が無担保で短期の資金調達を行うために割引方式で発行する有価証券。約束手形の性質を有し，主に機関投資家向けに販売されている。2003年1月，「社債，株式等の振替に関する法律」が施行され証券保管振替機構（通称「ほふり」）を振替機関として発行されるペーパーレス化されたコマーシャル・ペーパー（CP）の発行が可能となった。

**コミットメントライン契約**（コミットメントラインけいやく）

銀行と取引先との間で，あらかじめ借入限度額を設定しておく契約をいう。取引先は一定の期間および借入限度額の範囲内で，意思表示により，金銭消費貸借を成立させる権利をもつ。一方，銀行は，実際の融資に対する金利とは別に，手数料を徴収することができ，この点で当座貸越と異なる。この手数料は，1999年3月に施行された特定融資枠契約法により，利息制限法や出資法の上限金利規則から除外されることになった。

**固有業務**（こゆうぎょうむ）

公共性のある事業である等の理由から特定の免許を受けた業者のみが業として行うことのできる業務をいい，銀行であれば，銀行法上，①預金または定期積金等の受入れ，②資金の貸付または手形の割引，③為替取引が固有業務とされ，保険会社であれば，保険業法上，①保険の引受け，②保険料として収受した金銭その他の資産の運用が固有業務に該当する。銀行や保険会社は，固有業務の他に付随業務等も業として行うことができるが，付随業務であれば，免許を受けていない他業態の会社であっても業として行うことができるという点で固有業務とは法的に大きく異なる。

**コルレス銀行** (コルレスぎんこう, correspondent bank)

銀行が海外の他行と外国為替取引を行うためには、あらかじめ取引条件を定めたり、認証キーの交換等を行う必要がある。これをコルレス契約といい、この契約の相手銀行のことを、わが国では、コルレス銀行またはコルレス先と呼んでいる。

**混入手形** (こんにゅうてがた)

交換持帰手形のうち、自行宛てでないほかの加盟銀行宛ての手形。混入手形には、交換請求計数に算入されているもの(実混)、交換請求計数には算入されておらず、手形現物だけが混入しているもの(空混)、混入手形が不渡手形である場合があり、それぞれに応じて返還の方法、資金決済の方法が手形交換所規則により規定されている(東京手形交換所規則53条参照)。

**コンプライアンス** (compliance)

法令や法秩序を厳格に遵守すること。「法令等遵守」と訳されることもあり、遵守の対象も、法令そのもののみならず、社会規範や職業倫理を含むとされる場合も多くみられる。かつて、総会屋に対する違法な利益供与や金融検査における不正貸出等の組織的隠蔽等、銀行等による不祥事が多発し、法令や社会規範に違反した銀行等の企業の行動が厳しく問われ、昨今、企業によるコンプライアンス態勢の確保が叫ばれている。たとえば、1997年、全国銀行協会連合会(現在の全国銀行協会)は、銀行の社会的責任の重要性を再確認するとともに、社会からの信頼回復を図るため、銀行役職員の行動指針として「倫理憲章」を制定した。また、2005年11月、全国銀行協会は倫理憲章を改定した「行動憲章」を発表している。

## さ

**サービサー**（servicer）

債権管理回収業を専門に行う業者。従前，弁護士以外の者が，債権の管理回収を業として行うことは，弁護士法により禁止されていたが，金融機関の不良債権の増大とその早期処理の必要性を背景に，1998年制定の「債権管理回収業に関する特別措置法」によりサービサーによる債権管理回収業が認められ，2001年の改正により，取扱債権の範囲の拡大および業務に関する規制の一部緩和がなされた。債権管理回収業は，法務大臣の許可を受けた株式会社でなければ営むことができず，取締役に弁護士を就任させることを要し，取扱債権は金融機関等の有していた貸付債権，資産の流動化に関する法律（SPC法）に規定する特定資産（流動化対象資産）である金銭債権等所定の金銭債権などに限られる。

**財形**（ざいけい）→勤労者財産形成貯蓄

**債券先物取引**（さいけんさきものとりひき）

ある商品を将来の一定期日（限月（げんげつ））に，取り決めた値段で取引することを約束する契約のこと。なお，取引最終日まで待たずに，転売または買戻しを行うことにより決済することも可能。

**債権質**（さいけんじち）

債権を目的とする質権のこと。権利質の一種であると同時に，債権が現在の取引社会で占めている地位にかんがみ，債権質が果たしている役割は重大であるばかりでなく，各種の債権が証券化しつつある現在，その重要性はいよいよ増大している。指名債権についての債権質の対抗要件は，確定日付ある証書による債務者に対する通知または承諾である。

**債権証書**（さいけんしょうしょ）

契約書や借用書など契約の存在を証する書面。判決文や仮執行宣言付支払督促，和解調書，公正証書など債務名義となるものも含まれる。契約に基づく債務をすべて弁済したときには，債務者は債権証書の返還を請求できる（民法487条）。しかし，貸金業法22条および債権管理回収業に関する特別措置法16条では貸金業者とサービサーに対して，債権証書の返還を義務付けている。なお，この義務は「債権証書を有するとき」とされており，証書を有しないときまで返還義務を定めるものではない。

**債権譲渡**（さいけんじょうと）

債権を，その同一性を失わせないで移転すること。債権は，法令の規定や当事者間の特約ならびにその性質が譲渡を許さないものである場合は格別，そうでない限り債務者の意思に反するときも，これを譲渡することができる。もっとも，民法は指名債権を譲渡する場合には，債務者に対しその旨の通知をするか，または債務者の承諾がなければ，これをもって債務者その他の第三者に対抗しえないとしている（債務者以外の第三者に対抗するためには，さらにこの通知または承諾が確定日付ある証書をもってなされることを要する）。また，「動産及び債権の譲渡の対抗要件に関する民法の特例等に

関する法律」により，法人が行う金銭を目的とする指名債権の譲渡については，登記所への登記により，第三者対抗要件を取得することができる。民法改正法のもとでは，特約に係る部分が変更される。すなわち，債権の譲受人が特約の存在について善意・悪意にかかわらず有効とし（民法改正法466条2項），悪意・重過失の譲受人の場合，債務者は本来の債権者に弁済することができるとした（同条3項）。また，特約が付された債権につき債務者は供託することができ（民法改正法466条の2第1項），供託された金銭は譲受人に限って還付請求できることとなった（同条3項）。このため，債権の譲渡人の破産手続が開始された場合等には，譲受人は債務者に供託するよう請求し，供託された金銭の還付を受けることが可能となる。

**債権の準占有者**（さいけんのじゅんせんゆうしゃ）

預金証書と届出印鑑とを所持して預金の払出しを請求する者のように，取引通念上真実の債権者であると信じさせるような外観を備えている者。準占有の一般規定（民法205条）からは，債権の準占有者とは，自己のためにする意思をもって債権を行使する者をいう。なお，民法改正法においては，「債権の準占有者」の概念を，表見受領権者に対する弁済であることを明らかにする概念である「取引上の社会通念に照らして受領権者としての外観を有する」者へと改めた（民法改正法478条）。

**債権の準占有者への弁済**（さいけんのじゅんせんゆうしゃへのべんさい）

債権の準占有者に対する弁済は，弁済者（債務者）が善意・無過失であったときに限りその効力を有する（民法478条）。民法478条は債務者保護の規定であるが，債務者が善意・無過失であることを要するとされる。同条は金融実務上，預金の払戻しに適用されるだけでなく，無記名定期預金の質入れや同預金を受働債権とする相殺にも類推適用される（最判昭48.3.27）。

**債権の流動化**（さいけんのりゅうどうか）

各種の債権を用いた資産の流動化・証券化により，資金調達・運用の手段として活用する動き。わが国では，1993年6月のリース・クレジット債権の流動化から始まり，資産担保証券が旧証券取引法上の特定有価証券に指定され，さらに特定目的会社の法律の施行（その後，「資産流動化に関する法律」と改正・改称）など，債権流動化を支援する法整備も進行しつつある。債権の流動化の対象としては，リース債権，企業の保有する売掛債権，住宅ローン債権，金融機関の保有する貸付債権等がある。

**債権保全**（さいけんほぜん）

銀行が融資によって取得した金銭債権が，貸出先の倒産などによって，回収不能に陥ることのないよう，回収確保のためにとられる各種の措置のこと。具体的には，貸出先の業況の把握，信用調査，各種契約書の点検などから，担保権の設定，保証契約の締結，手形債務者への遡求の通知，保全処分の申立てなど，きわめて多方面にわたる手続が含まれる。

**再交換**（さいこうかん）
いったん手形交換に持ち出して，形式不備，案内未着などの理由で不渡返還された手形・小切手を，再び交換に持ち出すこと（東京手形交換所規則施行細則22条参照）。

**催告**（さいこく）
相手方に対して，一定の行為をなすべきことを要求する通知のこと。第1に，義務者に対して義務の履行を催告する場合がある。例えば，債務者に対する債権者の履行の催告（民法412条3項，541条）がある。第2に，権利者に対して権利の行使または申出をする場合である。

**催告書面**（さいこくしょめん）
債務の履行を促すために債権者から債務者に送付される書面または電磁的記録。一般に督促状と呼ばれる。貸金業者や貸金業者から委託を受けた者が，貸付債権の支払を促す書面を送付する場合は，その書面には，貸金業法21条2項に規定する催告に係る貸付債権を特定し，その請求の内訳を明確にするとともに，催告する債権者の担当者を特定する事項等を記載しなければならない。

**催告の抗弁権**（さいこくのこうべんけん）
保証人が債権者から保証債務の履行を求められたとき，まず主債務者に対して催告するよう請求することができる権利（民法452条）。ただし，主債務者が破産手続開始決定を受けたり，行方不明となっているときは，この抗弁権は認められない。「検索の抗弁権」とともに，単純保証での保証人には認められるが，連帯保証人には認められない。→検索の抗弁権

**最終異動日**（さいしゅういどうび）
預金口座に記録された最後の取引異動日のこと。休眠預金等活用法の定めにより，預金債権を預金保険機構へ移管する基準として使用される。→休眠預金等活用法

**財政政策**（ざいせいせいさく）
経済政策のなかで，財政という手段を用いて行う政策。経済の発展段階や国情によってさまざまな形態が考えられるが，財政のもつ機能としての資源配分，所得再配分，経済安定の3つをいかに発揮し，政策効果を実現するかが財政政策の課題といえる。その中身としては，財政規模を拡大して景気を刺激し，あるいはその逆に財政規模を緊縮して景気を鎮静化させたり，さらには公共投資の繰延べ，あるいは促進により景気過熱を抑え，あるいは冷えすぎを予防したりすることが挙げられる。

**財政投融資**（ざいせいとうゆうし）
広義では国が直接行う投資または融資をいう。日本政策金融公庫等の金融機関，福祉医療機構，日本学生支援機構等の独立行政法人などの財政投融資対象機関が財投機関債を発行または財務省が財投債を一括発行することにより市場から資金を調達し，民間にはできない公共性の高い部門に投資・融資することである。

**財団法人**（ざいだんほうじん）
一定の目的遂行のために出捐された財産の運営を行うために設立された法人のこと。財団法人は，特定の財産が実質上の本体である点において，人の結合体である社団法人と異なる。民法によるものをはじめ，医療法人，学校法人，宗教法

人のようにそれぞれ特別法に基づくものも少なくない。なお，2008年12月1日施行の「一般社団法人及び一般財団法人に関する法律」により，剰余金や残余財産の分配を目的としない限り事業内容の公益性の有無にかかわらず法人格が取得でき，法律に定める一定の要件を満たせば官庁の許可を受けずに一般財団法人を設立できることとなった。法施行時に存在する財団法人は，一般財団法人・公益財団法人のいずれかとなることを選択することとなった。→社団法人

**歳入代理店**（さいにゅうだいりてん）

財務省令に基づく日本銀行代理店の1つ。日本銀行は，財務省令に基づいて民間金融機関と歳入代理店契約を結び，歳入代理店に国庫金のうち歳入金・国税の受入事務だけを取り扱わせている（この点，支払事務の取扱いをも行わせている一般代理店とは異なる）。一般に，代理店を引き受けている民間金融機関の大部分は，この歳入代理店であり，普通銀行，信託銀行，信用金庫などの多数の店舗が受託している。

**再発行**（さいはっこう）

預金通帳，証書，領収書，証明書，有価証券（手形・小切手など）を紛失，滅失してしまったために，その証書による権利を行使することができなくなるなどの不便が生じたとき，その権利者からの請求により証書発行者が改めて発行し直すことをいう。再発行を行うにあたっては，紛失，滅失した（と思っていた）証書による二重行使の危険がないかなどに注意しなければならず，手形・小切手などの有価証券であれば，裁判所による「除権決定」がなされてから再発行を行うなどの対応が必要である。→盗難・紛失

**財務諸表**（ざいむしょひょう）

複式簿記の仕組みを通じて計算し，集計した企業の1会計期間（原則として1年）の経営成績や財政状態を，企業の利害関係者に報告することを目的として作成される書類（計算書）。財務諸表は，会社法や金融商品取引法などで作成が義務付けられており，一般に公正妥当と認められた会計基準に従って作成されることになっている。会社法で定められている主な提出書類（計算書類）は，①貸借対照表，②損益計算書，③株主資本等変動計算書，④個別注記表である。一方，金融商品取引法で定められている主な提出書類（有価証券報告書）は，①貸借対照表，②損益計算書，③株主資本等変動計算書，④キャッシュフロー計算書，⑤附属明細表である。企業の経営者が作成した財務諸表の報告内容に歪められた表示等がないことを確認するために，監査人による監査が行われる。

**債務引受**（さいむひきうけ）

BのAに対する債務を，Aの承諾のもとにその同一性を失わせずにCに移転し，Cがその債務の支払義務を負担する契約をいう。債務引受の効果として，Cはその債務を引き受け，CはBの有していた一切の抗弁権とともに，その債務を負担する。広義では従来の債務者を残したまま新たに債務者を追加する併存的債務引受を含む意味でも用いられるため，これと区別するため免責的債務引受と呼ぶことも多い。

**債務不履行**（さいむふりこう）
債務者が正当な事由がないのに，債務の本旨に従った履行をしないこと。履行期に履行が可能であるにもかかわらず履行しないこと（履行遅滞），履行が不能なために履行しないこと（履行不能），不完全な給付をしたこと（不完全履行）の3つの態様がある。

**債務保証**（さいむほしょう）
銀行取引において，顧客の依頼により保証料をとってする各種債務の保証。代理業務を行う場合，委託金融機関に対して債務の保証（保証料なし）をするときも同じである。→支払承諾

**債務名義**（さいむめいぎ）
一定の私法上の給付請求権についてその存在と範囲を表示したもので，法律が執行力を認めた公正の証書。債務名義に執行文を付与したものを執行力ある正本という。強制執行は債務名義がない限り，行うことはできない。

**サイン**（sign）→署名

**詐欺による意思表示**（さぎによるいしひょうじ）
他人を欺いて錯誤に陥らせる違法な行為を詐欺といい，詐欺によって意思表示をしたものは原則としてそれを取り消すことができるが（民法96条1項），相手方に対する意思表示について第三者が詐欺を行った場合においては，相手方がその事実を知っていたとき（民法改正法では，知っていたときまたは知ることができたとき）に限りその意思表示を取り消すことができ（同条2項），いずれの場合についても，その意思表示の取消しは善意（民法改正法では，善意かつ無過失）の第三者に対抗することができないとされる（同条3項）。

**先日付小切手**（さきひづけこぎって）
振出日の日付として，実際の振出日よりも将来の日が記載された小切手。たとえば，4月1日に4月30日と振出日付を記載して振り出した小切手。小切手授受の当事者間においては，その記載された日まで支払呈示しないことが約束されていることが多いものの，小切手法上は，小切手の一覧払性から，先日付小切手の場合にも記載された振出日の日付前に支払呈示をなしうるとされている（小切手法28条2項）。向日付小切手ともいう。

**先日付振込**（さきひづけふりこみ）
振込指定日以前の営業日に，前もって振込通知を被仕向金融機関に発信し，当該振込指定日に受取人口座へ入金する方式。

**先物為替相場**（さきものかわせそうば，forward exchange rate）
先物為替取引に適用される外国為替相場で，単に先物相場ともいう。通常，先物為替相場は，外貨を基準として，プレミアム，ディスカウントという形で表される。プレミアムとは，外貨の先物の価値が直物為替相場より高い場合をいい，円を基準に考えると円安ということになる。ディスカウントとは，外貨の先物の価値が直物為替相場より低い場合をいい，円を基準に考えると円高ということになる。→直物為替相場

**先物（為替）予約**（さきもの（かわせ）よやく）
対顧客先物為替取引をいい，将来，外貨の受取りまたは支払が予定されている場合，現時点での所定の先物相場でその

外貨を売却もしくは買入の約定をすること。貿易業者が外貨建で輸出入契約を締結した場合，契約時点から代金の受払日までは相当の期間を要するので，その間の為替リスクを回避するためにこの先物予約が利用される。

**錯誤**（さくご）

認識した対象の事実と，認識とが一致しないこと。法律上，一定の意志に基づく行為を必要とする場合に錯誤があると，その行為者は法律の要求する意思を持たないこととなり，その行為の法律効果に影響を及ぼすこととなる。私法上は表示行為の錯誤と動機の錯誤に分けられる（民法95条）。

**差入方式**（さしいれほうしき）

契約当事者の一方（主として債務者）が，他方（主として債権者）に約款を差し入れる形式をとる契約方式のこと。効力においては，両当事者が約款に相互に署名（記名捺印）する契約方式と全く同じである。金融実務では従来，ほとんどが差入方式を採用してきたが，差入れを受ける側の義務を規定しにくいこと，差入側に証書が残らないことなどの疑問点が指摘され，差入れを受ける側に一方的な（一方的との印象を強く与える）契約となりがちであるとの批判が多くなったため，最近では相互に署名（記名捺印）する契約方式を導入した金融機関もあるなど，工夫がなされてきている。

**差押え**（さしおさえ）

債務者の財産について，執行機関が債務者の事実上または法律上の処分行為を禁止する強制執行。差押えをする目的財産の種類により，有体動産の差押えの場合は執行官の占有によって，債権等の差押えの場合は執行裁判所の差押命令，不動産の差押えの場合は執行裁判所の競売開始決定または強制管理開始決定によって，それぞれ行われる。

**指図債権**（さしずさいけん）

特定の人またはその指図した人に支払われる債権。証券としてみた場合には，指図証券となる。手形・小切手はその代表的なものであるが，このほか商法に規定される倉庫証券，貨物引換証および船荷証券は，法律上当然に指図債権とされる。

**指図式小切手**（さしずしきこぎって）

「甲殿またはその指図人へお支払いください」という指図文句が記載されている小切手。現在流通している小切手は持参人払式小切手が大部分で，指図式小切手はほとんどないといってよい。小切手は法律上当然の指図証券（小切手法14条1項）であり，指図文句が記載されていなくとも，裏書によって譲渡できる。

**指図による占有移転**（さしずによるせんゆういてん）

代理人（占有代理人）によって占有している物を，その代理人に，以後，第三者のために占有することを命じ，その第三者がこれを承諾することにより，当該第三者に引渡し（占有の移転）を行うこと（民法184条）。たとえば，Aが倉庫業者Cに商品を預けている場合は，AがCに対して以後Bのために占有することを命じ，Bがこれを承諾すれば，その商品の占有（権）は，AからBに移転する。

**雑益**（ざつえき）

営業外収益に属するもののうち，主要

利益勘定に属さない，あるいは独立した勘定とするには金額が少額な雑利益金を処理する科目のことであり，雑収入ともいう。税金および負担金の過年度還付金，不要品売却代金，出納過剰金などが代表的である。

**雑為替**（ざつかわせ）

①全国銀行内国為替制度における為替種目の1つで，資金決済取引を処理する為替の種類をいう。この制度では，内国為替取引の範囲を為替取引と資金決済取引に分け，このうち資金決済取引を為替種類上，雑為替として取り扱う。雑為替には資金送付を取り扱う雑付替と資金の請求を取り扱う雑請求がある。②本支店為替において，貸金の回収，預金の預替え，株式払込受入金，配当金支払資金，公社債買入金，株式投資資金，業務上の立替金，人件費，物件費などの資金の授受を，雑振込あるいは雑付替という名目で処理し，これを雑為替と称している。

**札勘**（さつかん）

札勘定を略した用語で，人の手で紙幣を数えること。札勘には縦鑑（縦読み）と横鑑（横読み）の2通りがある。初鑑を「縦鑑」（縦読み）で行うことで異種券，半額券の混入をチェックし，「横鑑」（横読み）で枚数を再鑑するのが基本的な方法である。

【縦鑑】　　【横鑑】

**サブプライムローン**（subprime loan）

米国で発生した比較的信用度の低い借手に対する住宅ローンで，弁済が滞っても高い金利設定と融資対象の不動産の値上がり益での債権回収を目論んでいたが，住宅バブルの崩壊により大量の焦付き債権が発生した。サブプライムローン等の住宅ローン債権を担保とした証券化商品が大量に発行され流通していたため，それらを多く抱えていた欧米の金融機関の経営は悪化し，2008年9月には大手証券会社のリーマン・ブラザーズが経営破綻に陥った。

**残債方式**（ざんさいほうしき）

消費者金融において残高に見合った利息を徴求する方式をいい，割賦償還方式の消費者信用の利息計算方式として広く利用されている。主として採用されているものに，元金均等償還方式，元金逓増償還方式，元利均等償還方式の3種類がある。元金均等償還の場合には，元金は均等額，利息は残高に見合う額を毎月償還させる方式なので，償還額合計は最初のうち多く，後になるほど少なくなる。元金逓増償還方式は，元金返済額はあらかじめ定めた額，利息は残高に見合う額を毎月償還させる方法である。元利均等償還方式は元金返済額を逓増させ，残高に見合って徴求する利息を合わせると，毎月の償還額合計が一定になるように組み合わせた償還方式である。→アドオン方式

**残高照合**（ざんだかしょうごう）

銀行経理においては，毎日起票された伝票に基づいて，総勘定元帳が作成されている。この総勘定元帳の残高と係での個別の元帳を照らし合わせること。

### 残高証明 (ざんだかしょうめい)

金融機関が預金または貸出金等の残高を証明することまたはその証明のために発行する書面。なお，未決済の他店券がある場合は，残高証明書にその金額を付記し，後日紛争が起きないよう注意する必要がある。また，証明依頼人は取引先本人であることを確認して発行する必要がある。残高証明書の発行時期は，証明基準日のすべての取引が終了した後となるため，事実上は証明基準日後の日となる。

### 残高積数計算法 (ざんだかせきすうけいさんほう)

利息計算方法の１つであり，利息計算期間中の毎日の残高の累計額（積数）に利率を乗じて利息を算出する方法。普通預金のように残高が頻繁に変動する場合の利息計算に用いられる。

### 残高不足 (ざんだかぶそく)

銀行における預金残高とは，広義では未決済の他店券等の残高を含めた，いわゆる元帳残高をいい，狭義では未決済の他店券等の残高を含めない，いわゆる支払可能残高をいう。この支払可能残高を超えた払戻請求，口座振替による請求，交換呈示による請求がなされれば，銀行はこれを拒絶することになる。この支払拒絶事由を資金不足ないし残高不足という。なお，銀行は預金者に対し善管注意義務（民法644条）を負うが，残高不足の預金者への連絡についてはその範囲外と解されており，別途の合意がある場合等を除き，残高不足の連絡を行う義務を負うものではない。

### 暫定予算 (ざんていよさん)

政府予算は原則として年度初め（４月１日）までに国会を通過し，成立していなければならないが，国会の解散や国会審議が長引いて成立しない場合がある。その際，年度開始後一定期間（10日〜２カ月程度）を限ってつなぎの予算を組んで国会の承認を受ける。これが暫定予算であるが，通常はその対象となるのは公務員給与などの義務的経費で，新規政策費は含まれない。本予算が成立すれば，これに吸収される。

# し

**ジェロントロジー**（gerontology）

老年学・加齢学。加齢や高齢者に対する科学的知識を創出する研究をいい，その対象分野は，高齢者医療，政治，経済，社会，文化，介護，住居，家計，労働，退職，心理等多岐にわたる。高齢化社会の到来により社会構造が大きく変化しつつあることでこの学問も注目を集めており，東京大学では「高齢社会総合研究機構」が設立されている。金融分野においても，高齢者取引は重視されるところである。

**時価会計**（じかかいけい）

決算期末の「時価」を評価基準として資産や負債を評価し，財務諸表に反映させる会計制度。取得原価主義会計では資産と負債を原則として「取得原価」で評価するとともに，費用性資産については減価償却の手続に従って費用認識し，評価額を減額しているため，貨幣価値の変動や資産価値の変動などによって「貸借対照表評価額」は「時価」と乖離することになる。「貸借対照表評価額」と「時価」の乖離が大きくなり，資産の含み損益が企業に与える影響が増すことで，適正に企業の経営を評価できなくなるおそれが高まってきたことから，評価基準を「時価」とし，財務諸表の有用性を向上させようとするものである。主な「時価」としては，再調達原価（保有している資産を，決算期末に改めて調達するとした場合の価額）と，正味実現可能価額（保有している資産を，決算期末に売却した場合に得られる正味収入の価額）が挙げられる。

**資格授与的効力**（裏書の）（しかくじゅよてきこうりょく）

手形上の被裏書人として記載された者について，裏書によって権利を取得したものと推定されるという効果が認められる効力のこと。

**資格証明**（しかくしょうめい）

法人は，その代表機関により活動し，その代表機関の行為の効果は法人に帰属するが，その代表機関でない者の行為の効果は原則として法人に帰属しない。したがって，法人の取引の相手は，法人の代表機関の地位にある者に対して，真実の代表機関たる資格を有することを証明させる必要がある。この証明を資格証明という。法人の代表機関の地位にある者の住所と氏名は登記事項とされているから，法人の登記簿の登記事項証明書などが発行日現在における法人の代表者の資格を証明する資料として用いられている。

**直物為替相場**（じきものかわせそうば，spot exchange rate）

直物為替取引に適用される外国為替相場で，先物為替相場の基準ともなる。単に直物相場または現物相場ともいう。

→先物為替相場

**事業再生ADR**（じぎょうさいせいエーディーアール）

産業活力再生特別措置法の2007年改正により創設された私的整理手続の一種。「裁判外紛争解決手続（ADR）認証制度」

による法務大臣の認証および産業活力再生特別措置法に基づく経済産業大臣の認定を受けた事業再生の実務家（事業再生ADR事業者）が，債務者と債権者（主に金融機関）の調整を行い，債務者が事業を継続しながら債権者の支援（返済条件の変更，債権放棄，デット・エクイティ・スワップなど）により，企業の再建を目指す制度。事業再生ADRによって債権放棄が行われた場合の債権放棄額については，原則として損金算入が認められる。なお，再建計画案に対して対象債権者の1人でも反対している場合，特定調停手続・法的整理手続に移行することになる。

**事業再生ファンド**（じぎょうさいせいファンド）
　複数の機関投資家や個人投資家から集めた資金を企業に投資し，同時にその企業の経営に関与し，企業価値を高めた後に売却することで収益を獲得することを目的としたファンドの一種であり，過剰債務に陥った企業の立て直しを目的に，投資家から資金を集め，再生ビジネスに関与するファンドのこと。事業に失敗し，過剰な債務を抱え不良債権化している企業であっても，その中には，特定の業務においては高い収益が上がっている企業や，優れた技術等を保有し将来性のある企業も少なくない。そこで，事業再生ファンドは，このような再生可能性のある企業に資本を投下し，経営者を外部から送り込む等の再生支援のためのスキームを用いて，その再生のための支援を行っている。

**資金移動業者**（しきんいどうぎょうしゃ）
　2010年4月に施行された「資金決済に関する法律」により，従来は金融機関の固有業務とされていた為替業務の取扱いが自由化されたことに伴い，内閣総理大臣の登録を受けて資金移動業を行う者のことであり，株式会社に限定されている。資金移動業者の業務に対しては，為替取引額は上限100万円，未達債務（資金移動がリアルタイムでないために生じるタイムラグ）の保全義務，利用者保護（金融機関との誤認防止など），本人確認義務，疑わしい取引の届出義務等の規制が設けられている。

**資金運用表**（しきんうんようひょう）
　連続する2期間の貸借対照表から各勘定科目間の増減を算出し，損益計算書などの関係勘定を加味することで，当期間の正味運転資金（＝流動資産－流動負債）の変動を，①固定資金（固定資産，固定負債，純資産の増減，営業活動に基づく利益等の発生，税金の支払や配当金の支払など），②運転資金（割引手形，短期借入金，現預金の増減を除く流動資産，流動負債の増減など），③財務資金（割引手形，短期借入金，現預金の増減など）に区分して表示する計算書のこと。資金の運用・調達状況を，貸借対照表および損益計算書に基づいて外部から容易に作成，把握できる二次的計算書であること，企業の主要な財務活動を動態的に概観できることなどの特徴をもつため，企業内部の経営者や外部の利害関係者に対する事後的な説明資料として利用される。

**資金化**（しきんか）
　預入れまたは取立のため受け入れた他店券が，交換決済または取立済みとなり，実際に使うことのできる資金となる

こと。

**資金繰り表**（しきんぐりひょう）

最も狭い資金概念である現金および要求払預金の増減を管理するために作成される計算書。現金の収入および支出を項目別・時期別（一般的には月ごと）に整理し，量的・時間的な調節を事前に行うことを主たる目的とする（予定資金繰り表）ため，経常収支と臨時収支，営業収支と財務収支とを区分して，適切な項目を明示した様式の表とすることがポイントである。現金に近い手形や有価証券の残高も併せて表示し，参考とすることが多い。これらの情報を計算書に含める範囲の違いによって，最も情報を限定した「4区分資金繰り表（①前月より繰越，②収入，③支出，④翌月へ繰越）」から，「6区分資金繰り表（①前月より繰越，②収入，③支出，④差引過不足，⑤財務収支，⑥翌月へ繰越）」，「8区分資金繰り表（6区分資金繰り表から設備関係等の収支を独立）」などの形式がある。

**資金トレース**（しきんトレース）

銀行が取引先に対して融資を行う場合，その貸出代り金は原則として，取引先の預金口座に振替入金される。取引先はこの資金でもって手形・小切手の決済，他行他店への振込ないし現金の引出しを行うが，この資金の流れを追求することによって資金使途を確認するとともに流出した資金の還流を図ることを資金トレースという。銀行の貸出の事後処理として，重要な業務である。

**資金不足**（手形交換の）（しきんぶそく）

手形等が手形交換所を通じて支払銀行に呈示されたとき，支払義務者との間に当座勘定取引はあるが，当座預金の残高不足や貸越極度額超過などにより支払資金が不足する状態。手形・小切手の手形交換における不渡事由の1つで「取引なし」と共に第1号不渡事由に分類される。

**資金ポジション**（しきんポジション）

銀行は預金，自己資本等で調達した資金を，貸出，有価証券等で運用している。この運用・調達のバランスのことを資金ポジションといい，勘定科目では（コールローン＋買入手形＋金融機関貸付金＋銀行引受手形）－（コールマネー＋売渡手形＋借用金）となる。このポジションがプラスの状態をローンポジション，マイナスの場合をマネーポジションという。

**仕組預金**（しくみよきん）

デリバティブ取引（金融派生商品）を組み込んだ預金であり，通常の預金よりも高い利息を受け取れる可能性がある一方，金利・為替相場等によっては，元本割れリスクや，元本もしくは利息の支払通貨が変更されるリスク，預金期間が延長もしくは短縮されるリスク，適用金利が変更されるリスク等を預金者が負うことになる預金。なお，商品内容は金融機関によって様々であり，預金者が負うリスクの内容は仕組預金により異なる。

**自己宛小切手**（じこあてこぎって）

振出人が自己を支払人として振り出した小切手（小切手法6条3項）。小切手の支払人は銀行に限られているため，自己宛小切手は銀行が振出人と支払人を兼ねることとなる。銀行の自己宛小切手は，振出人である銀行の信用からみて，現金に準ずるものとして各種の取引に利用さ

れている。預金小切手（預手）ともいう。
→預金小切手，預手

【自己宛小切手の例】

### 時効 (じこう)

一定の期間の経過により，権利の取得または消滅の効果を生ずる制度で一定の事実状態の存在の尊重の上に立つ。これには，取得時効と消滅時効がある。金融機関で特に関係が深いのは，消滅時効である。

### 自行為替 (じこうかわせ) →本支店為替

### 時効の援用 (じこうのえんよう)

時効の利益を受ける者が，時効の利益を受けることを主張すること。時効は，当事者がこれを援用しなければ，裁判所が時効によって裁判をすることはできない（民法145条）。

### 時効の遡及効 (じこうのそきゅうこう)

時効の効力は，その起算日に遡ること（民法144条）。

### 時効の中断 (じこうのちゅうだん)

時効の基礎となる事実状態と相反する一定の法定の事実（例えば債務の承認）が生じた場合，それまで進行してきた時効期間は効力を失い，新たに時効が進行を開始すること。なお，民法改正法においては，「中断」という概念が「更新」に替えられた。

### 自行ユーザンス (じこうユーザンス) →邦銀ユーザンス

### 自己株式 (じこかぶしき)

株式の発行法人の立場から見た自己の株式をいう。わが国では，かつては自己株式の取得を資本充実の原則に抵触する等の事由で原則禁止としていたが，2001年の商法改正により原則自由となった。ただし，有償で取得する場合の対価は，取得日の分配可能額（会社法461条1項）を越えてはならない。自己株式には議決権が認められず（同法308条2項），剰余金の配当が認められない（同法453条）。自己株式の取得には株主総会や取締役会の決議を必要とする。株式交換などの組織再編成のために新株発行を行うと株式の希薄化が生じるが，取得した自己株式を新株発行に代えて用いることにより回避できるなど，株価維持に対する効果が期待される。

### 自己査定 (じこさてい)

金融機関が自己責任原則に則り，自らの資産を査定した上で，健全な資産とそれ以外の資産に分類する作業。具体的には，まず貸出先等の債務者を財務・経営状況に応じて，破綻先・実質破綻先・破綻懸念先・要注意先・正常先の5段階に分類し，次に債務者区分ごとに各金融機関が保有している貸出金，有価証券，外国為替，支払承諾等の資産を査定し，回収の危険性や損失の度合いにより，非分類（Ⅰ分類）分類からⅣ分類までの4段階に分類するもの。

### 自己資本比率規制 (じこしほんひりつきせい)

自己資本比率は一般的に，総資産に対する自己資本の比率を意味し，それが高

い企業ほど健全経営であると評価される。銀行や信用金庫については，資産の内容についてリスク度合に応じた換算を行い，自己資本については劣後債や株式等の含み益の一部を加えたものについて自己資本比率が算定され，海外に営業拠点をもつ場合は8％以上，海外に営業拠点をもたない場合は4％以上の維持が求められるとともに，その低下度合いに応じて監督当局（金融庁）が業務改善計画の提出および実施命令や業務停止等の是正措置命令を発動することとなっている。

**事故手形**（じこてがた）
盗難・紛失，滅失など，なんらかの事故のあった手形。広義には，偽造，変造，要件が欠けている場合も含まれる。事故手形として，取引先が銀行に連絡した場合，一般的に，当該手形の支払委託の取消しが含まれるとみなされているので，実務処理も注意が必要である。

**事故届**（じことどけ）
手形・小切手について，盗難・紛失などの事故があった場合に，当座取引先が銀行に対し事故の発生を届け出て支払の差止めを依頼する届。もっとも，発行済の自己宛小切手についての事故届は，呈示期間内の支払委託の取消しができないことになっているが（小切手法32条1項），事故が発生したときは所持人が無権利者である公算が大きいので，銀行は支払を差し止めている。なお，預手についても事故届が出されるが，その場合の事故届の性質は通常の小切手と異なり，支払差止めの効力をもつものではない。また，通帳・証書や届出印などに紛失・盗難の事故があった場合に届出を受けるも

のも，事故届と総称することもある。

**自己取引**（金融商品取引業者の）（じことりひき）
金融商品取引業者が自己の計算で行う売買のこと。自己取引には，委託取引と同様に金融商品取引所が開設する市場において執行する売買と，金融商品取引所外で顧客と相対で売買取引を行うものがある。

**自己取引**（会社取締役の）（じことりひきん）
会社の取締役が，自ら当事者として，または他者の代理人として会社との間でする取引。会社法では，株主総会（会社法356条）または取締役会（同法365条）の承認を必要としている。→利益相反行為

**持参人払式小切手**（じさんにんばらいしきこぎって）
特定人を権利者として指定せず，持参人に支払うよう委託する旨を記載した小切手（小切手法5条）。無記名式小切手（持参人払文句はないが，受取人の記載がないもの）および記名持参人払式小切手（特定の受取人または持参人に支払うよう委託する旨を記載したもの）もこれと同視される。譲渡は証券の引渡しだけで行われ，ほかの手続を必要としない。しかし，この小切手に裏書をした者は償還義務を負う（同法20条）。

**使者**（ししゃ）
他人の完成した意思表示を，そのまま相手方に伝達する機関をいい，伝達方法には文書によるものと，口頭によるものがある。口頭の場合は，代理人に酷似する場合があるが，使者は単なる伝達機関であって，使者の意見は全く加味されていない点において，代理人と異なる。使

者については代理の規定が類推適用されるが，代理の場合は本人が行為能力を有することを必要としないのに対し，使者の場合には，本人に行為能力があることが必要である。→代理人

**自署** (じしょ) →署名

**自然人** (しぜんじん)

一般の人のこと。法人に対する言葉であって，性別，年齢，国籍のいかんを問わない。法律上当然に権利義務の主体となりうるとするのが，近代法共通の態度である。民法は，自然人については，出生の瞬間から死亡までの間等しく完全な権利能力を認め，これを尊重する旨を明らかにしている（民法3条）。なお，胎児については，相続に関しては，出生したものとみなされる。→法人

**質入禁止の特約** (しちいれきんしのとくやく)

指名債権は原則として譲渡および質入れが可能であるが，当事者が反対の合意をした場合には，譲渡や質入れはその効力を生じない（民法466条2項）。ただし，質権者が質入禁止特約の存在を知らない場合には，この特約は質権者に対抗することができず，質権は有効に成立する。民法改正法のもとでは，特約に係る部分が変更される。すなわち，債権の譲受人や質権者が特約の存在について善意・悪意にかかわらず有効とし（民法改正法466条2項），悪意・重過失の譲受人の場合，債務者は本来の債権者に弁済することができるとした（同条3項）。また，特約が付された債権につき債務者は供託することができ（民法改正法466条の2第1項），供託された金銭は譲受人に限って還付請求できることとなった（同条3項）。この

ため，債権の譲渡人の破産手続が開始された場合等には，譲受人は債務者に供託するよう請求し，供託された金銭の還付を受けることが可能となる。なお，民法改正法では，当事者が反対の合意をしていても，これによって譲渡・質入れの効力は妨げられないものとしている。
→債権譲渡

**質権** (しちけん)

担保権の一種であって，債務が弁済されるまで目的物を留置し，弁済がないときはその目的物によって優先弁済を受けるという効力を有する担保物権のこと（民法342条）。質権が成立するためには，必ず目的物の占有を質権者に移転しなければならない（同法344条）。この点において，抵当権との間に根本的な相違がある。

**市中金利** (しちゅうきんり)

中央銀行や政府系金融機関以外の民間金融機関が，実際に適用している預貸金金利および民間金融機関相互間の取引によって形成される金利。

**実印** (じついん)

官公署にあらかじめ届出をしておき，必要に応じて印鑑証明を求めうるようになっている印章。「実印」以外で個人が通常使用する印章を，一般的に「認印」(みとめいん)と呼ぶ。「実印」は1人1個しか有し得ないが，認印には数の制限はない。「実印」に使用する印章として，ゴム印のように変形しやすい材質で作成されたもの，欠損・磨耗したものなどは登録できない。
→印鑑証明，認印

**執行役** (しっこうやく)

指名委員会等設置会社において会社の業務を執行する者のことをいい，取締役

しっこう

は取締役会の構成員として会社の基本方針の決定や監督に従事し，執行役が会社の業務を執行する。執行役は業務執行において会社を代表するが，代表執行役を置いている場合は，代表執行役が会社を代表する。

**執行役員**（しっこうやくいん）
会社の業務執行についての権限と責任をもつ役員のこと。執行役員は，取締役会が決定した執行権限を用いて，自らが担当する会社業務の執行を担うもので，身分上は会社使用人となる。なお，取締役が，業務の執行について執行役員として任務を遂行することも多い。

**失踪宣告**（しっそうせんこく）
不在者の生死不明が一定期間継続した場合に，不在者の従前の法律関係について，その者が死亡したのと同様な効果を発生させる家庭裁判所の宣告のこと。

**シッパーズ・ユーザンス**（shipper's usance）
輸入ユーザンスの一方式で，海外の輸出者自らが，銀行信用によらず，輸入者に対して一種の短期クレジットともいうべき代金支払猶予の便宜を直接供与すること。この方式は，通常，荷送人（shipper）の資力と輸入者の信用が十分である場合において利用される。外国の現地法人や密接な関係にある取引先との間などで利用されている。

**実特法**（じっとくほう）
CRSへの対応として，2017年1月1日施行の改正実特法（租税条約等の実施に伴う所得税法，法人税法及び地方税法の特例等に関する法律）により，同日以降新たに国内所在の金融機関に口座開設等を行う際には，金融機関へ氏名・住所（名称・所在地），居住地国等を記載した届出書の提出が必要とされ（届出書の提出後居住地国に異動があった場合は，異動届出書の提出が必要），金融機関は2018年以降，毎年4月30日までに特定の非居住者の金融口座情報を所轄税務署長に報告し，報告された金融口座情報は租税条約等の情報交換規定に基づき，各国税務当局と自動的に交換される。→CRS

**質問表**（しつもんひょう）
金融検査において，金融機関に対し検査官が質問を行う際に作成される書類。かつては二段表ともいわれた。左側に検査官からの質問の内容，右側に金融機関側の回答を記載する。証券取引等監視委員会による検査では，質問票と呼ばれる。

**指定金融機関**（していきんゆうきかん）
地方公共団体の公金の出納は，地方公共団体の長の命令に基づいて，出納長または収入役が行うことが定められているが，実際には，地方自治法に基づき，公金の収納・支払事務は，議会の議決を経て指定された金融機関が取り扱っており，かかる指定を受けた金融機関を指定金融機関という。都道府県は指定金融機関を必ず指定しなければならないのに対し，市町村（特別区を含む）は必要に応じて指定金融機関を指定することができる。なお，1つの地方公共団体につき，指定できる金融機関は1つとされている。→指定代理金融機関，収納代理金融機関

**指定信用情報機関**（していしんようじょうほうきかん）
貸金業法においては，貸付けの契約が個人過剰貸付契約や基準額超過極度方式

基本契約に該当しないかの信用情報を利用した調査を行うために，また，割賦販売法においては，支払可能見込額を調査するために，貸金業者やクレジット会社が割賦販売法または貸金業法で加入を義務付けられている個人信用情報機関。加盟会員である貸金業者やクレジット会社から契約内容に関する基本的な情報，免許証番号などの本人特定情報，返済情報などの情報登録を受け，加盟会員の照会に対して登録された信用情報の提供を行う。保有情報に関して，貸金業法または割賦販売法に規定する目的外利用が禁じられている。信用情報機関と加盟会員の役職員については，信用情報の漏えいに対し罰則が適用され，情報の保護が図られている。

**指定代理金融機関** (していだいりきんゆうきかん)

地方自治法に基づき，地方公共団体の長は，指定金融機関の補助機関として必要があると認めるときは，指定金融機関の取り扱う公金の収納および支払事務の一部を，他の指定する金融機関に取り扱わせることができ，かかる指定を受けた金融機関を指定代理金融機関という。指定代理金融機関は，1つの地方公共団体に1つの金融機関という制限はないため，多数の金融機関が指定される例が多い。→指定金融機関，収納代理金融機関

**私的整理** (してきせいり)

特定の法律に基づかず，関係当事者（債務者と債権者）の合意のみに基づき，裁判所の関与なく，自主的に債務を整理していく倒産処理手続の一般的な呼称。これに対して，特定の法律（破産法，会社更生法，民事再生法など）に基づいて，裁判所の関与のもとに，債務を整理していく倒産処理手続を法的整理と呼ぶ。私的整理は，関係当事者全員の合意によって手続が進められるもので，決まった方法・手続はなく，柔軟な債務処理が可能である。例えば，債権放棄を伴うものや債務の内容の変更（弁済期日の延長など）のみの再建計画を作成し，また，債権放棄の対象を，金融機関である債権者や大口債権者に限定することも，対象者の同意を得られれば可能である。他方，再建計画を多数決によっては決められないので，多数に上る関係当事者の同意を得られず成立が困難な場合や，裁判所の関与がないため，手続の公平性，透明性に欠けるという指摘もある。

**私的整理に関するガイドライン** (してきせいりにかんするガイドライン)

2001年4月に政府が策定した「緊急経済対策」を受け，金融機関の不良債権問題と企業の過剰債務問題の一体的解決を促進するため，「私的整理に関するガイドライン研究会」が2001年9月に公表したガイドライン。対象は，会社更生法や民事再生法に拠ったのでは事業価値が著しく毀損されて再建に支障が生じるおそれがある，経営困難な状況にある企業の私的整理であり，多数の金融機関等の債権者の関与を前提として，債権者と債務者との合意に基づく債務（主として金融債務）の猶予・減免などについて，関係者間の調整手続等を定めている。金融界と産業界の代表者および中立公平な学識経験者などが協議のうえ策定した準則で，法的拘束力はないものの，関係当事者が

自発的に尊重・遵守することが期待されている。このガイドラインによって、債権放棄が行われた場合の債権放棄額については、原則として損金算入が認められる。

**自店払手形・小切手**（じてんばらいてがた・こぎって）

自店を支払場所として振り出された手形や小切手。当手または当店券ともいう。この手形等によって預金口座に入金がなされた場合、支払人の口座で決済することにより直ちに資金化できるので、現金による入金と同様に考えてよい。それゆえ、当手は、ほかの小切手・手形による入金とは区別して処理されている。なお、犯罪収益移転防止法に定める取引時確認手続が求められるのは、小切手振出人以外の者に対する10万円を超える金額の現金払戻取引である。

**自動継続定期預金**（じどうけいぞくていきよきん）

満期日までに預金者から特に申出のない場合には、期日にその元利金合計額（元利継続方式）または元金（元金継続方式）を元本とし、従来と同一期間の定期預金として、自動的に書替継続扱いとする定期預金。自動継続定期預金は、顧客の利便性確保と金融機関の事務負担軽減効果から、広く普及している。

**自動継続定期預金の消滅時効**（じどうけいぞくていきよきんのしょうめつじこう）

自動継続定期預金の消滅時効期間（銀行は5年、信用金庫・信用組合等の非商人は原則10年）の起算点については、かつて「最初の預入契約後の最初に到来する満期日」との説と、「預金者による解約申入れがなされる等により、それ以降自動継続の取扱いがされることのなくなった満期日」との説が併存したが、最高裁は後者の立場をとった（最判平19.4.24）。このため、自動継続定期預金の消滅時効起算点は事実上発生せず、銀行の会計帳簿に存在しない古い時期に発行された定期預金証書の提示を受け、当該預金債権の払戻請求を受けた場合、銀行側で「預金証書の喪失再発行→預金解約」の事実が立証できない場合には消滅時効の援用ができないこととなる。この事態を回避するため、自動継続の回数制限を特約で設ける動きが見られる。→自動継続定期預金

**自動口座振替**（じどうこうざふりかえ）

預金者の依頼に基づき、クレジットカード・毎月の公共料金（電話料金、電気料金、水道料金、NHK受信料等）、国民年金保険料、税金等の支払のために、当該料金等の金額相当分を、預金者が指定した口座から所定日に引き落とし、料金等収納業者の口座に振り替えること。

**自働債権**（じどうさいけん）

相殺において、相殺をなそうとする債権者側の債権。反対債権ともいう。銀行から行う相殺の場合の貸付債権や買戻請求権、貸付先からの相殺の場合の預金債権や異議申立預託金返還請求権がこれに当たる。相殺をするためには、自働債権が弁済期にあることが必要である。→受働債権

**支払委託**（しはらいいたく）

①為替手形や小切手の振出人が支払人に対して手形金・小切手金の支払を委託すること。為替手形や小切手は、支払人

に対する支払委託証券である。②手形の振出人が，支払場所として記載された支払担当者（通常は銀行の特定店舗）に対して手形金の支払を委託すること。統一手形用紙には，支払場所としてその手形用紙を交付した銀行の支店名が記載されており，振出人と当該店舗との間に支払委託関係が生じる。銀行は，当座取引先が振り出し，あるいは引き受けた手形・小切手の代金を支払うが，これは銀行と取引先との間で締結された当座勘定取引契約に基づくものである。この当座勘定契約がない場合は，「取引なし」として不渡りとなる。

**支払委託の取消し**（しはらいいたくのとりけし）
支払委託者が支払委託の後に，それを撤回すること。例えば，小切手では，振出人がいったん支払委託をした後に，当座勘定取引契約はそのままにしておいて，特定の小切手について呈示期間内であっても支払委託を取り消すことがある。その際，小切手の支払委託の取消しは，呈示期間経過後においてのみ効力を生ずるとする小切手法32条1項の規定があるものの，実際上，銀行は小切手金の支払を留保することが多い。そのため，手形・小切手の盗難・紛失などの場合の支払差止め等の意味で用いられている。

**支払可能見込額**（しはらいかのうみこみがく）
クレジット利用による多重債務を防止する観点で2008年の割賦販売法改正において導入された個人利用顧客向けの契約の制限の制度。申込者の申告等により年収等を把握し，指定信用情報機関を利用して信用購入あっせんに係る債務の支払の状況，借入れの状況等を調査すべく導入された。原則として申込者の年収等の定期的な収入から，1年間の生活維持費として生活等の状況により規定される額および既に利用している個別クレジットおよびクレジットカードの1年間の支払予定額を控除することで算出される。クレジットカードの極度額は，支払可能見込額に0.9を乗じたものを超えてはならないとされている。

**支払期日**（しはらいきじつ）
手形が支払われる日として手形上記載された日。満期日ともいい，手形要件の1つである。手形金額の支払われる日であるが，支払期日と支払をなすべき日（手形法38条1項）とは必ずしも一致しない。支払期日が法定休日のときは，これに次ぐ第1の取引日が支払をなすべき日である（同法72条1項）。また，支払の日（現実に支払われる日）とも必ずしも一致しない。

**支払拒絶**（しはらいきょぜつ）
手形・小切手の支払義務者がその支払を拒むこと。支払拒絶の結果その手形等は不渡りとなるが，手形・小切手の所持人は裏書人がいれば裏書人に対し，手形・小切手を受け戻すよう請求できる。これを遡求という。遡求のためには，支払拒絶証書を作成しなければならないが（小切手の場合には，支払人あるいは手形交換所の支払拒絶宣言でもよい），統一手形・小切手用紙ではその作成が免除されている。

**支払銀行**（しはらいぎんこう）
手形交換において持ち帰った手形のうち，混入手形および不渡りとして返還された手形を除く，自行が支払人または支

払場所となっている手形における当該銀行。手形交換以外においても，店頭呈示または為替の取立により受託銀行になっている場合も，支払銀行という。

**支払指図（書）**（しはらいさしず（しょ），Payment Order : P/O）
送金為替で，仕向銀行が支払銀行に対して一定金額を受取人へ支払うよう指図するもの。現在では，スイフトなどのテレトランスミッションによる支払指図がほとんどである。

**支払承諾**（しはらいしょうだく）
銀行が，取引先の第三者に対して負担する現在および将来の債務について，その支払を保証すること。債務保証ともいう。銀行は，対価として一定の保証料を徴求する。支払承諾には手形の引受，他の銀行からの借入保証，信用状の発行，税金延納保証等がある。銀行は自己資金を利用しないで，取引先に信用を供与する便利さがあるが，リスク負担の面では一般資金と同様のリスクを負うので，原則として確実な担保や保証を徴求する。一種の与信業務といえる。

**支払地**（しはらいち）
手形・小切手の支払がなされるべき地域の表示。支払場所より広い地域をいい，最小独立の行政区画（市町村，東京都では区）を記載する。支払がなされる場所の探知に役立ち，手形・小切手要件である。支払地の記載がない場合は，支払人の肩書地が，また約束手形・小切手でそれもない場合は，振出地が記載されていれば，それが支払地とみなされる（手形法2条3項，76条3項・4項，小切手法2条2項・3項）。

**支払調書**（しはらいちょうしょ）
利子，配当金，特定の報酬・料金・契約金・懸賞金などの支払をしたとき，その利子等の支払人が税務署へ提出するために作成する書面。受取人・支払金額・源泉徴収税額などが記載されている。定期預金，貸付信託，公社債，勤務先預り金などに係る利子所得については，源泉分離課税，非課税以外のものが対象となる。また，その計算期間と額により提出の要，不要が決定される。

**支払呈示期間**（しはらいていじきかん）
手形・小切手の所持人が，その手形等を支払のために呈示すべき期間。満期の種類により異なる。確定日払い，日付後定期払い，および一覧後定期払手形では支払をなすべき日およびその後の2取引日を合わせた3日間をいう（手形法38条1項，77条1項3号）。満期日が法定休日のときは，満期日に次ぐ第1の取引日が支払をなすべき日となる。一覧払手形は原則として振出日から1年以内が呈示期間であるが，振出人はこの1年の期間を延長したり短縮したりすることができ，裏書人は短縮のみできる。また，小切手の呈示期間は支払地・振出地がともに国内のときは，振出日から起算して10日間であり，異なる国にある小切手は距離に応じて20日または70日である（小切手法29条）。

**支払停止の抗弁（権）**（しはらいていしのこうべん（けん））
クレジットカードおよび個別クレジットを利用して購入した商品，指定権利または受領する役務に関して，販売した販売業者・役務提供事業者に対して生じて

いる事由をもって，代金の支払の請求をするクレジット会社に対抗することができるという割賦販売法で個人利用者に与えられている権利。営業のためもしくは営業としてクレジットを利用している場合を除く。抗弁事由が消滅すれば支払を再開しなければならない。なお，通常分割払いの場合は支払総額が4万円未満，リボルビング払いの場合は現金価格が38,000円未満では，抗弁が認められないほか，抗弁の主張が信義に反するときなども認められない。

**支払督促** (しはらいとくそく)
金銭，その他の代替物または有価証券の一定の数量の給付に係る請求について，債権者が簡易裁判所の裁判所書記官に対して申し立てることにより開始し，その主張から請求に理由がないことが明らかでないことその他の要件を満たす限り，裁判所書記官によって発せられる文書またはその手続（民事訴訟法382条以下）。債務者が支払督促の受領後2週間以内に督促異議の申立てをしなければ，裁判所書記官は，債権者の申立てにより，支払督促に仮執行宣言を付さなければならず（同法391条1項），債権者はこれに基づいて強制執行の申立てをすることができる（民事執行法22条4号）。支払督促に対し債務者から適法に督促異議が申し立てられれば，手続は通常訴訟に移行する（民事訴訟法395条）。

**支払人** (しはらいにん)
為替手形および小切手を支払う者として振出人によって記載された者。為替手形および小切手の要件である（手形法1条3号，2条1項，小切手法1条3号，2条1項）。支払人の資格は為替手形の場合には制約はないが，小切手の支払人は銀行に限定されている（小切手法3条）。

**支払場所** (しはらいばしょ)
手形の支払がされる場所として手形上に記載された一定の地点。手形要件ではなく，任意的記載事項とされている。ただ，統一手形用紙においては，その用紙を発行した銀行が支払場所として記載されており，当該銀行が支払担当者としても指定されていることになる。ただし，この記載の効力は，支払呈示期間内に限定されている。

**支払渡し** (しはらいわたし) →D/P

**支払をなすべき日** (しはらいをなすべきひ)
手形の支払をしなければならない日のこと。通常は満期日と一致するが，満期日が法定の休日に当たるときは，満期日に次ぐ第1の取引日が支払をなすべき日となる（手形法72条1項，77条1項9号）。例えば，5月5日を満期日とする手形の支払をなすべき日は，5月5日が休日である結果，5月6日となる。さらに，5月6日が休日（日曜日）であれば5月7日となる。支払呈示期間や支払拒絶証書の作成期間の基準となる。→支払呈示期間

**資本性借入金** (しほんせいかりいれきん)
金融機関が債務者の財務状況等を判断するにあたって，負債ではなく資本とみなすことができる借入金をいう。金融庁は，2011年11月に「金融検査マニュアルに関するよくあるご質問（FAQ）」を改定し，金融検査マニュアルに記載されている「十分な資本的性質が認められる借

しほんと

入金」(資本性借入金)について，「資本」とみなすことができる条件を明確化した。既存の借入金を「資本性借入金」の条件に合致するよう変更(DDS：デット・デット・スワップ)することにより，バランスシートが改善し，結果として，金融機関から新規融資を受けやすくなるなどの効果が期待されている。「資本性借入金」とみなすことが可能とされている施策として，日本政策金融公庫の「挑戦支援資本強化特例制度」や中小企業再生支援協議会の「資本的借入金」などがある。

**資本取引** (しほんとりひき)

外国との資本の貸借。対外取引を計上する国際収支統計は，財貨・サービスの取引を示す経常取引と資本の貸借関係を示す資本取引で構成されている。資本取引は形態によって直接投資，輸出延払い=信用供与，借款の供与，証券投資などに分けられ，取引主体によって政府取引と民間取引に分けられる。また，資金の貸借期間によって，契約期間が1年以上または株式のように契約期間の定まらないものを長期資本取引，それに対して要求払いや契約期間が1年未満のものを短期資本取引という。

**事務管理** (民法上の) (じむかんり)

法律上の義務なくして，他人のために事務を管理する行為のこと。暴風雨で壊れた留守の隣家の屋根を修理する場合がその例として挙げられる。本人の許諾や委任なしに他人の事務に干渉することは法律上許されないことであるが，社会生活における共助はこれを是認すべきであるので，民法はこれを適法行為とし，一方において管理者に対しその管理のために費やした費用の償還請求を認めるとともに(民法702条)，管理者に対して，管理を最も本人の利益に適合する方法で遂行すべき義務を課している(同法697条)。

**仕向銀行(仕向店)** (しむけぎんこう(しむけてん))

顧客から送金，振込の依頼を受けた銀行(取扱店を仕向店という)。資金を受け入れて，それを指定された銀行に送ることを仕向けるといい，その資金を送る銀行を仕向銀行という。→被仕向銀行(被仕向店)

**仕向口・被仕向口** (しむけぐち・ひしむけぐち)

為替取引において，為替を起こすほうを仕向口といい，為替を受けるほうを被仕向口という。本支店勘定では一方の店が仕向口として取り扱った取引は，相手店では必ず被仕向口として処理しなければならない。

**仕向超過限度額** (しむけちょうかげんどがく)

全国銀行内国為替制度の加盟金融機関における，全国銀行データ通信システム(全銀システム)による為替取引によって発生した，仕向為替を原因とする他金融機関へ支払うべき金額累計額から，被仕向為替により受け取るべき金額累計額を差し引いた金額について設定される限度額。各加盟金融機関は，全銀システムの集中決済当事者である東京銀行協会に対し，設定した仕向超過限度額をカバーするだけの担保または他金融機関の保証を差し入れることで，決済尻の不払発生に備えている。また，仕向超過限度額を超える為替電文の発信があった場合には，エラーとなって発信金融機関に戻され，こ

のような仕組みによって加盟金融機関の仕向超過限度額をシステム管理し、未決済残高が巨額になることを防止している。

**指名委員会等設置会社** (しめいいいんかいとうせっちがいしゃ)

株式会社の企業統治形態で、取締役会の内部組織として監査、指名、報酬の三委員会を設置するもの。各委員会は取締役3人以上で構成し、その過半数を社外取締役としなければならない。なお、監査役を置くことはできない。会社の業務執行は主に「執行役」が担当し、取締役は戦略の決定と監視に徹するもので、経営と執行の役割分担を明確にするものとされる。特に監査委員は、執行役を兼任することができないとの規制がある。2003年4月施行の「株式会社の監査等に関する商法の特例に関する法律」の改正により「委員会等設置会社」として導入され、2006年5月施行の会社法において「委員会設置会社」に名称変更した。さらに、2015年5月施行の会社法改正により「指名委員会等設置会社」と名称変更されるとともに、新たな形態として「監査等委員会設置会社」が設けられた。→監査等委員会設置会社

**締め後勘定** (しめごかんじょう)

銀行取引において、当日の勘定締上げ（＝集計）を終了し、その後に生じた取引につき、対外的には当日勘定（＝当日の取引）として取り扱うにもかかわらず、内部的には当日の勘定とせず、翌日の勘定締上げに加算する特殊の取扱いをする勘定のこと。

**締め後入金** (しめごにゅうきん)

銀行の営業時間後の入金、すなわち営業店の入口を閉めた時間（午後3時）以後の入金のこと。実務上、当日の帳簿計算に算入されず、翌日の計算に組み入れられる。締め後入金になるかどうかは、利息の計算、入金手形・小切手の決済日がいつになるかにもよるため、過誤払いが生じないよう、その取扱いには十分注意が必要である。

**締高表** (しめだかひょう)

現金収入締高表および現金支払締高表のこと。当日の入金副票、支払副票を種目別に分類計算して、その合計額を計上した表。

**社債** (しゃさい)

民間の事業会社が発行する債券で事業債とも呼ばれ、具体的には電力債、一般事業債、銀行債などがある。満期までの期間は様々で、利率も発行会社の信用度や発行時点の金利情勢等によって異なっている。金利は同じ年限の国債より高いが、発行会社の経営破綻により元利金の支払が債務不履行（デフォルト）となるおそれもある。

**社団法人** (しゃだんほうじん)

一定の目的遂行のために結合した人の集合体たる団体（社団）であって、法人として法律上権利義務の主体となることを認められた法人のこと。なお、この社団法人と対比されるものに財団法人があるが、前者は人の集団が本体である点において、特定の財産が実質上の本体である後者と異なる。社団法人は公益目的であることが設立要件であったが、2008年12月1日施行の「一般社団法人及び一般財団法人に関する法律」により、剰余金や残余財産の分配を目的としない限り、

事業内容の公益性の有無にかかわらず法人格が取得でき，法律に定める一定の要件を満たせば官庁の許可を受けずに一般社団法人を設立できることとなった。
→財団法人

**シャドーバンキング**（shadow banking）
銀行以外の金融業態の総称で，具体的には，ノンバンク，証券化の特別目的事業体，ヘッジファンドなどがある。→ノンバンク

**重過失**（じゅうかしつ）
重大な過失の略称。軽微な過失とは質的に異なるものとして，故意に準ずるものを示す場合と，より広い概念として量的に軽過失より重いものを示す場合があり，いずれも善良な管理者の注意義務に著しく反するものである。

**集中決済制度**（内国為替の）（しゅうちゅうけっさいせいど）
全国銀行データ通信システムを利用して内国為替取引を全国的に集中して決済する制度。東京銀行協会が日銀に開設した当座預金口座を経由することによって，加盟金融機関が日銀に開設した当座預金口座間で決済される。

**集中取立**（しゅうちゅうとりたて）
委託銀行の集手センター（委託センター）と受託銀行の集手センター（受託センター）との間で，同一期日の手形を原則として支払期日の7営業日前までに1回だけまとめて授受し，手形期日に受託センターから委託センターへ受託手形の合計金額で資金を付け替え，不渡りがあれば，その翌営業日の所定時限までに受託センターから委託店へ個別にその代り金を請求する方式。全国銀行内国為替制度における手形のみを対象とする取立方式の1つ。→個別取立

**集手センター**（しゅうてセンター）
全国銀行内国為替制度で集中取立を行うに際して，取立，手形の授受，資金関係事務などを行う銀行の部署として登録された部署。

**収納代理金融機関**（しゅうのうだいりきんゆうきかん）
地方自治法に基づき，地方公共団体の長は，指定金融機関の補助機関として，指定代理金融機関と同様，必要があると認めるときは，指定金融機関の行う公金収納事務の一部を他の指定する金融機関に取り扱わせることができ，かかる指定を受けた金融機関を収納代理金融機関という。指定代理金融機関と同様に，1つの地方公共団体に1つの金融機関という制限はない。一般に，地方公共団体の公金を取り扱う金融機関の大部分は収納代理金融機関である。→指定金融機関，指定代理金融機関

**重要財産委員会制度**（じゅうようざいさんいいんかいせいど）→特別取締役制度

**受信業務**（じゅしんぎょうむ）
銀行は，資金の供給者と需要者との間に立って，一方から資金を預かり（預金業務）他方へ資金を貸し出す（貸出業務）という，いわゆる間接金融機能を果たしているが，預金業務については銀行の信用において金銭等を預かることから，別名受信業務といわれる。

**受託銀行（受託店）**（内国為替における）（じゅたくぎんこう（じゅたくてん））
委託銀行から証券類の取立の依頼を受け，これを支払呈示して取立を行い，そ

の結果を為替通知により委託銀行に通知する銀行（取扱店を受託店という）。→委託銀行（委託店）

**受託金融機関**（じゅたくきんゆうきかん）

日本政策金融公庫などの政府金融機関の貸付業務を受託して、貸付けの申込みから管理・回収に至るまでの業務を行う金融機関。この受託金融機関が行う貸付けを代理貸付といい、普通銀行・信用金庫・信用組合などの一般民間金融機関がこれを行っている。→代理貸付、委託金融機関

**受託店**（じゅたくてん）

代金取立手形を受託した取扱店または為替事務センターをいい、集中取立では、自行の店舗を支払場所とする手形についてはその支払場所である取扱店を、他行を支払場所とする手形についてはその受託事務を行う取扱店またはセンターをいう。個別取立の場合は、代金取立手形を受託した取扱店をいう。→委託店

**出捐**（しゅつえん）

自己の意思で自己の財産を減少させ、それにより他人の財産を増加させる行為。出資的な意味で用いられることもあるが、出資よりも広い概念である。たとえば、「出捐者をもって記名式定期預金の預金者と解する」とか、「債務消滅のためになしたる出捐」などのように使われる。

**出資法**（しゅっしほう）

正式には「出資の受入れ、預り金及び金利等の取締りに関する法律」という。金利に関する同法の規制では、金銭の貸付けを業として行う者（銀行等の金融機関も含まれる）は、貸付上限金利である年20％を超えると、5年以下の懲役もしくは1,000万円以下の罰金またはこれを併科される。なお、上限金利は保証業者の保証料を含めて判断される。他に、浮貸しの禁止、媒介手数料の制限（実質年率5％）、預り金の禁止などの規定がある。→預り金、浮貸し

**受働債権**（じゅどうさいけん）

相殺において、相殺を受ける側の債権。受働債権は被相殺者が相殺者に対して有する債権であるから、第三者は債務者のために相殺をすることができないと解されている。相殺者は、その期限の利益を放棄して相殺をすることができるので、受働債権は必ずしも弁済期にあることを要しないが、それによって相手方の利益を害することはできない（民法136条2項）。このため、満期日未到来の定期預金を相殺充当する際には、預金利率は中途解約利率でなく、満期日まで預け入れられた場合に適用する約定利率による。→自働債権

**ジュニアNISA**（ジュニアニーサ、未成年者少額投資非課税制度）

0歳～19歳までの未成年者を対象とする少額投資非課税制度で、2016年4月～2023年12月の8年間につき、上場株式・公募株式投資信託等の配当所得、譲渡所得等を非課税とする制度。非課税投資枠は毎年80万円を限度とする他はNISAとほぼ同じであるが、投資したものは原則として18歳まで払出不可とされる。→NISA、つみたてNISA

**順為替**（じゅんかわせ）

送金為替のこと。依頼者（支払人）から受け入れた資金を銀行が受取人に宛てて送付するもので、資金が支払人から受

取人に移動する。取立為替を逆為替というのに対して，順為替と呼ばれる。順為替には，送金と振込がある。→逆為替（内国為替の）

**純現金収支**（じゅんげんきんしゅうし）

フリーキャッシュフローとも呼ばれ，企業の手元に最終的に残る資金のこと。仕入れや販売などの営業活動で得た資金（営業活動によるキャッシュフロー）から，設備投資など将来の利益獲得や資金運用のために必要となった資金（投資活動によるキャッシュフロー）を差し引いて求めた「企業が自由に使用することのできる資金」であるため，これを元手に有利子負債の返済や将来必要となる資金として蓄えたりすることができる（財務活動によるキャッシュフローに反映）。これらの情報を提供するキャッシュフロー計算書は，企業のキャッシュ（現金および現金同等物）の属性別増減を通じて経営実態を把握することができる重要な計算書であるため，最近では貸借対照表，損益計算書に次ぐ第3の財務諸表としての地位にあるといわれている。→キャッシュフロー計算書

**少額訴訟**（しょうがくそしょう）

民事訴訟のうち，60万円以下の金銭の支払を求める訴えについて，原則として1回の審理で紛争解決を図る手続（民事訴訟法368条以下）。原告の求めがあり，被告の異議がないとき（同法373条1項・2項）に，少額訴訟手続により，訴訟が審理される。即時解決を目指すため，証拠書類や証人は，審理の日にその場ですぐに取り調べることができるものに限られる（同法371条）。少額訴訟判決に対して不服がある場合には，判決をした裁判所に異議の申立てをすることができる（同法378条）が，控訴をすることはできない（同法380条）。

**少額貯蓄非課税制度**（しょうがくちょちくひかぜいせいど）

貯蓄奨励のため所得税法に定められた制度で，障がい者等の少額貯蓄の利子に対して所得税を免除することによって少額貯蓄者の優遇を図り，一般大衆の貯蓄の増強に資することを目的とする。一般的にマル優（㋐）と略称される。この制度を適用できる貯蓄は預貯金のほかに，合同運用信託（金銭信託，貸付信託）および有価証券（公社債，公社債投資信託の受益証券のうち政令で定めたものなど）も含まれる。2002年度の税制改正により，遺族年金を受けることができる妻である人，身体障害者手帳の交付を受けている人など一定の要件に該当する人のみがこの制度を利用できるようになり，従前，65歳以上の高齢者として利用していたものは2006年1月1日をもって廃止された。

**少額投資非課税制度**（しょうがくとうしひかぜいせいど）→NISA

**償還差益**（しょうかんさえき）

公社債などの債券購入において，債券が額面金額以下で発行された場合に償還時の額面金額との差額で得られる収益のこと。逆に債券を額面金額と比べて高い価額で取得し，償還時に額面金額で償還される損失を「償還差損」という。一般的に償還差益が生じた場合の最終利回りは，表面利率よりも高い。なお，償還差益は，税務上，雑所得扱いとなるが，国

内の割引債については原則として発行時点で18％の所得税が源泉徴収されることから課税手続は終了している。

**商業送り状**（しょうぎょうおくりじょう, commercial invoice）

売主（輸出者）が買主（輸入者）に宛てて発行する貨物の出荷案内書，計算書，請求書となる書類。通常，商品名，数量，品質，建値，単価，金額，その他の売買・船積に関する事項を記載し，売主が署名する。手形金額，保険金額等の算定基礎となり，輸入地においては，貨物の通関上，不可欠の重要書類である。運送書類，保険書類とともに荷為替取組みの際の付属書類の一部となる。

**商業手形**（しょうぎょうてがた）

売買等の現実の商取引を原因として，代金の支払その他の目的のために振り出された手形。商品代金決済のためであるところから，商品手形とも呼ばれている。なお，商業手形は現実の商取引を原因としているのに対し，いわゆる融通手形は，こうした背景をもたない。

**商業登記**（しょうぎょうとうき）

商法または会社法の規定に基づき，商人または会社に関する一定の事項を登記所に備える商業登記簿に記載し，これを一般の第三者に公示して商取引の安全と迅速処理を図る制度。手続の細目は商業登記法・商業登記規則に定めがあるほか，登記事項が裁判によって生ずる場合の嘱託登記については，非訟事件手続法に定められている。登記すべき事項は，登記した後でなければ善意の第三者に対抗できず，反面，登記があれば，正当な事由により知らなかった場合を除き，善意の第三者にも対抗できる。

**証券外務員**（しょうけんがいむいん）

1973年7月に設立された日本証券業協会が主催する公的資格。日本証券業協会の会員（証券会社，銀行等）に所属し，顧客に対して金融商品等の勧誘等の金融商品取引業務を行う者を外務員といい，外務員として活動するためには外務員資格試験に合格し，金融庁に外務員登録することが必要である。現在の外務員資格は①一種外務員資格，②信用取引外務員資格，③二種外務員資格，④特別会員一種外務員資格，⑤特別会員二種外務員資格，⑥特別会員四種外務員資格の6種類である。証券会社等の金融商品取引業者で取得できる資格は上記①，③，銀行等の登録金融機関で取得できる資格は①，③〜⑥。従来，外務員資格試験の受験資格は日本証券業協会の会員の役職員等に限定されていたが，2004年9月から「二種外務員資格試験」の，2012年2月から「一種外務員資格試験」の受験が協会員の役職員以外の者でも可能となった。なお，特別会員資格試験は，全国銀行協会，地方銀行協会などの団体においても実施されている。

**証券子会社**（しょうけんこがいしゃ）→業態別子会社方式

**証券市場**（しょうけんしじょう）

新たに発行された有価証券（公社債などの債券や株式等）を投資家が購入する市場を「発行市場」といい，既に発行された有価証券を投資家が売買する市場を「流通市場」という。また，その双方を併せて一般的に証券市場という。なお，証券市場での取引は，通常，証券会社を介

しょうけ

して行われることが多い。

**証券総合口座**（しょうけんそうごうこうざ）

有価証券売買に必要な口座とMMF（Money Market Fund）等のファンド口座を一体化したうえで，その他の付加価値（クレジット・カード機能や資金自動振替機能等）も追加した証券会社の金融サービスのこと。

**商行為**（しょうこうい）

商法および特別法において，商行為として制限的に掲げられたもの。財産上の行為に限られる。商行為は，①商行為の概念からみた分類として絶対的商行為と相対的商行為（これはさらに営業的商行為と付属的商行為に分けられる），②商人の概念からみた分類として基本的商行為と補助的商行為，③商行為の当事者からみた分類として一方的商行為と双方的商行為に分けられる。

**証拠証券**（しょうこしょうけん）

借用証書，受取証書，預金証書（通帳）等，一定の事実や具体的な法律関係の存否・内容を証明する書面。証明証書ともいう。

**詳細書面**（しょうさいしょめん）

貸金業法で定められた保証契約の締結前に保証人になろうとする者に交付すべき書面2種のうちの1種（同法施行規則12条の2第2号）。この書面は，保証の対象となる貸付に係る契約が2以上ある場合には，当該契約ごとに記載しなければならない。また，概要書面と同時に交付する必要がある。→概要書面

**証書貸付**（しょうしょかしつけ）

融資に際し，借用証書を徴求する貸付方式で，法律的には手形貸付と同様，金銭消費貸借である。手形の徴求が困難な地方公共団体への融資や，回収が長期にわたり債権内容や返済方法などの明記が必要な設備資金融資，あるいは住宅ローンに代表される抵当権設定契約証書の作成を要する不動産担保貸付，各種財団抵当貸付，代理貸付などに利用される。
→手形貸付

**商事留置権**（しょうじりゅうちけん）

商法に規定されている特別の留置権の総称。商法上，商人間における留置権（商法521条），代理商の留置権（同法31条），問屋の留置権（同法557条），運送取扱人の留置権（同法562条），運送人の留置権（同法589条），船舶所有者の留置権（同法753条2項）に関して，特別規定がある。民法上の留置権が成立するためには，債権と留置権の目的物の牽連性が必要であるが，商事留置権は，商人間の商取引の安全を保護するため，留置権の成立要件を緩和または変更している。また，債務者が破産した場合には，商事留置権者は破産財団に対して優先弁済権が認められている（破産法66条1項）点で，破産手続開始により失効することとなる民法上の留置権（同法66条3項）と異なる。

**商担手貸**（しょうたんてがし）

商業手形を担保として手形貸付を行うもので，手形担保手貸と呼ぶこともある。もともと，商業手形による金融は，商業手形割引によるのが原則ではあるが，割引対象となる商業手形の額面金額が小さい場合や，支払期日が長すぎる場合などには，手形割引事務が煩雑になったり，支払人の信用状態のチェックができないため，当該商手を見返りに手形貸

付を行い，当該商手の決済に応じて貸付金の内入返済を進めていく形式。→商業手形，手形貸付

**商手**（しょうて）→商業手形

**譲渡裏書**（じょうとうらがき）

手形・小切手の譲渡を目的としてなされる裏書で，単に裏書ともいう。裏書には，譲渡裏書のほか，取立委任裏書や質入裏書のように譲渡を目的としないものもあるので，それとの区別を明確にする意味で，譲渡の文字を冠したものである。

**譲渡可能信用状**（じょうとかのうしんようじょう，transferable credit）

受益者が信用状金額の全部または一部の利用を受益者以外の者に譲渡することをあらかじめ認めている信用状のことをいう。信用状に「transferable」と明示されている場合にのみ譲渡することができる。

**譲渡禁止特約**（じょうときんしとくやく）

預金者は，預金規定により，預金者としての権利（＝預金の元利払いを受ける権利）を譲渡または質入れできないが，このような約定のことを譲渡禁止特約という。民法の一般原則では，債権者が債権を譲渡することができるとされている（民法466条1項本文）が，これを禁ずる特別の約定であるので特約といわれる。預金者としての権利が転々と譲渡等された場合，預金者の確定，名義書替等の事務が煩雑となるがこれを防ぐために設けられている。預金通帳には，「この預金は，譲渡または質入れすることはできません」という一文が必ず記載されている。なお，民法改正法においては，譲渡禁止特約の制度に大幅な見直しが入り，当事者が譲渡制限の意思表示をしたときであっても債権譲渡の効力は妨げられないこととする一方，例外として，債務者は，悪意・重過失の第三者（譲受人等）に対しては，①履行を拒むことができ，かつ，②譲渡人に対する弁済その他の債務消滅事由をもって対抗することができることとされている（民法改正法466条2項・3項）。ただし，預金については，上記の基本的な規律の例外とされ，債権を譲り受けた者が債権に譲渡制限の意思表示がされていることを知っており，または知らないことに重過失がある場合には，譲渡が無効とされることになった（民法改正法466条の5第1項）。

**譲渡性預金**（じょうとせいよきん）

預金者としての権利は譲渡できないのが原則であるが，欧米で発行されているNCD（Negotiable Certificates of Deposit，譲渡可能預金証書）にならい，金利の自由化を主な狙いとしてわが国でも譲渡可能な定期預金が認められるようになった。これを譲渡性預金という。その金利は，市場実勢に応じ当事者間で自由に定められる。

**譲渡担保**（じょうとたんぽ）

担保の目的である所有権等の権利を，債務者または物上保証人（＝譲渡担保権設定者）が債権者（＝譲渡担保権者）に譲渡し，被担保債権の弁済をもって債権者がその権利を債務者または物上保証人に返還する方式による担保をいう。債務が弁済されない場合，権利は確定的に債権者に帰属し，債権者は当該権利を実行等することによって，被担保債権を回収することになる。民法典が定める担保権

ではなく，判例上認められてきた非典型担保の一種であり，特に動産について占有を移転せずに担保とすることが可能な点が，質権にはない利点とされる。

### 商人（しょうにん）

本来は自己の名をもって商行為をすることを業とする者をいう。また，店舗その他これに類似する設備をもって物品の販売を業とする者，鉱業を営む者は，商行為を業としないものでも商人とみなされ（商法4条），また，株式会社・合名会社・合資会社および合同会社がその事業としてする行為及びその事業のためにする行為は商行為とされる（会社法5条）。これを擬制商人という。

### 消費寄託（しょうひきたく）

受寄者が受寄物を消費することができ，これと同種，同等，同量の物を返還すればよい寄託契約（民法666条）。不規則寄託ともいい，金融機関の預貯金がその例である。

### 消費者金融（しょうひしゃきんゆう）

一般の消費者に対して，その個人的な用途に供する住宅，不動産，商品，サービスの購入資金を融資すること。銀行やゆうちょ銀行等の預金取扱金融機関のほかに，クレジットカード会社，信販会社，月賦小売店，消費者金融専門会社等の行う信用供与が含まれる。消費者金融は，1件当りの金額が比較的僅少で反面件数が膨大であることから，事務の大量処理が前提となり，取引内容の定型化，事務の集中処理などの特徴がある。→貸金業者

### 消費者契約法（しょうひしゃけいやくほう）

消費者と事業者間の情報の質および量ならびに交渉力の格差をかんがみ，民法における契約の取消しや無効に関して制定された特別法。消費者と事業者間で締結される消費者契約を対象に，事業者の一定の行為により消費者が誤認し，または困惑した場合について契約の申込みまたはその承諾の意思表示を取り消す権利を認め，消費者の利益を不当に害することとなる条項を無効とする規定を置いている。ただし，割賦販売法，利息制限法など契約の成立や効力に関して他に特別法がある場合には，当該他の特別法の規定が優先する。また，内閣総理大臣の認定を受けた適格消費者団体は，事業者等が消費者契約の締結について勧誘をするに際し，不特定かつ多数の消費者に対して誤認させる不適正な行為を現に行いまたは行うおそれがあるときは，その事業者等に対し，当該行為の停止，予防または当該行為に供した物の廃棄，除去等の措置をとることを請求すること（差止請求）が認められている。

### 消費税（しょうひぜい）

1989年4月より，モノの販売や役務の提供に対して広く薄く課税することを基本に，物品税（乗用車，ゴルフ用品などが課税対象）等の従前の個別消費税制度を改組して新たに導入された間接税。製造，卸売り，小売りの各段階で，それぞれの販売額に規定税率を乗じた額から，前の取引段階で納付済みの税額を控除した額を納付していくことで，最終的に購買価格への税額転嫁という方式で消費者が負担する仕組みとなっている。規定税率は，導入時（1989年4月）の3％から，1997年4月に5％（地方消費税分1％を

含む）へ引き上げられ，2014年4月に8％へ引き上げられた（地方消費税を含む）。

**消費貸借**（しょうひたいしゃく）
　当事者の一方（借主）が他の一方（相手方すなわち貸主）から金銭，米穀その他の代替物を受け取り，一定の期日（弁済期と呼んでいる）に，これと同種，同等，同量の物を返還する旨の契約をいい（民法587条～592条），金銭の消費貸借すなわち借金がその典型的な事例である。消費貸借は，賃貸借が目的物そのものを返還するのと異なり，借主が目的物自体の所有権を取得し，それを消費した後にこれと同種，同等，同量の他の物を返還する点において特色がある。なお，消費貸借は，法律上は無償契約であるのが原則であるが，実際には利息をつけるなど，有償契約であるのが普通である。

**除権決定**（じょけんけってい）
　非訟事件手続法に基づく公示催告手続において，申立てによりなされる権利の消滅・証書の無効など従来の法律関係を変更する決定。通常，社債，新株予約権，手形等の法令に基づき無効とすることができる証書を無効と宣言する決定を指すことが多い。これによって，申立人は，証書なしで権利の行使や証券の再発行請求をすることができるようになる。

**所得税**（しょとくぜい）
　毎年1月1日から12月31日までの間に生じた個人の所得に対して課税されるもので，所得税法に基づく国税である。わが国では，法人の各事業年度の所得に対して課せられる法人税とともに税制の根幹をなす基幹税であり，適用する税率は累進税率で，徴収方法は申告納税方式と源泉徴収方式がある。課税対象の所得の種類には，①利子所得，②配当所得，③不動産所得，④事業所得，⑤給与所得，⑥退職所得，⑦山林所得，⑧譲渡所得，⑨一時所得，⑩雑所得がある。所得に対しては，医療費控除，扶養控除，配偶者控除，雑損控除などの所得控除が認められているとともに，納付する所得税に対しては，住宅借入金等特別控除，住宅耐震改修特別控除，配当控除などの税額控除が認められている。

**署名**（しょめい）
　書類や有価証券などに自分の氏名を手書きする（自署）こと。手形法，小切手法上の署名には，「自署」のほか「記名捺印」が含まれる。なお，「記名捺印」は手書きの必要はないが，印章を押すことが必要とされる。→記名捺印

**署名鑑**（しょめいかん）
　署名のみで銀行取引を行うものについては，銀行はあらかじめ預金者等から署名（サイン）を届け出てもらう。その届出を署名鑑という。署名鑑の取扱いは印鑑と同様であるが，配字・筆勢・筆圧・筆順などの特徴を見分ける必要があるため，印鑑に比べ署名の真偽の判別は難しいとされる。

**白地式裏書**（しらじしきうらがき）
　裏書人が裏書をするにあたり，①裏書文言を記載するが被裏書人を指定しない場合，②裏書文言も被裏書人も記載しない場合の裏書をいう（手形法13条2項）。単に白地裏書ということもあり，また後者は簡略白地式裏書といわれることもある。白地式裏書は，裏面または補箋にする必要がある。

### 白地手形 (しらじてがた)

手形要件の記載を完了していない未完成の手形で，署名以外の要件の記載を他人に補充させる意思で発行された手形。完成手形とは区別されるものの，完成手形と同様に裏書による譲渡が認められている。また，善意取得，人的抗弁の切断による保護も認められている。手形要件を補充して完成した手形とする権利を白地補充権といい，白地手形が譲渡されたときには，それに伴い新所持人が補充権を取得する。

### 白地補充権 (しらじほじゅうけん)

手形・小切手要件の全部または一部を記載せずに署名し，流通に置かれた白地手形・小切手の欠けた要件を補充して完全な手形・小切手とすることができる所持人の権利。白地補充権の行使によって，署名者は手形上の義務を負うことになる。白地補充権は手形・小切手の裏書譲渡とともに被裏書人に移転し，手形・小切手を譲り受けた所持人がこの補充権を行使することができる。また，白地補充権の消滅時効を5年とするのが，通説・判例である。

### 新株予約権付社債 (しんかぶよやくけんつきしゃさい)

新株予約権（所有者が一定期間内に請求すれば発行会社の株式をあらかじめ決められた価格（行使価額）で一定数量買い付けることができる権利）を付した社債のことをいう。投資者は新株予約権の行使により株価上昇による利益を享受することができるが，権利行使せずに社債のまま保有すれば確定利付証券として利子を受け取るとともに償還期限に額面で払い戻される。（非分離型）ワラント債と転換社債がある。→転換社債

### 申告分離課税制度 (しんこくぶんりかぜいせいど)

各種所得を合算して課税額を計算する総合課税とは別勘定で計算し，徴収される分離課税制度のうち，源泉分離課税の対極にある概念で，別計算で申告して納税する制度をいう。退職手当を受け取った場合に生じる退職所得，上場株式や不動産を売却して利益を得た場合に生じる譲渡所得や，山林を伐採して譲渡したり立木のままで譲渡することで利益を得た場合に生じる山林所得などは，原則として申告分離課税の対象となる。ただし，証券会社に特定口座を開設しているときには源泉分離課税も選択可能であるなどの例外措置がある。→源泉分離課税制度

### シンジケート・ローン (syndicated loan)

借入人の資金需要ニーズに対し，複数の金融機関が協調融資団を組成して，同一の契約書により同一条件で融資を行う制度。協調融資団の組成は，借入人の依頼を受けたアレンジャーが行い，貸出条件の設定，契約書の作成，協調融資参加金融機関の招聘等を行うほか，自らも融資金融機関として参加することがある。融資契約調印後は，エージェントが契約条項の履行管理や元利金支払等の事務を行うが，アレンジャー業務を行う金融機関がエージェントに就任するケースが多い。シンジケートローンは，借入人にとっては多額の資金調達が容易となる一方，貸手側も単独での融資に比べリスク分散が図れることになる。また，複数の金融機関が同一条件の融資に参加することか

ら，融資条件が市場原理に基づいて決定されることとなり，融資債権の事後的な売買が容易となり，債権売買の活性化につながることが期待されている。しかし，アレンジャーが有する借入人の信用情報等の参加金融機関に対する開示義務の範囲等につき争いとなったケースもあり，アレンジャーには相当の注意義務が課せられ，一方，参加金融機関も自ら融資の可否判断を行う姿勢が求められる。

**信託**（しんたく）

金銭・不動産等の委託者（所有者）が信託契約に基づき受託者（他人）にその金銭・不動産等を帰属させ，受託者（他人）はその金銭・不動産等を信託目的に従い，受益者（自己または第三者）のために管理，運用，処分すること。

**信託受益権**（しんたくじゅえきけん）

金融商品取引法2条2項に規定する，通称，第二項有価証券（みなし有価証券）に該当するものであって，信託に基づき受益者が受託者より給付を受ける各種の債権（権利）をいう。なお，信託受益権の売買等を取り扱うには，第二種金融商品取引業の登録が必要である。

**人的抗弁**（じんてきこうべん）

手形により請求を受けた者が，特定の請求者に対してのみ対抗しうる抗弁をいい，相対的抗弁ともいう。物的抗弁もしくは絶対的抗弁に対する。人的抗弁の典型的なものは，手形授受または手形行為の原因たる民事関係が存在しないことを理由とするものであって，人的抗弁事由の大半の例がこれである。人的抗弁は特定の請求者に対してのみ対抗することができるものであるから，当該手形が第三者に譲渡されたときはそのような抗弁は裏書により切断され，もはやその者に対して対抗できなくなる。これを人的抗弁の切断という。→物的抗弁

**人的担保**（じんてきたんぽ）

保証人のような債務者以外の人の全財産を引当てに債権の担保とする制度をいい，保証がその主たるものである。この人的担保という言葉は抵当権，質権のような特定の財物が有する価値による担保を総称する物的担保に対するもので，人的責任とも呼ばれる。債務者以外のある人の総財産がその人が保証した債務の引当て，すなわち担保になっていることからこの名がある。→物的担保，保証

**新BIS規制（バーゼルⅢ）**（しんビスきせい（バーゼルスリー））

バーゼル銀行監督委員会が公表している国際的に活動する銀行の自己資本比率や流動性比率等に関する国際統一基準（バーゼル合意）のうち，2010年に成立したものをいう。バーゼル合意は，バーゼル銀行監督委員会の常設事務局が国際決済銀行（Bank for International Settlements）にあることからBIS規制とも呼ばれており，日本を含む多くの国における銀行規制として採用されている。国際的な銀行システムの健全性の強化と，国際業務に携わる銀行間の競争上の不平等等の削減を目的として，1988年に，銀行の自己資本比率の測定方法や達成すべき最低水準を定めた最初のバーゼル合意（バーゼルⅠ）が策定され，2004年にその改訂（バーゼルⅡ）が行われていた。バーゼルⅡは，①最低所要自己資本比率規制（リスク計測の緻密化），②銀行自身によ

る経営上必要な自己資本額の検討と当局によるその妥当性の検証，および③情報開示の充実を通じた市場規律の実効性向上を3本の柱とする。その後，金融危機の再発を防ぎ，国際金融システムのリスク体制を高める観点から再度見直しが行われ，2010年に新しい規制の枠組み（バーゼルⅢ）について合意が成立した。バーゼルⅢでは，自己資本比率規制が厳格化されることとなったほか，定量的な流動性規制や，過大なリスクテイクを抑制するためのレバレッジ比率が新たに導入されている。バーゼルⅢは，各国において2013年から段階的に実施され，最終的には2019年から完全に実施される予定となっていたが，信用リスクアセットの算出方法等につき見直しが行われ，2017年12月にバーゼルⅢの最終化が合意された。見直し後の規制は，2022年1月より，5年間の移行期間を経て適用される。

**信用状**（しんようじょう，letter of credit：L/C）　顧客（信用状発行依頼人）の依頼に従って銀行が発行する書状で，信用状条件が充足されていることを条件として，一定の金額の支払を輸出者に確約しているもの。一般的に信用状は取消不能であって，関係当事者全員（輸入者，信用状発行銀行，輸出者など）の同意がなければ，この確約の取消しまたは条件変更ができない。

【信用状】

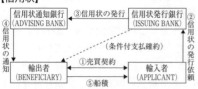

**信用照会**（しんようしょうかい）　主として商業手形または商担手形の支払人の信用状況を，割引銀行または担保手形の徴求銀行が，支払人の取引銀行へ照会すること。全国銀行協会によって制定された照会用紙で文書照会するケースが多いが，電話照会も行われている。回答銀行は回答内容については責任を負わず，一方，照会銀行は信用照会によって知った事柄について守秘義務を負う取決めとなっている。

**信用状統一規則**（しんようじょうとういつきそく，Uniform Customs and Practice for Documentary Credits：UCP）　荷為替信用状についての解釈や取扱方法を国際間で統一化するために，国際商業会議所（ICC）が制定した国際的な規則。正式名称は「荷為替信用状に関する統一規則および慣例」という。2007年7月からは，2007年改訂版（UCP600）が利用されている。

**信用創造**（しんようそうぞう）　金融機関は，預金という形で集積した中央銀行の銀行券を支払準備として，その数倍の預金通貨を創出し，これを貸出に運用する。このことを信用創造または預金創造といい，金融機関独特の機能である。すなわち，金融機関は単に信用媒介機関として遊休貨幣を集積し貸し出すだけでなく，その信用をもとに集積した貨幣を貸付操作することによって新たに遊離した貨幣を生み出し，実際の通貨総量をはるかに上回る信用貨幣（小切手など預金通貨）を創出してこれを貸し出している。なお，信用創造力の大きさは，預金準備率に依存する。

**信用調査**（しんようちょうさ）

調査主体により調査目的，調査項目など異なる面もあるが，銀行の場合は与信保全，預金や証券取引の増進などを主眼とする。したがって，取引先の実態面（経営陣や組織，生産や販売），貸出金返済能力（業績，金融など）の実態把握，検討を行う。方法は銀行独自の入手資料分析，実地調査，興信所への調査依頼，取引銀行や仕入・販売先への信用照会，同業者間の風評聴取などにより，総合的に把握する。

**信用補完制度**（しんようほかんせいど）

信用保証協会が金融機関に対して，中小企業者の債務を保証する信用保証機能と，これを国が出資する株式会社日本政策金融公庫によって再保険する信用保険機能が連結した制度のこと。信用保険が信用保証に伴うリスクの一部（70％ないし80％）を填補し，保証の危険分散を図る。

**信用保証協会**（しんようほしょうきょうかい）

中小企業者等の信用力を補完し，金融の円滑化を図ることを目的として制定された信用保証協会法に基づく特殊法人。信用保証の業務を行い，中小企業者に対する金融の円滑化を図ることを目的としている。具体的には，中小企業者等が金融機関から貸付（代理貸付），手形割引または給付を受ける場合，その借入れ，割引などに係る債務を保証することを業務としているほか，中小企業者に対する金融の相談，斡旋，経営指導などを行っている。

**信用保証の責任共有制度**（しんようほしょうのせきにんきょうゆうせいど）

2007年10月1日から導入された制度で，国の政策に基づき，信用保証協会と金融機関が適切な責任分担を図り，両者が連携して中小企業者に対する適切な支援を行うことを目的としている。従前の信用保証協会が保証した事業資金借入は，借入額の100％を信用保証協会が保証するのが原則であったが，同制度の導入によって，信用保証協会の保証は原則として外形上借入額の80％となる。また，同制度の導入により，金融機関は，借入額の80％を信用保証協会が保証する「部分保証方式」か，一定期間の保証債務平均残高に金融機関毎の過去の保証利用状況（代位弁済率等），責任共有割合（20％）を乗じて算定される負担金を金融機関が支払う「負担金方式」のいずれかを選択することができることとなった。

**心裡留保**（しんりりゅうほ）

意思表示をする者が自分の表示行為が内心の意思と異なる意味に解されることを知りながら行うこと。通謀虚偽表示が複数の当事者によって行われるのに対し，単独虚偽表示とも呼ばれ，原則として表示どおりの法律効果を生じるが，相手方が表意者の真意を知り，または知ることができたときは無効となる（民法93条）。なお，民法改正法において，心裡留保の意思表示の無効は，善意の第三者に対抗することができないことが明文化されている。

## す

### 推定 (すいてい)

一定の事実または法律関係の存否が明瞭でない場合に，確定できる別の事実または状態に基づいて当該事実または法律関係の存否を判断すること。事実上の推定は，訴訟に現われた状況から経験則を用いて事実を推測するもので，自由心証の問題にすぎない。これに対し，法律上の推定は，法律の規定において，A事実があるときはこれと無関係なB事実があると推定するものである。擬制とは異なり，反証により覆すことができる。推定という表現を用いていても，法律行為の解釈規定である場合，法定証拠法則である場合，推定の前提となる事実がない場合がある。→みなす

### 出納代手 (すいとうだいて)

他地（他の交換所）渡りの手形は本来代金取立手段として取り扱われるが，入金時期が取立後になるので，早期入金記帳による取引先へのサービスを狙って，特に他店券入金扱いとして便宜処理する手形のこと。

### スイフト →SWIFT

### スウィングサービス (swing service)

普通預金残高が一定額を超えた場合，その超過分を定期預金や貯蓄預金に振り替え，また一定額を下回ったときには，定期預金や貯蓄預金から補てんするサービスのこと。この自動振替のことを，スウィープシステムともいう。

### 据置期間 (すえおききかん)

定期預金や通知預金においては，預入後一定期間が満了するまでは元金の支払を行わないが，この期間を据置期間という。

### スコアリング融資 (スコアリングゆうし)

コンピューターに入力した債務者の財務データをもとに信用リスクを算出し，与信判断を行うこと。信用リスクを一律・客観的に評価できるため与信判断の審査期間を短縮でき，迅速な融資を行うことが可能となる反面，過度の依存は恣意的な財務データの提供による不良債権を発生させる危険性が指摘されている。

### スタンドバイ・クレジット (stand-by credit)

クリーン信用状の一種で，多くは外国にある銀行から信用供与を受けるための信用補完に利用される。例えば，本邦企業の現地法人などが外国で現地の銀行から融資を受ける際に，その債務の弁済を本邦銀行が保証するために，当該現地銀行に対して差し入れる信用状のこと。このほか，本邦企業が外国企業との間で締結した契約を履行することを本邦銀行が保証するために，保証状の代わりに利用される。

### 捨印 (すていん)

契約書や証書などを作成し，当該文書に記名捺印や交換をした後に誤記を発見した場合，本来であれば文書をやり取りして訂正印の捺印を受けなければならないが，文書のやり取りに伴う紛失リスク等を回避することを目的として，文書，伝票等の欄外に訂正用の印をあらかじめ徴求しておくこと。「捨印」は元来，軽微

な誤記などに対処することを目的として前もって捺印するものであるが，その適用範囲が限定されていないことによる問題点も指摘されているため，コンプライアンス上の妥当性も含め，安易な運用を行わないよう注意する必要がある。

### ストレス・テスト (stress test)

金融機関の保有する資産に対し，想定される厳しい経済指標の変動による想定損失額を試算し，損失処理に必要な自己資本を算定するもので，金融機関のリスク管理手法として用いられており，金融庁の公表している金融検査マニュアルや監督指針においても適切に実施されているかという点が項目として挙げられている。

### スプレッド貸出 (スプレッドかしだし)

コール・手形，ＣＤ（譲渡性預金）などの市場性資金の調達コストに利鞘（スプレッド）を上乗せした金利で貸出をすること。従来，わが国の金融機関の貸出は短期プライム・レートを基準としていたが，1980年12月の改正外為法の施行により，代表的なスプレッド貸出であるインパクト・ローンが自由化されたことに加え，最近，金融の自由化の進展下，銀行の調達コストの上昇に伴い，貸出もスプレッド貸出へ移行する動きがある。

### スワップ取引 (スワップとりひき)

二者間において，ある一定の想定元本に対するキャッシュフローを交換する取引をすること。この取引はデリバティブ（金融派生商品）の一種で，価格変動リスクの回避等を目的に活用されている。具体的には，金利スワップ，通貨スワップ等がある。

## せ

### 税外払戻し (ぜいがいはらいもどし)

本来は納税のためのみに払い戻す預金である納税準備預金から，特別の事情により，納税以外の目的のために払戻しすること。納税準備預金は特定の目的をもった資金を受け入れる預金であるため，①利率が普通預金よりも高い，②利子が非課税扱いなどのメリットがあるが，納税以外の目的で払い戻した場合は，利率が普通預金と同じになるとともに，利子も課税扱いとなってしまう。

### 税効果会計 (ぜいこうかかいけい)

法人税等を差し引いた税引後当期純利益金額が企業の業績を適正に示すようになることを目的として，1会計期間における法人税等の額を適切に期間配分する会計上の手続のこと。この手続は会計面からのアプローチであるため，企業の各期における納税額には影響を与えない。税引前当期純利益と法人税等が対応しない要因は，①企業会計と税法における損益認識時期のズレに伴うもので，時間の経過とともに消滅する差異である「一時差異」，②交際費の損金不算入や受取配当金の益金不算入などに起因し，消滅しない差異である「永久差異」に分けられる。税効果会計は「一時差異」のみを対象とし，「一時差異」に法定実効税率を乗じた額を「法人税等調整額」として損益計上し，税引前当期純利益と法人税等を

せいさく

合理的に対応させる。

**政策金融**（せいさくきんゆう）

産業の開発，貿易および経済協力の促進，中小企業・農林漁業の育成強化，住宅建設の促進など，公益性が高いものの，リスクの適切な評価等が困難なため，民間金融機関のみでは適切な対応ができない特定の政策目的を達成する手段として行われる金融。この政策金融の担い手は，主として政府関係金融機関であるが，民業補完に徹する等の視点に基づき，民間金融機関の資金を政策金融に活用することも行われている。

**政策金利**（せいさくきんり）

中央銀行が政策的に上げたり下げたりする金利。例えば，日本銀行は無担保コール翌日物金利を，米連邦準備委員会（FRB）はフェデラルファンド（FF）金利をそれぞれ政策金利にしている。中央銀行は政策金利を動かすことによって市中に出回るお金の量を調節し，景気や物価の安定を目指す。景気が過熱気味でインフレ懸念があるときは政策金利を上げて経済を冷まし，逆に景気が減速しているときは政策金利を下げて経済を刺激することになる。

**正式担保**（せいしきたんぽ）

担保権設定において，その手続が法律的に完全か否かという観点から担保権を類別するときに用いられる用語であって，法律的に完全な手続を備えた担保を正式担保という。担保権の設定には，当事者間で設定を合意し，さらにそれを第三者に対抗するための要件（例えば，抵当権であればその設定登記，債権質であれば第三債務者に対する通知・承諾に確定日付）を備えなくてはならない。正式担保に対する言葉として仮担保，見返担保，見合担保などがある。

**生体認証**（せいたいにんしょう）

人間の体の一部である生体器官の情報を事前に採取登録し，認証時にセンサー等を使って取得した情報と比較することで行う本人確認技術のこと。金融取引では，キャッシュカードの偽造や盗難などで不正取得されたものと，別途不正手段で入手した暗証番号の使用により預金詐欺が多発したことから，ATMでの預金払出しの際に暗証番号とともに指ないし手のひらの静脈の形を読み取って本人確認を行う手法が採用されている。→ICカード

**制度金融**（せいどきんゆう）

政府，地方公共団体，日本銀行などが法律等に基づいて特定の政策目標を遂行するために行う金融。通常の金融と異なり利子補給，損失補償，債務保証などの優遇措置を伴う点で特色がある。具体的には，農漁業の構造改善のための農業近代化資金制度，漁業近代化資金制度や中小企業育成・強化のための日本政策金融公庫，商工組合中央金庫による中小企業向け融資などがある。なお，制度金融は政策金融とほぼ同義語として用いられることが多い。→政策金融

**成年後見制度**（せいねんこうけんせいど）

精神上の障がい（認知症・知的障がい・精神障がい等）により判断能力の不十分な者を，保護するための私法上の制度。従来の禁治産・準禁治産制度が改められ，補助・保佐・後見からなる法定後見制度と新たに創設された任意後見制度の

2つの制度からなる。

### 税引利息 (ぜいびきりそく)
預金利息については，預金利子に対する所得税が源泉徴収されるが，これを差し引いた預金者の手取りになる利息のこと。

### 政府関係金融機関 (せいふかんけいきんゆうきかん)
特別の法律により設置された政府の全額もしくは一部出資による金融機関のこと。政策金融を中心に投融資を行い，その資金源は政府の出資金および資金運用部からの借入金で賄われてきた。しかし「官から民へ」の観点から，民業補完に徹する等の視点により，2006年6月に「政策金融改革に係る制度設計」が政府の政策金融改革推進本部において決定されるなど，政府関係金融機関についての改革の動きが急である。住宅金融公庫は，2007年3月31日に廃止され，2007年4月に独立行政法人住宅金融支援機構に業務が移行された。また，商工組合中央金庫は，2008年10月の株式会社商工組合中央金庫への組織転換，同時期の日本政策投資銀行の解散と株式会社日本政策投資銀行の設立，公営企業金融公庫の2008年度の廃止，地方公共団体による共同の新組織の設立等が行われることとなった。

### 政府保証債（政保債）(せいふほしょうさい)(せいほさい)
発行体が公社・公団等の政府関係機関で，その元利金の支払を政府が保証する債券で，信用度は国債に次いで高い。政府保証債は，その発行のつど，発行額・発行条件等について主務大臣の認可が必要とされ，また，主務大臣は認可に際して財務大臣と協議することとされている。

### 税務調査 (ぜいむちょうさ)
税務署あるいは国税局の職員が，納税者またはその関係者などに質問し，またはそれらの者の財産・帳簿もしくは書類を調査すること。適正課税のため，特定事項（申告内容の正当性，会計記録，帳簿要件の適法性，登記・登録・戸籍事項などの登載内容，納税換価猶予の妥当性など）について質問・調査することである。税務調査は通常，任意調査であるが，不正申告・財産隠匿・虚偽陳述等の脱税容疑が明らかな場合は，強制調査が行われる。調査方法としては，①調査対象となる納税者に直接出向く「実地調査」，②調査対象となる納税者の取引先を調査する「反面調査」，③調査対象となる納税者の資産状況や取引状況を調査する「銀行調査」などがある。

### 整理回収機構 (せいりかいしゅうきこう)
住宅金融債権管理機構と整理回収銀行が合併し1999年4月1日に発足した株式会社で，株主は預金保険機構。預金保険機構との協定に基づき，破綻金融機関や健全金融機関等から買い取った資産の管理・回収・処分，金融機関の特定回収困難債権の買取り並びにその管理・回収・処分等を業務とする。

### 整理口 (せいりぐち)
普通預金口座の残高が付利最低限度額（1,000円）未満である状態が3年以上継続した場合，この口座の残高は別段預金に振り替えられることがある。整理口とは，このような口座の残高を一括記帳しておく，別段預金のなかの1つの項目である。

**政令，省令，内閣府令**（せいれい，しょうれい，ないかくふれい）
　法律を施行するために必要な細則や法律の委任に基づく事項を定める命令として内閣によって制定されるのが政令で，その法律に関する事務を分掌する行政機関である省や内閣府によって発せられるのが省令・内閣府令である。金融庁が所管する法律の場合は，内閣府が発するので内閣府令となる。

**積数**（せきすう）
　銀行勘定の日々の残高を各勘定で加算したもの。積数は各勘定の平均残高（積数／日数）を出したり，その平均残高によって，一定期間の預金の支払利息や貸出の受取利息を計算するために利用される。

**責任追及等の訴え**（せきにんついきゅうとうのうったえ）
　従前の株主代表訴訟制度が，会社法の施行により名称変更されたもの。6カ月以上前から株式（会社法189条2項の定款の定めにより，その権利を行使することができない単元未満株主を除く）を有する株主は，会社に対して書面をもって「取締役等の責任を追及する訴訟の提起」を請求できる（同法847条1項）。会社が請求を受けた日から60日以内に訴訟を提起しないときは，株主は会社のために訴訟を本店所在地を管轄する地方裁判所に提起でき（同法847条，848条），場合によっては同期間にかかわらず提起できる。ただし，責任追及等の訴えが当該株主もしくは第三者の不正な利益を図り，または会社に損害を与えることを目的とした場合は，訴訟の提起はできない。係属中の責任追及等の訴えの原告が，株式交換，株式移転により完全子会社となる会社の株主としての地位を喪失する場合は，それにより完全親会社の株主となるときは原告適格を喪失しないとしたのも，会社法での新しい規定である（同法851条1項1号）。

**セキュリタイゼーション**（securitization）
　資金の調達や運用にあたって，証券がより広範に利用されるようになってきた近年の現象を総称して，一般に金融の証券化，あるいはセキュリタイゼーションと呼んでいる。具体的には，間接金融から直接金融へのシフトおよび債権その他の資産の流動化を目的とした，貸付債権その他の資産を裏付けとする証券の発行の動き等を指している。

**設備資金**（せつびしきん）
　機械設備購入資金，工場建物建設資金など，企業が設備投資を行うために必要とする資金のこと。設備に要する資金は，その金額が大きいことに加え，長期間にわたって拘束されることになるため，妥当性を十分に検証することが必要となる。また，資金の回収が当該設備の耐用年数に応じた年々の減価償却見合い資金および当該設備投資により生み出される収益の中から行われるため，本来的に長期固定可能な資金で調達されなければならない。したがって，資金の源泉としては，第一次的には，減価償却見合い資金，内部留保資金などの内部資金が充てられるが，不足資金は通常，長期借入金，社債，増資手取金など，長期資金により賄われることになる。→運転資金

### ゼロ金利政策 (ゼロきんりせいさく)
景気を下支えするため，中央銀行が金利をゼロないしほぼゼロに下げる金融緩和策。究極の金融緩和策といえるが，将来の利下げ余地がなくなるなどの難点があり，あくまでも非常手段とされる。バブル崩壊後の1999年2月に日本銀行が実施し，幾度かの解除，復帰の後，2010年10月から継続しており，併せて量的緩和政策も実施中である。同じく，米国も2008年9月のリーマン・ショックに始まった経済危機を克服するため，ゼロ金利政策を実施したが2015年12月に終了した。

### ゼロ・クーポン債 (ゼロ・クーポンさい)
表面利率（クーポンレート）がゼロになっているが，発行価格が額面対比で大幅に割り引かれている長期割引債券のこと。1981年，米国のJ.C.ペニー社が世界で初めて発行された。

### 善意・悪意 (ぜんい・あくい)
ある事実を知らないことを善意といい，その反対を悪意という。法律は善意を保護し，その責任を軽減しようというのが，私法上の一般原則である。

### 善意・無過失 (ぜんい・むかしつ)
ある事情を知らないことについて過失がないこと。「善意であってもそれについて過失がある者は保護されない」という法理として，多くの法文に現われている。即時取得が認められるためには，取得者が占有開始のときに善意・無過失を要求されるというのがその一例であり，この場合の善意・無過失とは，取得者が前主を無権利者でないと誤信し，かつそのように信ずるにつき過失がなかったことである。

### 善管注意義務 (ぜんかんちゅういぎむ)
「善良な管理者の注意義務」のことで，物または事務管理に当たることを本来の義務とする人の一般水準に合した注意義務。その人の職業・経験・社会的地位に応じて通常に要求される程度の注意で，民事責任の成立要件である過失の前提ともなるべき注意義務である。具体的な個人についての注意能力の差は認めない。

### 全銀システム (ぜんぎんシステム)
正式名称は，全国銀行データ通信システム。全銀センターに設置されたコンピュータ・システムと全国銀行内国為替制度の加盟銀行に設置された端末装置とを専用の通信回線によって連結し，為替通知およびこれに付随する通信などの電文の交換，為替決済資料の作成などを行うデータ通信システムをいう。その形態は，データ通信による取引（テレ為替取引，MTデータ伝送・新ファイル転送）と文書による取引（文書為替）に分かれる。文書為替はさらに，メール振込と交換振込に分かれている。

### 全銀センター (ぜんぎんセンター)
全銀システム加盟銀行間の為替通知や，電文の交換・精査・記録・集計・為替決済資料の作成などを，コンピュータを使って行う全銀システムの中枢となるコンピュータセンター。東京および大阪の2ヵ所にある。

### 線引小切手 (せんびきこぎって)
小切手の表面に2条の平行線を引いた小切手。横線小切手ともいう。不正な所持人が，支払を受ける危険を防止するために設けられている。線引小切手には，一般線引小切手（2本の平行線を引いた

もの，あるいはそのなかに「銀行」もしくはこれと同一意義の文字を記載したもの）と，特定線引小切手（２本の平行線内に特定の銀行名を記載したもの）との２種類がある（小切手法37条２項・３項）。前者は銀行または入金銀行の取引先から取得し，銀行または支払銀行の取引先にのみ支払うことができ，後者は指定された銀行または被指定銀行である支払銀行の取引先に対してのみ支払うことができる（同法38条）。これらの線引は，抹消することができず（同法37条５項），一般線引小切手を特定線引小切手に変更することはできるが，その逆はできない（同法37条４項）。

**【一般線引小切手の一例】**

**【特定線引小切手の一例】**

**占有**（せんゆう）

物を現実的に支配する事実状態。民法上，この事実状態について一定の法的保護が認められており，これを占有権という。占有権を取得するためには，自己のためにする意思（占有意思）をもって，物を現実的に支配すること（所持）が必要である（同法180条）。占有権の効力としては，①占有者が占有物について行使する権利は適法に有するものと推定される（本権の推定，同法188条），②占有者は占有に対する侵害の排除を求めることができる（占有訴権，同法197条〜202条）ほか，③占有者は即時取得（同法192条）などにより，所有権などの本権を取得できる場合があることなどが挙げられる。

**占有回収の訴え**（せんゆうかいしゅうのうったえ）

占有訴権（占有を侵害されたか，そのおそれがある場合に，その侵害または侵害の危険の排除を請求する実体法上の権利）の１つで，占有者がその占有を奪われたときに，その物の返還および損害賠償を請求することができる権利（民法200条）。「占有者がその占有を奪われたとき」とは，占有者がその意思によらず物の所持を失った場合（強制執行等による場合を除く）を指すので，所持品を盗取されたり，不動産を不法占拠された場合などは含まれるが，これらを詐取されたり，遺失して他人に拾われた場合などは含まれない。

**占有改定**（せんゆうかいてい）

自己のために占有している物を，以後，他人のために，代理人として占有を続ける意思表示をすることにより，その他人に引渡し（占有の移転）を行うこと（民法183条）。例えば，Aが物をBに売ったが，引き続き，Bからその物を賃借して使用（占有）する場合においては，Aは，以後，Bのためにその占有代理人として占有するという意思表示を行ったことになり，その物の占有（権）は，AからB

に移転する。なお，この場合のBの占有を間接占有，Aの占有を直接占有という。

**善良な管理者の注意義務**（ぜんりょうなかんりしゃのちゅういぎむ）→善管注意義務

# そ

**総勘定元帳**（そうかんじょうもとちょう）
企業会計におけるあらゆる日々の取引を，取引が発生した日付順に記録する帳簿である「仕訳帳」と異なり，取引の勘定ごとに取りまとめた帳簿。「仕訳帳」が日々の取引（営業活動）を時系列で一覧できるメリットがあるのに対し，「総勘定元帳」は個々の勘定科目ごとの取引を勘定口座に集計することで，個々の勘定科目に関わる取引を一覧できたり，残高を把握できるメリットがある。総勘定元帳は，仕訳帳からすべての取引が転記されることで作成される。期末には，総勘定元帳をベースとして貸借対照表や損益計算書が作成される。なお，総勘定元帳には，借方と貸方を記載する「標準式」と，借方・貸方および残高を記載する「残高式」の2種類がある。→決算

**早期是正措置**（そうきぜせいそち）
1998年4月1日より導入された，金融機関の健全性を維持するために，自己資本比率の達成度に応じて行う監督手法。自己資本比率が国際統一基準（海外拠点を有する金融機関に対して適用される基準）では8％未満，修正国内基準（海外拠点を有しない金融機関に対して適用される基準）では4％未満になった金融機関に対し，その自己資本比率の程度に応じ，①経営改善計画の作成・実施命令，②個別措置の実施命令，または③業務の

全部または一部の停止命令の3段階のいずれかの行政処分が発動される。

### 送金小切手（外国為替の）(そうきんこぎって, Demand Draft : D/D)

外国送金の一種で，銀行が海外にある銀行を支払人とする送金小切手を作成し，送金依頼人へ交付し，送金依頼人自身が当該小切手を受取人宛てに送付することにより代金の支払を行う方法。この制度は，かつて，個人が銀行に口座を保有することが稀な時代には盛んに利用されたが，今日では口座への振込が一般的となったため，国庫送金と外国向送金を除き廃止された。

### 総合口座 (そうごうこうざ)

普通預金取引，定期預金取引，国債（利付国債，割引国債等）等の債券取引および債券保護預り兼振替決済口座の取引，預金や債券等を担保とする当座貸越の取引等，様々な取引が利用できる口座のことであり，銀行が個人向けに取り扱っている。銀行によってサービス内容の詳細は異なる。

### 総合的な取引所 (そうごうてきなとりひきじょ)

証券・金融，商品（原油や穀物等）を横断的に一括して取り扱う総合的な取引所。従来の取引所は，有価証券・デリバティブ取引（商品デリバティブ取引以外）を取り扱い，金融庁の監督を受ける金融商品取引所と，商品・商品デリバティブ取引を取り扱い，農林水産省および経済産業省の監督を受ける商品取引所に分断されている。金融商品取引法の2012年改正（2014年3月11日施行）では，「総合的な取引所」の実現に向けた制度整備が行われ，商品デリバティブ取引（コメ等の一定の商品に関するデリバティブ取引を除く）を金融商品取引所で取り扱えることとし，かつ「総合的な取引所」については金融商品取引法に基づき内閣総理大臣（金融庁）が一元的に監督することとしたうえで，業者・清算機関等に関する規制の整備および農林水産大臣・経済産業大臣との連携が図られている。

### 総合振込 (そうごうふりこみ)

一依頼人が，銀行に対し，多数の受取人宛ての振込を一時に依頼する方式のこと。企業の毎月の支払代金の振込，給料の振込などは総合振込にすることが多い。この振込の場合，単票の振込依頼票を使用せず，定められた総合振込依頼書によって一括して銀行に依頼し，銀行は個々の受取証を作成せず，1枚の領収証を発行する。

### 相殺 (そうさい)

2人が相互に同種の目的を有する債務を負担する場合に，双方の債務が弁済期にあるときは，各債務者は相手方に対する意思表示によりその対当額について債務を免れることができる制度（民法505条）。例えば，甲が乙に100万円，乙が甲に150万円の金銭債権を有する場合に，甲は100万円につき相殺をすれば，残金50万円を乙に支払うだけで甲乙間の債権債務は一挙に決済される。また，相殺を利用すれば，甲は乙が倒産しても100万円を確実容易に回収することができる。相殺は簡易かつ強力な債権回収の手段として，銀行実務上重要な機能を有しており，銀行取引約定書も，銀行の相殺権確保および行使の要件緩和を狙いとした多くの規定を設けている。

**相殺適状**（そうさいてきじょう）
　債権債務が相殺できる状態にあること。民法505条以下によると、①同一当事者間に債権債務の対立があること、②この対立する両債権が同種の目的を有すること、③両債権がともに弁済期にあること、④債務の性質が相殺を許さないものでないこと、⑤両債権につき相殺禁止の特約がないことを要件とし、この状態にあるとき、債権債務は相殺適状にあるという。相殺がなされると、債権債務は相殺適状が生じた時に遡って消滅する（民法506条2項）。

**相続**（そうぞく）
　死亡した人（被相続人）の財産上の権利義務一切を、その人の一定の親族（相続人）が包括的に承継すること。相続人になるのは、民法に定められた特別の事情がない限り、被相続人の①配偶者と、被相続人の②直系卑属（子・孫など）、直系卑属がなければ③直系尊属（父母・祖父母など）、直系卑属も直系尊属もなければ④兄弟姉妹である。相続人が数人いる場合は、その相続分は、民法の規定または遺言による指定によって決まる。

**相続税**（そうぞくぜい）
　被相続人の財産を相続または遺贈等によって取得した者に課せられる税であり、国税に属する。相続税の基本的な算出方法は、①財産を取得した人ごとの課税価額（取得した財産価額＋死亡保険金等のみなし相続財産の価額－非課税財産の価額＋相続時精算課税にかかわる贈与財産の価額－承継した債務額－葬儀費用＋相続開始前3年以内の贈与財産価額）を合計、②課税価額合計から基礎控除額（3,000万円＋600万円×法定相続人の数）を控除して課税遺産総額を算出、③課税遺産総額を各法定相続人が民法で定める相続分で取得したものとして、各法定相続人の取得金額を算出、④各法定相続人の取得金額に税率を掛けた額を合計して相続税総額を算出、⑤相続税総額を現実に相続した課税価額に応じて按分することにより、各自の税額を算出するというプロセスを経る。

**相続人不存在**（そうぞくにんふそんざい）
　相続人が存在することが明らかでない状態。この場合、被相続人（死亡者）の財産は、相続財産法人を形成して、家庭裁判所が選任した相続財産管理人によって清算手続が行われる（民法951条以下）。相続債権者や受遺者に対する債権申出の公告、相続人捜索の公告および清算後残存した相続財産の特別縁故者（被相続人と生計を同じくしていた者や被相続人の療養看護に努めた者など、被相続人と特別の縁故があった者）への分与の各手続を経て、残った相続財産は国庫に帰属する。

**相続の承認**（そうぞくのしょうにん）
　相続が開始した後に相続人がする相続受諾の意思表示。相続の承認には、相続人が無限に被相続人の財産（債務を含む）のすべてを相続する単純承認（民法920条）と、相続によって得た財産を責任の限度として相続する限定承認（同法922条）の2種類があり、これとは別に相続を放棄すること（同法938条）も認められる。ただし、相続人が自己のために相続が開始したことを知った時から3ヵ月以内に、家庭裁判所に対し、限定承認また

は相続放棄の申述を行わないときは，相続人は，単純承認をしたものとみなされる（同法921条2号）。→単純承認，限定承認，相続放棄

**相続放棄**（そうぞくほうき）

相続が開始した後に相続人がする相続拒否の意思表示（民法938条）。相続放棄をするには，相続人が自己のために相続が開始したことを知った時から3ヵ月以内に，家庭裁判所にその旨の申述をしなければならず（同法915条1項），それが受理されるとその者は，当初から相続人とならなかったものとみなされる（同法939条）ため，その者についての代襲相続も認められない。→代襲相続

**双方代理**（そうほうだいり）

契約締結に際し，ある一人が同時に当事者双方の代理人となって契約の締結にあたるように，特定の一人が同時に利害関係が相対立する当事者双方の代理人となって代理行為を行うこと。双方代理は，本人の利益を害するおそれがあるので原則として禁止されているが，例外的に，債務の履行のように，当事者双方の利益になることはあっても不利益になることはないという特別の場合には許されている（民法108条但書）。親権者等法定代理人と本人との利益相反行為等については，原則として，特別代理人の選任が必要となる（同法826条，860条）。

**総量規制**（そうりょうきせい）

過剰貸付との批判を受け，2006年の貸金業の規制等に関する法律の改正により，2010年6月から導入された貸金業者の個人向けの貸付に対する数量的規制。貸金業者が個人に対して貸し付ける場合には，原則としてその年間の給与およびこれに類する定期的な収入の金額として内閣府令で定めるものを合算した額に3分の1を乗じて得た額（以下「個人顧客に係る基準額」という）を超える貸付が禁止されている。法人の借入れや保証人の保証額については，規制の対象外である。貸金業者は貸付に際し，指定信用情報機関の信用情報を利用して他の貸金業者からの借入残額と貸し付けようとする額（極度額）との合算額が，個人顧客に係る基準額を超えないか調査する義務があり，そのためには，合算額が一定額以上の貸付に際して源泉徴収票その他定期的な収入の額を記載した証票をもって調査する義務がある。極度方式基本契約の場合は，貸付時のほかに，当該契約の残額が10万円を超える場合には，1ヵ月の利用額が5万円を超えるとき，または3ヵ月に一度調査が義務付けられている。→貸金業者合算額，基準額超過極度方式基本契約，個人過剰貸付契約，個人顧客合算額

**添え担保**（そえたんぽ）

債権保全に必要とされる担保があるが，それに添えて副次的に別個に設定・取得する担保の俗称。取得する担保の効力・効用に疑念がある場合は，この添え担保として取得するのが一般である。

**遡求**（そきゅう）

手形・小切手が不渡りとなった場合や支払われる可能性が著しく減少した一定の場合に，所持人が流通過程上の自己の前者である裏書人や為替手形の振出人または小切手の振出人などに対して，本来の支払に代えて法定の償還金額の支払を

請求すること（手形法43条，77条，小切手法39条）。また，遡求に応じた前者がさらに自己の前者に遡求することを，再遡求という。

**遡及効**（そきゅうこう）

法律行為その他の効果が特定の時に遡って生じること。これは，不遡及の原則に対する例外で，特定の場合に限って，法律の規定が置かれている。たとえば，相殺の意思表示は相殺適状の時に遡って効力を生じ（民法506条2項），取り消した行為は初めから無効であったとみなされる（同法121条）。

**即時グロス決済**（そくじグロスけっさい）
→RTGS

**ソブリンリスク**（sovereign risk）

国家に対する信用リスクのことで，国債や政府保証債などの債務履行能力のリスクを指す。過大な経常赤字や不安定な政治情勢などによりリスクが高まる。2010年にはギリシャで財政赤字の発覚に始まる経済危機が広がったが，まさしくソブリンリスクである。ソブリンリスクが高まると，国債格下げの不安や利回りの上昇で，利払い負担の増大などにつながる。

**損益計算書**（そんえきけいさんしょ）

1会計期間（原則として1年）の経営成績を明らかにするため，その期間に発生した収益とそれに対応する費用とを記載表示した報告書をいい，P/L（Profit and Loss Statement）と略称されることが多い。会計期間の一時点（決算期末）の財政状態を示す貸借対照表（B/S）および1会計期間のキャッシュフローの増減を示すキャッシュフロー計算書（C/F）とともに，企業会計上の財務諸表を構成する基本的な計算書である。損益計算書の形式には，売上高から税引後当期純損益までの項目を上から順次並べて表示する「報告式」と複式簿記の原理に従って借方・貸方を対照して表示する「勘定式」とがある。一般的な損益計算書は，①売上高から売上原価，販売費および一般管理費を控除して営業損益を示す「営業損益計算の区分」，②営業損益に営業外収益および営業外費用を加減して経常損益を示す「経常損益計算の区分」，③経常損益に特別利益および特別損失を加減し，法人税等を調整して税引後当期純損益を示す「純損益計算の区分」で構成されている。→財務諸表，IFRS

**【損益計算書（報告式）】**
○株式会社（自△年△月△日 至×年△月△日）

| |
|---|
| 売上高 |
| 売上原価 |
| 　売上総損益 |
| 販売費および一般管理費 |
| 　営業損益 |
| 営業外収益 |
| 営業外費用 |
| 　経常損益 |
| 特別利益 |
| 特別損失 |
| 　税金等調整前当期純損益 |
| 　法人税，住民税および事業税 |
| 　法人税等調整額 |
| 　少数株主損益 |
| 　税引後当期純損益 |

**損益分岐点売上高**（そんえきぶんきてんうりあげだか）

売上高と総費用が均衡し，利益がちょうどゼロになる売上高のこと。具体的に

は、①総費用を「変動費」(売上高の増減におおよそ比例して増減する費用)と「固定費」(売上高の増減の影響を受けず、固定的に発生する費用)に分解する、②変動費を売上高で除して「変動費率」を算出する、③固定費を(1-変動費率)で除して損益分岐点売上高を算出する、というプロセスを経る。(1-変動費率)は「限界利益率」ともいい、(売上高-変動費)である限界利益を売上高で除して求めることもできる。総費用を変動費と固定費に分解する代表的な手法としては、①個別費用法、②総費用法、③散布図表法などが挙げられる。実際の売上高が損益分岐点売上高を上回れば利益が生じ、下回れば損失が生じることになる。この実際の売上高と損益分岐点売上高との関係をみる指標としては、低いほど赤字計上への抵抗力のある「損益分岐点比率」(損益分岐点売上高÷実際の売上高)や、高いほど企業経営の安全度に余裕のある「安全余裕率」(1-損益分岐点比率)などがある。

**損害賠償**(そんがいばいしょう)

発生した損害について、加害者が被害者に対し、損害がなかったときと同じ状態に回復させることで、その方法には、原状回復主義と金銭賠償主義がある。

**損金**(そんきん)

法人税法上の用語で、取引に関わる収益である「益金」に対する必要経費に当たる概念である。損金とは、①法人のその事業年度の収益を得るために費やした、売上原価、完成工事原価その他これらに準ずる原価、②販売費、一般管理費などの費用をいう。したがって、減資の

ような資本取引による資産の減少は除かれる。その年度の益金から損金を差し引いたものが、法人の課税所得となる。法人税法において、損金に算入する(損金算入)、損金に算入しない(損金不算入)ことを「損金経理」といい、損金経理については「法人がその確定した決算において費用または損失として経理することをいう」と定義されている。具体的には、役員の退職金は損金経理が要件となっているため、実際に役員退職金を支払っただけでは不十分で、決算書に役員退職給与という費用を計上することで、損金算入することが可能となる。

**損失補てん**(そんしつほてん)

一般的には、金融商品取引業者等(登録金融機関も含まれる)が顧客から受託した有価証券の売買その他の取引等について損失が生じ、またはあらかじめ定めた額の利益が生じないこととなった場合に、財産上の利益を提供すること。金融商品取引法では、資本市場の仲介者として資本市場の正常な価格形成機能に社会的責任を負う金融商品取引業者等が、市場における正常な価格形成機能を害する行為を行うことを禁止し、市場仲介者としての中立性・公正性を確保するとの趣旨から、かかる損失補てんを実行することおよび顧客に対し損失補てんを申込みまたは約束する行為が禁止されている。

**尊属・卑属**(そんぞく・ひぞく)

血縁関係において、ある人を標準としてその上の世代にある者(父母、祖父母、伯父、伯母等)を尊属といい、その下の世代にある者(子、孫、姪、甥等)を卑属という。

## た

### 代位弁済（だいべんさい）

保証人・物上保証人のような第三者または共同債務者の一人が債務者（または他の共同債務者）に代わって弁済すること。これにより，それらの者に対して求償権を取得する場合に，この求償権の範囲において，従来債権者が有していた権利およびこれに従たる権利が，弁済者に移転する。

### 代金取立（だいきんとりたて）

銀行がその本支店または自店の取引先から，あるいは自店と為替取引のある他の銀行から委託を受け，為替手形，約束手形，小切手，配当金領収書，公社債の償還元金およびその利札，預金証書（通帳），旅館券などの債権を支払人に請求し，その代り金を取り立てること。この取立の目的物を代金取立手形，略して代手という。

### 対抗要件（たいこうようけん）

広義においては，成立した権利関係ないし法律関係を第三者たる他人に対して主張するための法律要件をいい，主として，当事者間で効力を生じた権利関係を第三者に主張する場合に用いられるが，狭義においては，物権変動の事実を善意の第三者に主張し，かつその主張を証明するための法律要件を総称する。そして，単に対抗要件というときは，主としてこの意味に用いられているのが普通である。すなわち，不動産物権の変動における登記，動産物権の変動における引渡し，債権譲渡・質入れにおける通知・承諾ならびにこれを証明するための確定日付，特許権の移転における登録，船舶，航空機その他の譲渡，移転における登記・登録等がこれである。いずれも取引の安全保護のためにする公示の原則を実現するための手段であり，広く世界的に行われている。なお，債権譲渡・質入れの場合には，目的となる債権の債務者に対して譲渡または質入れを主張して権利を行使するための対抗要件（債務者対抗要件）が求められる。この債務者に対する通知，承諾について，確定日付は不要とされる。

### 対顧客（公示）相場（たいこきゃく（こうじ）そうば）

銀行と顧客との間の外国為替取引に適用される為替相場で，通常，銀行間相場に銀行のマージンが加味されて公示（公表）される。現在，わが国の銀行は，米ドルについてインターバンク取引における午前10時頃の市場実勢相場に基づき，その日の対顧客相場を公示している。

### 第三債務者（だいさんさいむしゃ）

ある債権関係の債務者が，その債権関係とは別に，有している債権において債務を負う者。差し押さえられた債権の債務者，質権の設定された債権の債務者等を指す。債権差押えは第三債務者に対する差押命令の送達によって効力を生じ，第三債務者は被差押債権につき陳述義務を負わせられることがある。共有持分については他の共有者，社員権については社団が第三債務者に準じたものとして取

**第三者対抗要件** (だいさんしゃたいこうようけん)

既に成立した権利関係を第三者に主張するための法律要件。これを欠くときは第三者において権利関係の成立を否認することができるが、権利関係そのものの成立は妨げられないから、この点で成立要件とは異なる。不動産物権の変動における登記（民法177条）、動産物権の変動における引渡し（同法178条）、債権譲渡における通知または承諾（同法467条）などがその例である。なお、債権譲渡について、動産及び債権の譲渡の特例に関する法律による対抗要件を具備する場合には、登記は第三者対抗要件であり、登記事項証明書を交付しての通知が債務者対抗要件となる。

**第三者弁済** (だいさんしゃべんさい)

債務の弁済は主たる債務者以外の第三者でもすることができるが、債務の性質がこれを許さないときや当事者が反対の意思を表示したときはこの限りでなく、また利害関係を有しない第三者は、債務者の意思に反して弁済することができない（民法474条）。このため、金融機関実務では、主たる債務者、連帯保証人、物上保証人以外の第三者から弁済を受ける際には、主たる債務者の承諾を得ることとしている。なお民法改正法においては以下の改正が予定されている。①弁済をするについて正当な利益を有する者でない第三者は債務者の意思に反して弁済することはできないが、債権者が債務者の意思に反することを知らなかったときは有効とする（民法改正法474条2項但書）。②弁済をするについて正当な利益を有する者でない第三者は、債権者の意思に反して弁済をすることができないが、その第三者が債務者の委託を受けて弁済をする場合において、そのことを債権者が知っていたときは有効とする（同法474条3項前段）。この改正①により、第三者による弁済が債務者の意思に反するかどうかわからないときに、債権者が弁済を受領することを躊躇するとの問題が解消され、また改正②により、反社会的勢力による第三者弁済を債権者は拒むことができることとなる。民法改正法が施行された後は、施行日前に債務が生じた場合における債務の弁済は従前の例によるとされるため、金融機関は対象となる債権の発生時期により2通りの債権管理を必要とすることとなる。

**第三取得者** (だいさんしゅとくしゃ)

抵当権や質権のような担保物権の設定されている物件について、所有権や地上権その他の用益物権を取得した第三者を意味する。

**貸借対照表** (たいしゃくたいしょうひょう)

一時点（決算期末）における企業の財政状態を示す計算書をいい、B/S（Balance Sheet）と略称されることが多い。1会計期間の経営成績を示す損益計算書（P/L）および1会計期間のキャッシュフローの増減を示すキャッシュフロー計算書（C/F）とともに、財務諸表の基本をなしている。一時点におけるすべての資産、負債、純資産を表示することで、企業の財政状態を「資本の調達源泉」と「資本の運用形態」の両面から説明している。貸借対照表の形式には勘定

式と報告式の2つがあるが,「資産＝負債＋純資産（資本）」の等式に基づいて財政状態が対照表示される勘定式のほうが簡潔でわかりやすい。貸借対照表の資産の部および負債の部の配列は，流動性の高い項目である流動資産，固定資産の順に配列していく「流動性配列法」が一般的であり，対極にある「固定性配列法」は，電力会社やガス会社など固定資産の占める割合が高い企業において採用されている。→財務諸表，IFRS

【貸借対照表(勘定式)】
○株式会社　(△年△月△日)

| 資産の部 | 負債の部 |
|---|---|
| 流動資産 | 流動負債 |
|  | 固定負債 |
|  | 純資産の部 |
| 固定資産 | 株主資本 |
|  | その他の包括利益累計額 |
|  | 新株予約権 |
| 繰延資産 | 少数株主持分 |
| 資産合計 | 負債・純資産合計 |

**代襲相続** (だいしゅうそうぞく)

被相続人（死亡者）の法定相続人となるはずであった子または兄弟姉妹のうち，相続開始以前に死亡していたり，相続欠格や推定相続人の廃除によって相続権を失ったりした場合に，その子や孫が代わって相続人となる制度。本来の相続人が被相続人の子であった場合には，代襲相続は被相続人の孫→曾孫の順に無制限に血筋を下って認められる（民法887条2項・3項）が，被相続人の兄弟姉妹が相続人となるべきであった場合は，代襲相続は被相続人の甥・姪までの一代限りで，それ以上の再代襲は認められない（同法889条2項）。また，相続人が相続放棄した場合には，その者はその相続に関しては，初めから相続人とならなかったものとみなす（同法939条）ので，代襲相続は行われない。

**代手** (だいて) →代金取立

**代手番号** (だいてばんごう)

銀行間で取立のために用いる取立番号のこと。この番号は取立事務の合理化と事故防止のために使用されるものであり，顧客に渡す代金取立手形預り証に記載された受付番号とは異なり，当該銀行相互間でのみ通用するものである。したがって，銀行は守秘義務を負う。

**滞納処分** (たいのうしょぶん)

徴税の確実性を図ることを目的とした国税徴収法上の強制換価手続をいう。具体的には，租税および公課が法定納期限など一定の期限に納付されずに滞納となり，滞納者に督促を行ってもなお滞納が解消されない場合に，徴収職員等（徴税吏員）自らの，いわゆる自力執行権によって滞納者の意思に関わりなく，その人の財産を換価（公売）し，その代金を租税等に充当して租税債権の満足を図る，一連の強制徴収手続のことである。

**代物弁済** (だいぶつべんさい)

債務者が債権者の承認を得て，本来の給付に代えて他の給付をすることをいい，弁済と同一の効力を有する債務の消滅を目的とする有償契約であるから，民法の売買に関する規定が準用される。

**タイボー** (TIBOR : Tokyo Inter-Bank Offer-ed Rate)

ライボー（LIBOR）がロンドンにおけ

る銀行間取引金利を意味するのに対し,「タイボー」は東京銀行間取引金利をいう。従前は金融機関が個別にタイボーを発表していたが,日本円タイボーは1995年11月から,ユーロ円タイボーは1998年3月から全国銀行協会が取りまとめており,1週間物,1カ月～12カ月物の13種類が公表されている。これらは複数の金融機関の呈示した金利から上位2行と下位2行の値を除いた単純平均によって求められるため,個別金融機関の提示したタイボーとは異なる利率となる。→ライボー

**タイミング規制**(タイミングきせい)

銀行等が保険窓販業務を行う場合に禁止される,融資申込期間中の顧客に対する保険窓販(手数料等を得て行う保険募集行為)に係る規制をいう。融資実行の可否の判断を背景に,保険契約者等の保護に欠ける保険募集行為が行われることが懸念されることから,保険業法施行規則において禁止されている。

**代用伝票**(だいようでんぴょう)

本来の伝票ではないものを,便宜上,伝票として使用することがあるが,これを代用伝票という。例えば,手形・小切手は当座預金にて決済手続が完了したあとは,当座預金の支払伝票として使用される。この場合,手形・小切手は代用伝票として使用されている。

**代理貸付**(だいりかしつけ)

金融機関がほかの金融機関との業務委託契約に基づいて,委託金融機関の資金の貸付,管理,回収の一切を代行するもの。現在一般の金融機関が取り扱っている代理貸付は,日本政策金融公庫,住宅金融支援機構など,一定の目的をもった政府系金融機関の代理貸付がほとんどである。これらの金融機関は,代理貸付の委託を行うことによって多数の金融機関を窓口とし,その目的を遂行している。受託金融機関は委任に基づく善管注意義務と同時に,一般に業務委託契約により委託金融機関に対して貸付元利金の一定割合に保証責任を負っている。委託金融機関からは,委託手数料が支払われる。

**代理業務**(だいりぎょうむ)

官公庁・諸会社が本来行う金銭の受入れ,支払の事務を,官公庁・諸会社の依頼により,銀行が代行する事務。具体的には,国の歳入金(国税など),地方公共団体の税金の収納事務,水道料・NHK受信料・ガス料金などの公共料金の口座振替の取扱い,株式払込金の受入事務,株式配当金の支払事務も含まれ,その範囲は拡大されている。

**代理交換**(だいりこうかん)

手形交換へ直接参加することなく,交換加盟銀行に手形の取立,支払を委託して手形交換を行う手形交換参加方法。代理交換においては,委託銀行の授受すべき手形はすべて受託銀行の手形とともに交換に付され,交換尻の決済も受託銀行の計算と合一して行われる。すべての金融機関を一堂に会して手形交換を行うことは,施設の規模などの制約により不可能であるばかりでなく,かえって非効率・不経済であることから,この制度が設けられている。

**代理人**(だいりにん)

代理をすることができる地位にある人,つまり代理権を有する者である。代理人

は自ら行為をなすゆえに，単に本人の意思表示を伝達する使者とは異なる。また，法人の代表とも異なる。代理人は自ら行為をなすものであるが，その効果はすべて本人が受けるのであり，直接代理人自身の利益が害されることはない。代理人には，法定代理人と任意代理人の2種類がある。

**諾成契約** (だくせいけいやく)
申込みとそれに対する承諾という当事者の意思表示の合致，すなわち合意だけで効力が発生する契約をいい，売買，委任などがその典型的なものである。諾成契約は契約の成立要件として，当事者の合意だけでなく目的物件の引渡しを必要とするところの要物契約に対する言葉であって，契約自由の原則のもとではむしろ普通の形態である。民法の定める典型契約の多くもこれに属し，定期積金はこれに属する。→要物契約

**他行為替** (たこうかわせ)
他行間で行われる為替取引。為替の種類を為替取引に関係する金融機関によって区分すると，他行為替と自行為替（本支店為替）に分かれる。→自行為替（本支店為替）

**他所代金取立手形** (たしょだいきんとりたててがた)
手形の支払場所が取立を依頼された銀行と異なる地域にあって，直接支払人に呈示することができず，また自店が加盟している手形交換所経由でも呈示できないため，その銀行の本支店または他の銀行に取立を依頼する代金取立手形。取立手形を支払地によって区分すると，他所代金取立手形と当所代金取立手形に分か

れる。他所代手，他所渡手形などともいう。→当所代金取立手形

**立替払取次業者** (たてかえばらいとりつぎぎょうしゃ)
クレジットカードシステムにおいて，加盟店管理業務を行うアクワイアラー（acquirer）のこと。割賦販売法では，特定のクレジットカード会社のために，利用者がカード等を提示等して特定の販売業者から商品等を購入等するときに，自己の名をもって当該販売業者等にクレジットカード取引に係る方法により購入等された商品等の対価に相当する額の交付をすることを業とする者をいうとされる。経済産業省令で定める基準に従い，その取り扱うクレジットカード番号等の漏えい，滅失またはき損の防止その他のクレジットカード番号等の適切な管理のために必要な措置を講じなければならないとの規定が設けられている。

**他店券** (たてんけん)
支払場所が自店でない（僚店または他行の本支店を支払場所とする）手形・小切手・利札・配当金領収書などの証券。他手，他行手形，他行券などとも呼ばれる。→当店券

**他店券過振り** (たてんけんかぶり)
取引先が振り出した手形・小切手を決済する際に当座預金残高が不足していた場合，資金化されていない入金他店券を担保に，金融機関が不足分を補うこと。切手過振りともいう。

**短期金融** (たんききんゆう)
運転資金など短期資金の調達に係る金融取引。原材料購入・商品仕入れに充てられる資金や賃金・地代・家賃などの支

払資金の金融であり，通常その期間は1年未満とされている。商業手形割引がその典型的な融資形態であり，増資つなぎ融資，起債前貸しなどもこれに含まれる。→長期金融

**短期金融市場**（たんききんゆうしじょう）

短期（通常1年未満）の資金貸借が行われる金融市場。コール市場・手形売買市場・現先市場・CD・CP・政府短期証券市場・外国為替市場はその典型であるが，短期資金の貸付市場も含まれる。→長期金融市場

**短期社債**（たんきしゃさい）

一般企業等が発行する，償還期間1年未満，金額1億円以上，元本償還について分割払いの定めがない等の要件を満たす社債のうち，2003年1月施行の「社債，株式等の振替に関する法律」に基づき，証券保管振替機構（通称「ほふり」）を振替機関として発行されるペーパーレス化されたコマーシャル・ペーパー（CP）。ペーパーレス化CPの発行が可能となったことで券面保管や売買等に伴うコストやリスクが低減された。なお，CPとは，一般企業等が短期資金の調達を目的として振り出す約束手形である。

**単純承認**（たんじゅんしょうにん）

無条件での相続の承認（民法920条）。この結果，相続人は被相続人の権利義務のすべてを承継することとなって，債務についても無限責任を負い，自己の固有財産から弁済する必要がある。なお，相続人が相続財産の全部または一部を処分した場合，法定の期限内に限定承認または相続放棄をしなかった場合などには，法文の規定（同法921条）により単純承認したとみなされることがある（法定単純承認）。→相続の放棄

**担保**（たんぽ）

一般には，債務不履行に備えて債権者に提供され，債権の弁済を確保する手段となるものをいい，人的担保（保証）と物的担保がある。連帯保証や抵当権の設定などがその例である。なお，ある財産を債権の担保に供することを目的とする権利を担保権といい（担保物権ともいう），またこのような目的のもとに当事者間に締結される契約が担保契約であるが，この三者を包括して担保と称している場合が少なくない。

**担保的効力**（裏書の）（たんぽてきこうりょく）

裏書をすることによって，裏書人がその裏書の被裏書人その他すべての後者に対して手形の支払を担保する責任を負うことになる効力のこと（手形法15条1項，77条1項1号）。

**担保物件**（たんぽぶっけん）

担保の目的物となる物件。担保物件の種類に応じて，以下のような担保がある。①不動産担保（土地・建物など），②債権担保（預金・代金債権など），③有価証券担保（国債・地方債・社債・株式・商業手形など），④動産担保（在庫商品，機械設備など），⑤無体財産権担保（特許権・商標権・著作権など）。

**担保物権**（たんぽぶっけん）

ある財産（目的物）を債権（被担保債権）の担保に供することを目的とする物権。目的物の使用収益を目的とする物権である用益物権（例えば地上権，地役権）に対する概念であって，物の交換価値を

把握し，それによって債権の回収の保全を図ることを目的とする物権である。民法では留置権，先取特権，質権，抵当権の4つを認めているが，これ以外に仮登記担保契約に関する法律により仮登記担保，判例により譲渡担保，また商法その他の特別法により工場抵当，財団抵当その他の担保物権が認められている。

**担保不動産**（たんぽふどうさん）

担保の目的物として供される不動産のこと。不動産に担保権を設定する場合には，抵当権のように占有の移転を伴わないものと，質権のように占有の移転を伴うものとがある。前者の場合は目的物の利用関係に影響を与えないのみならず，抵当権設定後に新たな用益関係を創設することも妨げないが，後者の場合は担保不動産を設定者が利用することができなくなる。このように，同じく担保に供された不動産でも，その担保権の内容によって受ける拘束の内容が異なる。

**担保不動産収益執行**（たんぽふどうさんしゅうえきしっこう）

抵当権の実行方法として2004年4月から導入された制度で，担保不動産を換価することなく，裁判所から選任された管理人が当該不動産の利用から生じる収益（賃料等）を収取し，それを被担保債権の弁済に充当するものである。従前からの制度である物上代位の場合は，賃借人を特定して賃料等を差し押さえる必要があるので賃借人が不明の場合は利用することができず，また，物上代位により収益を得られなくなった債務者が賃貸人として引き続き担保不動産を管理するため，担保不動産の管理を怠ったり，賃借人が減少したりする結果，債権者が十分な回収を得られない事態が起こるといった問題点があった。これに対して，担保不動産収益執行の場合は，裁判所から管理人が選任されるため，報酬を払う必要があるが，担保不動産の維持管理が適切に行われ，不法占有者の排除や担保価値の維持が図られることが期待されるほか，賃借人が不明の場合でも，申立てが可能である。

**担保保存義務**（たんぽほぞんぎむ）

担保権を有する債権者が，一定の者に対して負っている，担保の保存義務のこと。保証人などのように，債務者に代わって債務の弁済をすることについて正当な利益を有する者は，その弁済によって債権者に代位して，債権者の有していた担保権を行使できる。この法定代位権を保護するための制度が担保保存義務であるが，債権者が故意または懈怠によって担保を喪失または減少させたときは，法定代位権者はその喪失，減少によって自己が償還できなくなった限度で免責されることになる（民法504条）。したがって，債権者はその担保の喪失，減少した分だけ債権回収ができなくなる。なお，金融機関は通常，債権者（金融機関）の担保保存義務を免除する特約を保証人などとの間で結び，担保・保証の解除・変更に対する保全を図っているが，信用保証協会が保証人の場合は，この特約はない。また，主債務者の信用が悪化した状態で金融機関が担保保存義務違反行為をなした場合，特約の効力は否定される可能性が高い。

**単名手形**(たんめいてがた)

手形面上，手形債務者として手形に署名している者が1人だけである手形。振出人の署名だけしかない約束手形や引受済みの自己宛為替手形がこれに当たる。この単名手形は，顧客が銀行から手形貸付を受ける場合や，貸金業者から金員の貸付を受ける場合に借用証書代わりに利用されることが多い。→複名手形

**単利**(たんり)

利息計算方法のうち，利息を中途で元本に組み入れない方法。利息額は単純に，〔元本×期間×単位利率〕で計算される。→複利

## ち

**地域経済活性化支援機構**(ちいきけいざいかっせいかしえんきこう)

地域経済の再建を図ることを目指し，有用な経営資源を有しながら過大な債務を負っている事業者の事業再生支援を目的に，2009年10月に設立された株式会社。資本金は預金保険機構への政府ならびに金融機関からの出資・拠出金に基づく同機構からの出資等によって組成されており，事業に必要とする資金は政府保証付きで市中調達する。事業内容は，ファンドの運営を通じて地域経済の活性化に貢献する「活性化ファンド業務」，有用な経営資源を持つ事業者・病院・学校等の事業再生を支援する「事業再生支援業務」，企業債務と経営者の保証債務の一体整理により再チャレンジを支援する「再チャレンジ支援業務」等である。

**地域福祉権利擁護事業**(ちいきふくしけんりようごじぎょう) →日常生活自立支援事業

**地役権**(ちえきけん)

一定の関係にある1つの土地（これを要役地という）の利用価値を増すために，ほかの土地（これを承役地という）を一定の方法で支配し利用できる物権を意味する（民法280条～294条）。例えば，甲地の耕作の便宜のために乙地を通って灌がい用水を引いたり，甲地を宅地にするための手段として乙地に通路を開設したり，あるいは甲地の日照権を確保するた

めに，乙地に高層建物を建設し，または樹木を植栽することを禁止するという権利が該当する。

**遅延損害金** (ちえんそんがいきん)

遅延利息または遅延賠償金ともいい，金銭債務の履行が遅れまたはその不履行の場合に，損害賠償として法律上当然に支払うべき金員を意味する。

**知的財産権担保融資** (ちてきざいさんけんたんぽゆうし)

特許権や著作権などの知的所有権を担保として行う融資のこと。ベンチャー企業では，金融機関の伝統的融資手法である不動産担保融資に担保として提供できる不動産を十分に所有していないのが一般的であり，それらの企業が所有する知的所有権の価値に着目し，銀行やベンチャーキャピタル等から融資を受ける際に，知的所有権を担保とする方法が注目されているが，その円滑な運用のためには，知的所有権の担保権の設定方法や担保価値の評価方法の開発が不可欠である。

**チャイナ・プラスワン** (China plus one)

企業が直接投資の軸足を中国以外のアジアにシフトし，中国一極集中リスクをヘッジすること。中国の生産コスト上昇や尖閣諸島問題に伴う日中関係の冷え込みを背景に，進出先をアジア全体に分散している。特に，ベトナム・カンボジア・ミャンマーなどのアセアン（ASEAN）諸国が投資の対象になっている。

**チャイニーズウォール** (Chinese wall)

企業において関係部署等の間を遮断する防壁のこと。代表的な例としては，証券会社の引受部門と法人営業部門の間に設けられる情報障壁が挙げられる。非公開情報を知りうる立場にいる引受部門と営業部門の情報共有がされてしまうと，インサイダー取引その他の不公正取引に使用されているとみなされかねないことから，情報共有先の制限を行うにあたって，システム上のアクセス制限や，部門間において物理的に立入制限を行うなどの遮断措置が実施されている。

**嫡出子** (ちゃくしゅつし)

法律上の婚姻関係にある男女間に生まれた子（民法772条）。父親が子を認知した後にその母親と婚姻した場合や，婚姻中の父母が子を認知した場合には，その子は嫡出子の身分を取得する（同法789条）が，これを準正という。また，養子は，養親の嫡出子の身分を取得する（同法809条）。

**嫡出でない子** (ちゃくしゅつでないこ)(**非嫡出子** (ひちゃくしゅつし))

法律上の婚姻関係にない男女間に生まれた子。婚外子ともいう。非嫡出子とその父または母の間の親子関係は，父または母の意思表示または家庭裁判所の裁判によって発生する。これを認知という（民法779条以下）。ただし，母子関係については，判例上，母の認知を待たず，分娩の事実により当然に発生するとされている。

**中央銀行** (ちゅうおうぎんこう)

国の金融の中枢機関。発券銀行，銀行の銀行，政府の銀行という3つの重要な役割を担う。日本では日本銀行，米国では連邦準備理事会（FRB），ユーロ圏では欧州中央銀行（ECB），英国ではイングランド銀行，中国では中国人民銀行が

これに当たる。

**仲介貿易**（ちゅうかいぼうえき）

外国相互間における貨物の移動を伴う貨物の売買に関する取引のこと。本邦（日本）の居住者が，外国相互間で貨物を移動させ，それに伴う代金の決済について売買契約の当事者となる取引である。第三国間の貿易取引で，仲介者は取引の仲介による差額を手数料として受け取る取引であるため，三国間貿易ともいわれる。例えば，商社A社が，中国から仕入れた商品を米国へ販売すると仮定する。貨物は中国から米国へ直接移動するが，契約はA社が中国，米国のそれぞれの会社と行っているため，船積書類は日本を経由するとともに，売上も本邦のA社が計上することができる。

【仲介貿易の典型例】

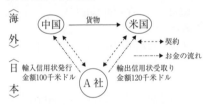

上記の例の場合，A社は貨物の移動には直接関係しないが，信用状の金額の差額＝20千米ドルがA社のマージンとなり，手数料収入を得ることができる。

**中核的自己資本**（ちゅうかくてきじこしほん）

金融機関の自己資本のうち，返済の必要がなく，中核的な部分を構成する資本。資本金，新株予約権，剰余金など本来の資本としての性格が強いもので，Tier 1と称されており，このうち優先株などを除いたものがコアTier 1とされる。このほかに，劣後ローン，有価証券の評価差額，不動産の再評価差額などが補助自己資本を構成し，Tier 2と称されている。格付会社が銀行の格付けを行う際には，自己資本全体の比率だけでなく，中核自己資本の比率も重視している。

**中小企業再生支援協議会**（ちゅうしょうきぎょうさいせいしえんきょうぎかい）

商工会議所，政府系金融機関，地域の金融機関，中小企業支援センター，自治体等から構成され，関係者間の日常的な連携を図ることで，地域の実情に応じたきめ細やかな中小企業の再生への取組みを支援するため，経済産業大臣の認定により設置された機関。公認会計士や中小企業診断士等が，再生支援を求める中小企業の経営再建計画策定に協力する。同計画は金融機関の支援態勢をまとめることに重点が置かれていることが多く，返済約定の見直し，新規事業資金融資や，債権放棄が主な内容となる。

**中小企業の会計に関する指針**（ちゅうしょうきぎょうのかいけいにかんするししん）

2005年6月に，日本税理士会連合会，日本公認会計士協会，日本商工会議所，企業会計基準委員会の4団体名で公表された，わが国で唯一の中小企業会計の指針。株式会社は会社法によって計算書類の作成が義務付けられているが，中小企業については，本指針に拠って計算書類を作成することが推奨されている。特に，会計参与（公認会計士や税理士を計算書類の作成に関与させる制度）設置会社が計算書類を作成するときは，本指針に拠ることが適当である。会計情報に対する要請を考慮すると，取引の経済実態が同じであれば，企業の規模に関係なく

同じ会計処理がなされるべきではあるが，中小企業については費用対効果の観点を踏まえ，①貸倒引当金を法人税法上の中小法人に認められている法定繰入率で算定する方法も使用できる，②売買目的有価証券を除く有価証券は取得原価での評価を原則とする，など簡易な会計処理が示されている。

**中途解約**（ちゅうとかいやく）→期限前解約

**長期金融**（ちょうききんゆう）

設備資金・長期運転資金など長期資金の調達に係る金融取引，企業の資金調達についてみれば，事業債の発行，新株の発行，長期借入金の3つがあり，通常その期間は1年以上とされている。→短期金融

**長期金融市場**（ちょうききんゆうしじょう）

企業の設備資金や長期運転資金など，回収に長期間を要する資金の貸借が行われる市場，資本としての資金が取引されるので資本市場ともいわれるが，長期資金の調達方法もしくは供給方法によって長期貸付市場と証券市場とに分類され，後者はさらに発行市場（起債市場と株式市場）と流通市場（債券流通市場と株式流通市場）とに分けられる。→短期金融市場

**長期国債**（ちょうきこくさい）

わが国の債券市場の中心的な銘柄指標となっている10年利付国債を指す。なお，新規発行に際しては，価格競争公募入札方式が採用されている。

**直接償却**（不良債権の）（ちょくせつしょうきゃく）

回収不能となった不良融資債権を貸借対照表（バランスシート）から切り離して残高を減らす方式をいい，債権を帳簿上残したまま貸倒引当金を引き当てる間接償却に対する用語。直接償却には，①法的整理（会社更生手続，民事再生手続，破産手続等）によって回収不能となった金額を損失処理する方法，②私的整理により不良債権の一部を放棄して損失処理する方法，③実質的に回収不能と確定した債権額を損失処理する方法がある。なお不良債権の全部または一部の第三者への売却によって生じた売却損を損失処理することも実質的に直接償却と同じ効果がある。→間接償却

**貯蓄預金**（ちょちくよきん）

流動性（要求払）預金の1つであるが，口座振替の引落口座に指定できないなど，決済機能に制約がついている代わりに，通常は，普通預金より金利が高い。流動性預金金利の自由化の過程で，1992年6月に市場金利連動（大口定期預金金利連動）金利の新種預金として導入され，1994年10月に金利が自由化された。商品の仕組みは銀行によって若干異なるが，一般には，決済機能に制限があるほか，預金残高が一定の基準残高以上であるか否かにより適用利率が変わる，普通預金との間で資金の振替サービス（スウィング・サービス）が受けられるといった特徴をもつ。

**賃貸借**（ちんたいしゃく）

賃貸人と呼ばれる当事者の一方が賃借人と呼ばれる相手方に対して，特定の物件を引き渡して使用収益させ，これに対して相手が賃料を支払う契約のこと（民法601条〜622条）。その法律上の性質は，有償契約，双務契約であり，かつ諾成契

約であるとされている。

### 追完 (ついかん)

法律行為が有効要件を欠く場合,後に欠缺が補完されて,有効要件を具備するに至り,したがって当該法律行為が有効となること。その主な場合は,次のとおりである。①非権利者の処分行為は権利者の追認により追完され,当該処分行為は有効となる,②無権代理行為は本人の追認があれば追完され,当該代理行為は遡及的に有効となる。

### 追認 (ついにん)

一般的には,法律行為の瑕疵を後日になって補充し完全なものとすることを意味するが,その内容形態には種々のものがある。民法上は,①制限行為能力者の行為や瑕疵ある意思表示など取り消すことができる行為の追認(民法122条),②無権代理行為の追認(同法113条,116条),③無効な行為の追認(同法119条)の3つがある。

### 通貨 (つうか)

信用経済の発達に伴い,流通手段・支払手段として機能する金貨・銀貨および流通手段から発生した補助貨幣・政府紙幣,支払手段から発生した信用貨幣など,これらを蓄蔵貨幣と区別される流通貨幣として通貨と呼ぶ。したがって,通常は,金貨(または銀貨)およびそれらの代用物としての銀行券・補助貨幣・政府紙幣などの現在通貨のみならず,銀行

預金の支払資金として振り出す預金通貨も含まれる。

**通知預金**（つうちよきん）
　大口の短期余裕資金を運用する要求払預金の一種。法人による利用がほとんどである。一般には，一定の据置期間（7日間が多い）や払戻予告期間（引出希望日の2日以上前）という条件が付されている。銀行によって商品性が異なるが，預け入れは1口50,000円以上，1円または10,000円単位，金利は変動金利で，利息は10,000円単位ごとに付く場合が多い。

**通謀虚偽表示**（つうぼうきょぎひょうじ）
　表意者が真実ではないことを知りながら行う意思表示のうち，他人と通謀して行うもの。その法律効果は通謀した当事者間では生じないが（民法94条1項），善意の第三者に対してはその無効を主張することができない（同条2項）。例えば，債権者からの差押えが予想される自己所有の不動産について他人と通謀して売買を仮装し，他人に所有権を移転する行為は通謀虚偽表示に該当するが，その所有権登記を信じて不動産を購入した善意の第三者は，不動産の所有権を取得することになる。

**突合せ**（つきあわせ）
　一般には，あるものとあるものとを比較し，その双方の内容に違いがないかを検討することをいう。銀行用語では，計算が合わない場合，入金伝票と出金伝票とを両方のそれぞれの勘定科目ごとに分け，相対するそれぞれの勘定科目に違いがないかを検討すること等をいう。

**付替**（つけかえ）
　銀行間の為替取引に関連して生じる資金決済のための取引のうち，相手方銀行に資金を送付する取引で，順為替による取扱いをするもの。内国為替制度における為替種類として雑為替に含まれる。

**つなぎ融資**（つなぎゆうし）
　一定の制度に沿った融資を受けるよりも前に資金需要が発生し，制度融資を受けるまでの間をつなぐ目的の融資をいう。例えば，長期間の分割返済条件での設備資金を信用保証協会保証付で融資を受ける場合，信用保証協会による審査等が完了しない前に資金需要が生じ，金融機関から信用保証協会の保証なしで融資を受けることがある。この場合，保証付融資を取り組み，その融資金でつなぎ融資の返済を受けると，保証条件の禁止事項である「旧債振替」に抵触するため，事前に信用保証協会の承認を得ておく必要がある。また，住宅購入資金として住宅ローンを利用する際に，購入する建物が完成し，引渡しを受ける前に代金の一部を支払う必要があるような場合に，その資金需要に合わせて住宅ローンを取り組む前のつなぎ融資を受けることがある。

**つみたてNISA**（つみたてニーサ）
　少額からの長期・積立・分散投資を促進することを目的とした少額投資非課税制度。長期の積立・分散投資に適した一定の投資信託を対象商品とし，信託契約期間が無期限または20年以上であること，毎月分配を行わないこと，一定の場合を除いてデリバティブ取引による運用を行わないことがNISAと異なる。→NISA, ジュニアNISA

# て

### ディーリング (dealing)

銀行や証券会社が自己勘定で有価証券等を売買すること。これに対し，顧客の注文を取引所等に発注する業務を「ブローキング」または「ブローカー業務」という。→ブローカー業務

### 定款 (ていかん)

一般社団法人・公益社団法人・会社・各種協同組合などの組織活動の根本規則またはこれを記載した書面。株式会社では，当初の定款は公証人の認証を受けなければ効果を生じない。定款には，法人の名称・目的・事務所等法定の組織に関する基本事項を記載することを要し，その1つを欠くときまたは不適法であるときは，定款としての効力を生じない。

### 定期預金 (ていきよきん)

預入れから一定期間，すなわち満期日まで原則として引出しができない代わりに，普通預金と比べ金利が高く設定されている預金。満期時には元本と利息が支払われるので，元本は保証されている。定期預金の預入期間は1ヵ月，2ヵ月，3ヵ月，6ヵ月，1年等であり，最長10年まで扱う銀行もある。金利は，定期預金の預入期間と額によって決定される。一般に，期間が長くなると金利も高くなる。また預入金額が300万円，1,000万円といった単位になると，大口定期預金としてより高い金利が設定されることがある。預入時の金利が満期まで続く固定金利のものと，6ヵ月ごとに金利を見直す変動金利のものとがある。なお，金融機関によって預入期間の設定，金利等，商品の詳細は異なる。

### 提携ローン・非提携ローン (ていけいローン・ひていけいローン)

消費者金融の貸付方式。提携ローンは，銀行がメーカーや販売会社と提携して，提携先の保証のもとに販売する商品の購入資金を貸し付ける方式で，メーカーや販売会社が信用調査・担保の徴求を行うので，その点銀行の手数が省ける利点がある。これに対して，非提携ローンは，銀行が顧客の信用調査を行ったうえで，有価証券・不動産などの担保をとって資金を貸し付ける方式で，銀行ごとにその条件は若干異なる。→消費者金融

### 呈示期間 (ていじきかん) →支払呈示期間

### ディスクレ →ディスクレパンシー

### ディスクレパンシー (discrepancy)

銀行は，輸出者から受け取った船積書類を点検し，書類が信用状で要求された条件に一致しているか，書類相互間に矛盾がないか，書類自体に不備がないかをチェックする。書類が信用状条件と違っていること，書類相互間に矛盾があること，そして書類自体に不備があることをディスクレパンシーという。実務上では，「ディスクレ」という略称が使われている。

### ディスクロージャー (disclosure)

情報を開示すること一般をいうが，通常，金融商品取引法上の投資家が有価証券の投資価値を判断する上で必要となる

企業情報の開示を指す。投資信託については，運用情報を公開することを指す。

**ディスクロージャー誌**（ディスクロージャーし）

銀行法施行規則で定められた内容を記した冊子。銀行は，ディスクロージャー誌を作成し，営業所に備え置いて，公衆の縦覧（株主等の特定対象者に限らず広く公衆を対象とする）に供しなければならない。ディスクロージャー誌は，1事業年度と，中間事業年度についてそれぞれ作成することが義務付けられており，近時では，四半期決算毎にミニディスクロージャー誌を発行する銀行も見られる。なお，備え置きが義務付けられている営業所は有人店舗に限られ，無人店舗は対象外とされる。銀行子会社が存在する場合は，子会社との連結情報もディスクロージャー誌に記載しなければならない。ディスクロージャー誌をインターネットのウェブサイトにアクセスする態勢のみで，営業所以外での閲覧にとどまるだけでは不十分である。ディスクロージャー誌に記載すべき事項を記載しなかった場合や，虚偽の内容を記載した場合は刑事罰の対象となる。

**抵当権**（ていとうけん）

債権担保のためにする制度の1つであって，債務者または第三者（担保提供者）が，債務の担保に供した不動産等の目的物を，依然として担保提供者の使用収益に委ねておき，万一，被担保債権の弁済がなされないときは，債権者の請求によってこの担保物を競売し，債権者がその売得金から優先弁済を受けることによって債権の満足を受けることを目的と

する担保物権（民法369条以下）。特定の債権を担保する抵当権（いわゆる普通抵当権）と不特定の債権を担保する根抵当権の2つがある。→抵当物件

**抵当権消滅請求**（ていとうけんしょうめつせいきゅう）

抵当権が設定登記されている不動産等の第三取得者が，競売による差押えの前に限り，抵当権を登記している債権者に対して一定の金員を提供して，抵当権の消滅を請求する制度（民法379条以下）。抵当権者は，その提供金額で満足できないときは，競売の申立てを2ヵ月以内に行うことで対抗できる（同法383条3号，385条）。抵当権者が，競売を申し立てないときは，提供された金額を承諾したものとみなされ（同法384条1号），すべての抵当権者の承諾と第三取得者の提供金額の支払・供託により，抵当権は消滅する（同法386条）。

**抵当物件**（ていとうぶっけん）

抵当権の目的となっている財産。抵当権は目的物の引渡しを必要としないので，公示方法として登記・登録の制度があるものに限られる。抵当権の目的となりうる財産は，法律により定められているもので，次のようなものがある。①民法の認めるもの…土地，建物，地上権および永小作権（民法369条），②商法の認めるもの…登記した船舶（商法848条）および製造中の船舶（同法851条），③特別法の認めるもの…1つの企業活動のための種類の異なる複数の財産・権利から組成された財団（財団抵当），動産（動産抵当）など。

て

## 手形貸付 (てがたかしつけ)

融資に際して借用証書の代わりに貸出先振出の約束手形を徴求する融資形態。証書貸付，手形割引とともに銀行の代表的な融資形態であり，貸金債権と手形債権の二重の請求権を行使できる。→証書貸付，手形割引

## 手形行為 (てがたこうい)

手形上の権利の発生・変更を目的とし，署名を要件とする法律行為。約束手形については振出，裏書，保証が，為替手形については振出，引受，裏書，参加引受，保証がある。約束手形の振出，保証および為替手形の引受，参加引受，保証は手形上の債務負担を直接に生じさせる。裏書，為替手形の振出はそれ自体債務負担行為ではないが，担保責任の負担が生ずる。手形については数個の手形行為がなされるが，それぞれの手形行為は別個独立のものであって他の手形行為の効力によって影響を受けない。これを手形行為独立の原則という。

## 手形交換 (てがたこうかん)

各銀行が受け入れた他行払いの手形・小切手などを，支払銀行ごとに取り立てる手数を省略するため，複数の金融機関が一定の時刻に一定の場所（手形交換所）に集合して，互いに手形・小切手を呈示し，それによって生ずる貸借関係を差額で決済する集団的決済方法のこと。

## 手形交換所 (てがたこうかんじょ)

手形交換を行う場所および施設。手形交換所の大部分は，その地の銀行協会または金融団体が経営しており，付属施設となっているのが一般である。手形交換所には，手形法83条，小切手法69条により法務大臣に指定された指定手形交換所と，この指定を受けていない未指定手形交換所とがある。

## 手形抗弁 (てがたこうべん)

手形債務者として手形金の請求を受けた者が，その請求者に対して支払を拒否しうる一切の事由。大別して次の２つがある。①手形金の請求を受けた者がすべての手形所持人に対して対抗できるものであって，絶対的抗弁または物的抗弁と呼ばれるものである。手形の偽造，手形要件の欠缺，裏書の連続の欠缺などがこれに当たる。⑪手形金の請求を受けた者が特定の手形所持人に対してのみ対抗できるものであって，相対的抗弁または人的抗弁と呼ばれている。これには種々のものがある。なお，手形所持人の前者に対する人的抗弁をその手形所持人に対抗できる場合がある（悪意の抗弁，手形法17条但書）。

## 手形売買市場 (てがたばいばいしじょう)

商業手形や銀行引受手形などの売買が行われる公開の市場。日本では1971年５月に創設され，コール市場と並ぶ金融機関相互間の資金ポジション調整のための市場となっているが，この市場で取引される手形は優良手形およびそれを見返りとする銀行振出の手形である。1972年６月以降，日本銀行はこの市場で売買される手形をオペレーションの対象に加え，コール市場とともに金融市場の調節の場として活用している。

## 手形保証 (てがたほしょう)

振出人，裏書人等の手形債務を担保するため，これと同一内容の手形上の債務を負担することを目的とする手形行為。

正式には，手形の本紙またはその補箋の上に誰のために手形保証するかを明らかにして署名するという方法によって行うが，支払人または振出人以外の手形の表面に行われた単なる署名も，手形保証とみなされる（手形法31条1項・3項，77条3項）。

**手形要件** (てがたようけん)

手形を作成するにあたって記載される事項のうち，その記載をしないと手形としての効力を生じなくなる事項。手形は要式証券といわれており，手形を作成するには，証券に法定の事項を記載し，振出人がこれに署名することが必要とされている（手形法1条，75条）。この法定事項および振出人の署名を手形要件という。約束手形においては，ⅰ約束手形文句，ⅱ手形金額およびその単純な支払約束文句，ⅲ満期の表示，ⅳ支払地の表示，ⅴ受取人の表示，ⅵ振出の日付および振出地の表示，ⅶ振出人の署名，為替手形においては，ⅰ為替手形文句，ⅱ手形金額およびその単純な支払委託文句，ⅲ支払人の名称，ⅳ満期の表示，ⅴ支払地の表示，ⅵ受取人の表示，ⅶ振出の日付および振出地の表示，ⅷ振出人の署名が手形要件である。

**手形割引** (てがたわりびき)

取引先が受け取った期日未到来の手形を，金融機関等が期日までの金利を差し引いて資金化に応ずること。これにより取引先は，受取手形を現金化でき，短期の運転資金の融資として手形貸付と並び最も多用される。なお，手形割引の法律的性格については，手形を担保とする消費貸借説と手形の売買とする説とがあり，通説は後者の説によっている。

**適合性の原則** (てきごうせいのげんそく)

銀行や証券会社などの金融商品取引業者が顧客に対して金融商品の販売・勧誘を行う際に，遵守すべき事項の1つである。狭義の適合性の原則は，ある特定の顧客についてはいかに説明を尽くしても一定の商品の販売・勧誘を行ってはならないとするもので，広義の適合性の原則は，顧客の知識・経験，財産の状況，投資の目的に適合した形で販売・勧誘を行わねばならないとするものである。適合性の原則に著しく違反する行為は，不法行為法上も違法とするのが判例の立場である（最判平17.7.14）。

**手数料**（金融機関の）(てすうりょう)

金融機関は，預金の受入れ・払出し，金銭の貸付，手形割引，内国為替・外国為替等の業務のほか，保護預り，貸金庫等の付随業務を併せ行っているが，これらサービスの提供に見合う対価として収受する金銭を総称したものをいう。金融取引に伴って顧客から徴求する手数料としては，為替手数料，株式払込手数料，代金取立手数料，信用状発行手数料等多くの種類がある。従前は他金融機関との競争上，無償サービスとして免除扱いとしているものも少なくなかったが，手数料収入の重要度が再認識されたこともあり，最近は適正な手数料を徴求する傾向にある。今後を展望すると，欧米金融機関の例にみられるように，手数料収入の多寡が金融機関収益の優劣を左右することも予想される。

**デノミネーション** (denomination)

本来は通貨単位などの名称を指すが，

日本では、通貨単位の呼称を含め従来の通貨単位によるすべての金額表示を一定割合で一律に引き下げ、新しい通貨単位に改める意味で用いられる。例えば、100分の1の引下げにより、100円を新1円に改めるとともに、一切の金銭債権・預貯金・有価証券・物価・賃金・租税・為替相場などの金額表示を100分の1引き下げる、ということである。インフレーションで金額表示が著しく大きくなった場合、計算や支払、記帳上の不便などを避けるために行われることが多い。

**デビットカード** (debit card)

商品等を購入する際に、金融機関のキャッシュカードを販売店の端末に通して暗証番号を入力することにより、代金が預金口座より引き落とされる仕組みのこと。購入から決済までの期間が短いため、クレジットカードと違って、原則として無審査で発行される。1999年に当時の郵政省（現総務省）と一部の民間金融機関が合同でサービスを開始し、2000年より多くの金融機関で展開されている。なお、わが国におけるデビットカード・サービスは、「J-Debit」と呼ばれている。

**デフレーション** (deflation)

種々の経済上の収縮現象を指す言葉で、消費者物価、企業物価などの一般物価が継続的に下落していく状態をいう。また、企業の売上高や生産が減少し、それにつれて家計の所得や支出が減少して不況が深まることをデフレ・スパイラルという。1990年代後半から2000年代前半にかけて日本銀行はデフレーション対策として、ゼロ金利政策や量的緩和政策で景気刺激を試み、その後も継続してい る。→インフレーション

**デューディリジェンス** (due diligence)

一般的に、M&A取引や投資行為の際に行われる、取引相手方や、M&Aの対象企業、不動産や金融商品などといった資産に対する調査活動をいう。法務、財務、ビジネス、人事、環境など様々な観点から調査が行われる。契約締結前に行われたデューディリジェンスの結果は、それぞれ契約内容等に反映され、発見された問題の程度に応じて、当該取引を中止する、取引は実施するものの取引価格等を再検討・調整する、取引の相手方に表明・保証させるなどの対応がとられることが一般的である。

**テラー** (teller)

金融機関の窓口において店頭事務や出納金の受払いなど、顧客との応対を行う窓口の担当者。

**デリバティブ** (derivative)

株式、証券、外国為替、穀物・原油等の商品の価格変動リスクを回避するための金融手法。現物取引から派生する取引であるため派生商品ともいわれる。主なデリバティブ手法として、将来の価格で取引を行う取引である先物（フューチャー）、先渡し（フォワード）、金利条件を交換するスワップ、売買する権利を取引するオプション等がある。デリバティブ市場には、金融商品取引所に上場されたデリバティブを取引する取引所取引と証券会社や銀行等が顧客と相対で売買を行う店頭取引がある。

**テレ為替**（テレかわせ）

為替通知およびこれに付随する通信の送達手段に全銀システムを利用する内国

為替の取扱方式。全国銀行内国為替制度の中心的な取扱方式。テレ為替によって取り扱いうる為替種類は，送金，振込，代金取立，雑為替の全種類に及ぶ。

**テレ為替による給与振込**（テレかわせによるきゅうよふりこみ）

給与振込の取扱いの方法の１つ。給与振込の取扱方法には，ⓘ文書為替による方式，ⓘⓘテレ為替による方式があり，テレ為替による給与振込は，加盟銀行間で締結する協定に基づき，給与振込明細をテレ為替により通知し，資金決済を全銀システムによって行う方式である。その振込通知は，次の区分によって取り扱う。ⓘ加盟銀行が民間企業等との契約に基づいて依頼された給与（賞与を含む）振込の振込通知（「キウヨ」），ⓘⓘ国家公務員給与振込の振込通知（「キウヨ」２」），ⓘⓘⓘ地方公務員給与振込の振込通知（「キウヨ」または「キウヨ２」）。

**転換社債**（てんかんしゃさい）

表面は社債ではあるが，株式に転換しうる権利が付された社債をいう。2002年の商法改正に伴い転換社債は，非分離型新株引受権付社債（ワラント債）とともに新株予約権付社債に名称変更された。
→新株予約権付社債

**典型契約**（てんけいけいやく）

民法は，契約取引上，一般的に行われる契約の類型13種（売買・賃貸借・委任など）について規定を設けている。これらの契約を典型契約・有名契約という。しかし，典型契約の列挙は契約の種類の法定ではなく，もとより典型契約の内容と異なった内容の契約を締結することも許され，このような契約を非典型契約・無名契約という。そのなかで，典型契約の構成分子を含むが，異なる契約の構成分子をも含んでいる契約を混合契約という。→非典型契約

**でんさい**

一般社団法人全国銀行協会が設立した電子債権記録機関である株式会社全銀電子債権ネットワーク（通称「でんさいネット」）が取り扱う電子記録債権のことをいう。→電子記録債権

**電子記録債権**（でんしきろくさいけん）

電子記録債権法（2007年６月27日公布，2008年12月１日施行）に基づき，磁気ディスク等を使用して電子債権記録機関が作成する記録原簿に電子記録することによって，債権の発生や譲渡等が行われる債権をいう。電子記録債権は，指名債権や手形債権と並んで債権の種類である。取引上の安全を保護するため，電子記録債権の譲渡には，別段の記録をしない限り手形における場合と同様の，善意取得や人的抗弁の切断の効力や，記録原簿上の債権者に対し支払をした者に支払免責を認めている。電子記録債権を目的とする質権設定を可能として記録原簿への電子記録をその効力要件としている。電子債権記録機関については，その安定的・継続的な業務運営等を図るため，主務大臣が申請を受け，財産的基盤や適切な業務遂行能力を有する株式会社を電子債権記録業を行う者として指定し，公正性・中立性の確保等の観点から兼業を禁止し，立入検査，業務の改善や移転命令等ができることとしている。特定の金融機関が設立し提携している電子債権記録機関が先行開業したほか，全国銀行協会

でんしま

が設立し，銀行，信用金庫および信用組合等が参加する「でんさいネット」が2013年2月に開業した。

**電子マネー**（でんしマネー）

金銭的価値を記憶させたICチップを登載し，貨幣と同様の機能をもつカードやインターネットを利用した電子商取引等におけるネット上の資金決済手段などの総称。このようにお金が電子的に取り扱われることから，電子マネーといわれている。

**電信売相場**（でんしんうりそうば） →TTS
**電信買相場**（でんしんかいそうば） →TTB
**電信送金**（外国為替の）（でんしんそうきん，Telegraphic Transfer：T/T）

外国送金において，仕向銀行が支払銀行宛てに一定金額を受取人に対して支払うようスイフトなどのテレトランスミッションにより支払指図を発信する方法である。

**天引**（てんびき）

金融機関では「利息の天引」のことをいい，金銭の消費貸借契約を締結するに際し，あらかじめその貸借期間の約定利息を計算し，貸付元本からこれを控除してその残余を借主に交付するという独特の貸借方法を意味する。例えば，金10万円を年1割の割合による利息で2年間貸与する場合，この2年間の全利息2万円を除いた8万円を交付し，期限に10万円満額の返済を受けるという約定をすることをいう。

**転付命令**（てんぷめいれい）

差押えの対象となる債務者の第三債務者に対して有する債権を，支払に代えて券面額で差押債権者に移転させる執行裁判所の決定のこと。転付命令は取立権の取得とは異なり，他の債権者の配当加入を許さないで差押債権者だけが弁済を受けることができるため利用されている。しかし，差押債権者の債権は当該券面額で消滅するため，第三債務者から弁済を受けられない場合は差押債権者が負担することとなる。

と

**統一手形用紙制度**（とういつてがたようしせいど）

銀行が当座取引先に全国銀行協会で規定した手形用紙を交付する制度。法律上は、手形にどのような用紙を用いるかの規定はないが、この用紙で振り出された手形でなければ、銀行は決済しない。1965年12月1日以降、信用取引純化のため採用された制度である。

**投機的利益追求目的の取引禁止**（とうきてきりえきついきゅうもくてきのとりひききんし）

日本証券業協会制定の「協会員の従業員における上場会社等の特定有価証券等に係る売買等に関する規則」において、協会員の従業員が、上場株式の信用取引、商品先物取引、有価証券デリバティブ取引、特定店頭デリバティブ取引等に関し、専ら投機的利益を追求する目的の取引を個人的に行うことを禁止されていることをいう。金融商品取引法においても、同様の禁止規定が設けられている。

**登記・登録**（とうき・とうろく）

登記とは、登記官が土地・建物等の不動産に関する表示や権利関係および株式会社等商人の代表者・住所などについて、一定の事項を、登記簿と称する公簿に記載することをいい（前者は不動産登記、後者は商業登記）、また登録とは行政庁が航空機、船舶、自動車などの動産や鉱業、国籍その他諸般の権利その他につ いて、登録原簿をはじめとする登記簿以外の公簿に一定の事項を記載することをいう。なお、このようにして行われた記載そのものを登記または登録と呼ぶこともある。もっとも、登記と登録の両者を併せて広く登録と呼んでいるが、この両者の主なる相違は、登記がもっぱら私権に関する公示を目的とし、法定事項を記載する公簿が登記簿であるのに対し、登録は私権に関すること以外に各種の行政目的に資するためのものであるばかりでなく、法定事項を記載する公簿が登録簿であるという点にある。→商業登記、不動産登記

**同行相殺**（どうこうそうさい）

銀行が自店取引先甲から、手形割引により僚店の取引先乙振出の約束手形を取得した場合に、振出人乙に対する手形債権と乙の僚店に対する預金債権とを相殺すること。支払人口手形との相殺ともいう。割引手形が不渡になった場合、通常、銀行は割引依頼人である甲に対する買戻請求権と甲の自店に対する預金債権とを相殺する（依頼人口相殺）が、回収不足のときなど僚店の取引先乙に対する手形債権とその預金債権とを相殺することがあるため、この名がある。また、自店取引先甲に対する貸金債権と僚店の甲に対する預金債務を相殺する場合をいうことがある。

**当座カード**（とうざカード）

法人や個人事業主向けの当座預金口座用のキャッシュ・カードである。現金自動預払機（ATM）で現金の支払、入金、振込や振替、残高照会などができるが、取扱いを実施している金融機関によって

その機能に相違がある。なお，当座カードの取扱いのない金融機関もある。もともと，キャッシュ・カードは個人向けに開発されたが，企業の利便性，経営事務の合理化ニーズに応えるとともに，金融機関の現金取引の効率化のため導入された。

**当座貸越**（とうざかしこし）
銀行の与信行為の一形態，当座勘定契約に付随してなされる契約で，取引先が当座残高を超えて手形・小切手を振り出した場合に，一定限度まで銀行が立替払いをするという契約。バンク・ギャランティ・チェック，総合口座は当座貸越をベースにして開発した商品である。

**当座勘定**（とうざかんじょう）
銀行と取引先との当座勘定契約により受け入れた預金に基づいて行う手形・小切手の支払をはじめ，当座貸越や一時的な貸越（当座過振り），他店券過振りなど，当座取引に関する一切の取引関係の総称。当座勘定は当座預金より意味が広い。当座勘定は，その勘定尻が預り残高のときは当座預金，貸越残高のときは当座貸越の科目で処理される。

**当座預金**（とうざよきん）
銀行の取引先が，小切手・手形の支払を委託することを目的に，銀行との間で締結した当座取引契約に基づき預け入れておく預金であり，要求払預金の一種。日本では，臨時金利調整法により，無利息である必要がある。預金者は，日常の営業活動に伴う支払代金の決済や代金回収を当座預金取引先である銀行に委託して行うことにより，事務負担や危険を回避することができる。また，預金者は，現金通貨を用いないで，当座預金口座を使用して，手形・小切手により代金を決済できるため，当座預金は通貨としての機能を有する。法人による決済口座としての使用がほとんどである。

**倒産**（とうさん）
個人・法人を問わず，事業の資金繰りがつかなくなること。赤字（事業活動により損失を生じている状態）の場合が多いが，黒字倒産（事業活動では利益を生じているが，収入の時期が支出の時期よりも遅れるために，資金繰りがつかなくなる状態）という言葉もある。実体的には，破産手続開始，民事再生手続開始，会社更生手続開始，特別清算開始の申立てなどの事実があれば，会社は倒産したといえる。また，支払の停止，手形交換所の取引停止処分があった場合も倒産といえる。

**動産**（どうさん）
民法上は，不動産以外の物を意味する（民法86条2項）。しかし，船舶は不動産に準じて取り扱われ，また無記名債権は動産とみなされる。動産の範囲，種類，内容は非常に広範であって，種々雑多である。また，動産は比較的容易に移動しうる点で不動産と異なる。しかし，土地に付着する物であっても，定着物でない物も動産であって，不動産ではない。動産と不動産とは，権利の得喪・変更の対抗要件，即時取得の法理の適用の有無，設定される他物権の種類その他において，法律上その取扱いを異にしている点に特色がある。→不動産

**投資顧問業務**（とうしこもんぎょうむ）
2007年9月に施行された金融商品取引

法に伴い，投資顧問業は「投資運用業」と「投資助言・代理業」に区分された。うち「投資運用業」は，投資一任契約に基づき投資を行う「投資一任業務」とファンドの財産を運用する「ファンド運用業務」に分かれ，「投資助言・代理業」は投資助言契約に基づき投資助言を行う「投資助言業務」と投資一任契約や投資助言契約の締結の代理・媒介を行う「代理・媒介業務」に分かれる。

**投資信託**（とうししんたく）

投資家から集めた資金を大きな資金としてまとめ，運用の専門家が株式や債券等で運用する金融商品。運用成果は投資家の投資額に応じて分配されるものの，投資元本の保証はない。投資信託は「投資信託運用会社」で作られ，証券会社や銀行等といった「販売会社」を通じて販売され，集められた資金は「信託銀行」が保管する。「投資信託運用会社」は運用指図を信託銀行に行い，信託銀行はその指図に基づき株式や債券等を売買する。なお，投資信託は形態により契約型と会社型に，また，追加設定の可否により追加型（オープン型）と単位型（ユニット型）に分かれる。

**当所代金取立手形**（とうしょだいきんとりたててがた）

自店の属する手形交換所において，手形交換により取り立てることのできる代金取立手形。略して当所代手という。当所代手は期日まで自店で保管しておき，期日に手形交換に持ち出して取り立てる。なお，最近では手形センターを設け，一括して手形を保管・整理し手形センターから交換持出しや地方への発送を行う銀行が増えつつある。→他所代金取立手形

**同時履行**（どうじりこう）

一個の双務契約から生じた双方の債務を契約の当事者が同時に履行すべきとされること。すなわち，売買契約において，買主は代金を売主に支払い，売主は商品を買主に同時に引き渡す債務を負担している。したがって，相手方が債務の履行をしないで，債権を行使してきた場合には，相手方の債務の履行と引換えに債務を履行する旨の抗弁を有する。いわゆる同時履行の抗弁である。

**同族会社**（どうぞくがいしゃ）

一般的には，創業者一族などの親族が実質的な経営権を掌握している企業のこと。税法上は，企業の株主等３人以下ならびにこれらと特殊の関係にある個人および法人が，①その企業の一定の議決権のいずれかにつきその総数（その議決権を行使することができない株主等が有するその議決権の数を除く）の50％を超える数を有する場合，または②持分会社（合名会社，合資会社または合同会社）の社員（その企業が業務を執行する社員を定めた場合にあっては，業務を執行する社員）の総数の半数を超える数を占める場合には，その企業は「同族会社」に該当するとされている。

**到達主義**（とうたつしゅぎ）

隔地者に対する意思表示の効力発生の時期として，相手方にその意思表示が到達した時に効力が生じるとすること。→発信主義の特約

**当店券**（とうてんけん）

当店（自店舗）において支払われるべ

き証券類。当店を支払場所とする手形・小切手、代理事務契約により支払われるべき公社債・利札・配当金領収証などである。期日未到来の手形などはその対象とならない。→他店券

**盗難・紛失**（とうなん・ふんしつ）

金融取引において、手形・小切手や株券などの有価証券および預金通帳・証書などが、第三者によって盗まれることを「盗難」、失念して行方不明になったり、喪失してしまった場合を「紛失」という。こうした事故が起こった場合、有価証券や預金通帳・証書については、発行場所に対し盗難届・紛失届を提出するとともに、管轄警察署に対しても盗難届・紛失届を提出し、届出者の損失を未然に防止する措置を講ずることが必要である。なお、盗難・紛失は手形・小切手の「不渡事由」の1つである。

**導入預金**（どうにゅうよきん）

金融機関に預金をしようとする者が、特別の金銭上の利益を得る目的で、特定の第三者と通じて、預金を担保として提供することなく、その特定の第三者に対する貸付または債務保証を条件に、金融機関を相手方として預金する行為。「預金等に係る不当契約の取締に関する法律」により、その媒介行為、金融機関がこれに応じる行為とともに禁止されており、これに反した場合は、3年以下の懲役もしくは30万円以下の罰金またはこれらの併科の刑罰が科されることとなる。

**謄本**（とうほん）

ある文書の原本の写しであって、原本の内容を同一の文字符号によって、その全部を完全に謄写したもの。文書の原本の一部の写しは抄本と呼ばれる。謄本は、原本の内容を証明するために作成されるのが普通である。たとえば、戸籍謄本、公正証書謄本、家屋台帳謄本その他が該当する。また、不動産登記簿、商業登記簿においては、登記事項証明書が該当する。さらに、戸籍においてもコンピュータ化により記載事項証明書が発行される。→不動産登記事項証明書

**登録免許税**（とうろくめんきょぜい）

登録免許税法に基づいて課せられる国税の一種。課税範囲については、登録免許税法の別表第1において列挙されているが、主なものとしては、不動産の権利の登記、船舶の登記、航空機の登録、人の資格の証明や技能証明、特定の業務に関する免許・許可・認可等がある。

**ドキュメンタリー信用状**（ドキュメンタリーしんようじょう）

信用状の給付の要件として、手形または金銭の受取書以外の書類、たとえば貿易代金決済のための信用状であれば商業送り状、運送書類など、また保証目的のスタンドバイ信用状であれば、債務不履行があったことを述べた受益者作成のステートメントなどを要求している信用状を意味する。

**ドキュメント**（documents）

本来の意味は文書のことであるが、外国為替取引においては、荷為替手形の付帯荷物を表章する書類のことをいう。その主なものが、商業送り状、運送書類、保険書類などの船積書類である。付帯荷物の処分は、ドキュメントなどの処分によって行われるため、荷物そのものと同様の重要性をもつ。したがって、荷為替

【図表】信託の分類

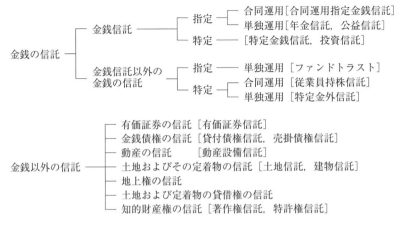

(注)［　］は代表的商品

〈一般社団法人　信託協会ウェブサイトより抜粋〉

手形の買取りにあたってはその内容を十分点検し、信用状の条件を充足しているかどうかを確認しなければならない。

**独占禁止法**（どくせんきんしほう）

正式には「私的独占の禁止及び公正取引の確保に関する法律」という。私的独占や不当な取引制限、不公正な取引方法を禁止することで、市場における公正かつ自由な競争を促進し、事業者の創意を発揮させ、事業活動を盛んにし、雇用および国民実所得の水準を高めることで、一般消費者の利益を確保するとともに、国民経済の民主的で健全な発達を促進することを目的とする日本の法律。このような目的を実現するため、独占禁止法上、公正取引委員会には、違反行為をした者に対して、その違反行為を除くために必要な措置を命じることのできる権限が認められており（排除措置命令）、また、違反事業者に対して課徴金が課されることなどが規定されている。→カルテル

**特定金銭信託**（とくていきんせんしんたく）

受託財産が金銭である「金銭の信託」と「金銭以外の信託」とに大別される（【図表】信託の分類参照）。「金銭の信託」は信託終了時に信託財産を金銭に換価して交付する「金銭信託」と、金銭に換価しないで交付する「金銭信託以外の金銭の信託（金外信託）」に分かれる。「金銭の信託」は運用指図の仕方、運用方法により分類することができ、運用の目的物を具体的に特定する「特定金銭信託」と運用の目的物の種類を大まかに指示する「指定金銭信託」に分かれる。なお、「特定金銭信託」は、通称トッキンという。

**特定口座**（とくていこうざ）

株式などの有価証券取引での譲渡益に係る税金申告手続を簡便にするため、証

券会社等に開設される口座。特定口座を通じての取引については，源泉徴収を選択することで確定申告手続が不要となり，確定申告制度を選択した場合でも，証券会社が発行する取引報告書を利用することで，申告手続が簡単になるという利点がある。

**特定個人情報**（とくていこじんじょうほう）

生存する人のマイナンバー（個人番号）を含む個人情報。利用目的の範囲が，税・社会保障・災害対策に限定され，本人の同意があったとしても，特定された利用目的の達成に必要な範囲を超えて取り扱ってはならないとされている（番号法9条，個人情報保護法16条）。また，不要となった特定個人情報は，定められた保存期間を経過すると廃棄または削除しなければならない。これに対して，個人情報は，利用目的の範囲に制限がなく，事業者が自由に決めることができる。→マイナンバー制度

**特定線引**（とくていせんびき）→線引小切手

**特定伝票**（とくていでんぴょう）

同一取引が多く発生するものについて，あらかじめ勘定科目その他必要事項を印刷したその取引専用の伝票。普通預金入金伝票・当座勘定入金伝票などがその例である。

**特定預金契約**（とくていよきんけいやく）

金利，通貨の価格，金融商品市場における相場その他の指標に係る変動により，その元本について損失が生じるおそれのある預金等を内容とする契約。具体的には，いわゆる①デリバティブ預金等（預入期間の途中で解約をした場合に違約金等を支払うこととなる預金等で，残高から違約金等を控除した金額が金利等の変動により預入金額を下回るおそれのあるもの），②外貨預金等，③通貨オプション組入型預金等を内容とする契約がこれに当たる。特定預金等は，いずれも預金の基本的な特徴である元本保証が名目的には守られているものの，違約金等や通貨の価格変動を考慮した場合，実質的に元本を割り込む可能性のあるハイリスク・ハイリターンの商品であることから，金融商品取引法の行為規制が大幅に準用され，販売する側には詳細な説明責任が課せられる。

**特別清算**（とくべつせいさん）

株式会社の清算の遂行に著しく支障を来す事情があるか，または債務超過の疑いがあるとき，裁判所の命令によって開始される特別の清算手続（会社法510条以下）。株式会社のみに認められ，裁判所の厳重な監督下で公正な清算を行うための制度および手続である。清算会社は債権者集会を通じて会社債権者との協定の実行により清算を遂行できるが，協定の見込みがないか協定実行の見込みがないとき，または債権者一般の利益に反するときは，裁判所は職権で破産手続開始決定をしなければならない（同法574条1項）。

**特別代理人**（とくべつだいりにん）

子と親権者（民法826条）または後見人（同法860条）の利益相反行為につき，特に裁判所が選任する一種の法定代理人。

**特別取締役制度**（とくべつとりしまりやくせいど）

取締役の数が6人以上であり，かつ取締役のうち1人が社外取締役である取締

役会設置会社（指名委員会等設置会社を除く）において，①重要な財産の処分・譲受けおよび②多額の借財に関する取締役会の決議につき，あらかじめ定められた3人以上の特定の取締役（特別取締役）で構成する取締役会の決議をもって，行うことを可能とする制度（会社法373条）。業務執行の機動性を確保することを目的とする。本制度は，商法特例法による重要財産委員会制度が，会社法に承継された制度といえる。

**特別利益の提供** (とくべつりえきのていきょう)
通常のサービスを超える利益や社会通念上公正な競争として許容される範囲を超えた利益を顧客に対して提供すること。具体的に何が特別利益に該当するかは，個別事例ごとに，その内容や目的等の実体に即して実質的に判断される。当該顧客自身には直接被害を与える行為ではないものの，他の顧客との公平性が保たれず，適正な制度の維持に悪影響が及ぼされるとの懸念等から，保険業法や金融商品取引法において禁止されている。

**特約上限利率／利息** (とくやくじょうげんりりつ／りそく)
営業的金銭消費貸借の利息が変動金利の場合に，保証業者がその債務を保証するときにおいて保証料制限が設けられたために，これに抵触しないように，保証契約の時に債権者と保証人の合意により債権者が主たる債務者から支払を受けることができる利息の利率の上限の定めたものを特約上限利率という。債権者または保証人が主債務者に当該定めを通知した場合には，法定上限額から特約上限利率により計算した利息の金額を減じて得た金額を超えない範囲内の保証料の徴求は，有効な保証契約となる。

**特例有限会社** (とくれいゆうげんがいしゃ)
2006年5月の会社法施行により，有限会社法は廃止され，新たに有限会社を設立することができなくなったが，それ以前に存在した有限会社で，引き続き有限会社の商号を使用する会社をいい，従前の有限会社に類似した制度の適用を一定限度で引き続き受けることになる。特例有限会社は，定款変更をして特例有限会社の解散登記と株式会社の設立登記を経ることにより通常の株式会社になる。通常の株式会社への移行手続をとるまでは，商号は「有限会社」を使用せねばならず，取締役会，監査役会，会計監査人，会計参与，委員会および執行役が法定機関として認められていないため，法律上これらの機関の設置を要件とする業種の会社の事業を営むことはできない。

**土地信託** (とちしんたく)
土地の有効活用を目的に1983年に商品化されたもの。具体的には，土地所有者が信託銀行等に土地を信託し，信託銀行等が信託契約に従い所要資金の調達，建物の建設，建物の賃貸および保守，テナントの募集・管理などを行い，その成果を信託配当として土地所有者（委託者兼受益者）に交付するもの。なお，信託期間終了後は土地を所有者に返還する。

**届出印鑑** (とどけでいんかん)
その印影によって，後日の取引機会の使用印章の正当性を認定するため，使用する印章を照合用の届出用紙に押印したもの。金融機関へ届け出た「届出印鑑」は一般的に「お届け印」と呼ばれ，口座

開設をはじめとした様々な金融取引において，本人確認の機能を発揮する。→印影，印鑑照合，実印

**トランザクションバンキング** (transaction based banking)

国際的な資金決済や貿易金融，企業の資金管理などの金融業務をいう。経済のグローバル化による海外キャッシュフローの拡大，海外の資金管理・決済オペレーションのニーズが高まるなか，金融機関にはアジアを中心とした海外決済ビジネスの強化が不可欠である。一気に収益が増えるビジネスではないが，一度仕組みを作れば安定的な収益源になる。国内外への送金や企業の資金管理システムの提供，輸入代金の支払の確約，外貨融通が含まれる。最近では，企業が海外でサプライチェーン（供給網）を構築する際に取引先を紹介するなど，資金決済周辺の支援業務も対象になっている。

**取組み** (とりくみ)

為替取引において，送金人や振込人等から依頼を受けて仕向けや取立て等の事務手続を処理すること。取組みは依頼に基づいて行われるものであるが，その関係は一般に委任であると解されている。振込事務や取立事務を委任され，これに基づいて為替報告書の発送などの事務が行われる。

**取消し** (とりけし) →無効・取消し

**取立委任裏書** (とりたていにんうらがき)

裏書に「回収の為」，「取立の為」，「代理の為」のように，取立委任を示す文言が付記されている裏書。取立委任の目的でなされる。この裏書の効力は資格授与的効力のみで，被裏書人は，手形・小切手より生ずる一切の権利を行使する包括的代理権を有するが，譲渡裏書と異なり権利者となるわけではないため，自ら譲渡裏書をなすことはできず，取立委任裏書のみを行えるにすぎない。また，手形・小切手債務者は，被裏書人に対抗できる抗弁を主張できず，取立委任裏書をした裏書人に対抗できる抗弁のみを主張できる。公然の取立委任裏書ともいう。

**取立制限者** (とりたてせいげんしゃ)

貸金業法において債権の取立の委託の禁止または債権の譲渡の禁止が定められている相手先のこと。債権の取立の委託先または譲渡先が暴力団員等であること，暴力団員等がその運営を支配する法人その他の団体または当該法人その他の団体の構成員であること，貸付の契約に基づく債権の取立に当たり，貸金業法21条1項の規定に違反し，または刑法，暴力行為等処罰に関する法律の罪を犯すおそれが明らかである者であることを知って，または知ることができるときに委託や譲渡が禁止されている。

**取立統一規則** (とりたてとういつきそく，Uniform Rules for Collections : URC)

信用状に基づかない貿易取引に係る荷為替手形を，わが国ではD/P・D/A手形というが，このような荷為替手形の取立に関して国際商業会議所（ICC）が制定した国際的な規則。

**取引停止処分** (とりひきていししょぶん)

決済のために手形交換に持ち出された手形・小切手が不渡になった場合に，手形・小切手の振出人（為替手形の場合は引受人）に対してとられる措置。その目的は，手形・小切手の流通促進・信用秩

序の維持向上にある。この処分は，不渡報告に掲載された者について，その不渡届の対象となった手形の交換日から6ヵ月以内の日を交換日とする手形について2回目の不渡届が提出された場合に決定され，手形交換所から「取引停止報告」に掲載されて加盟銀行へ通知される。この処分を受けた者は，手形交換所の加盟銀行から2年間当座取引および貸出取引（ただし，金融機関が債権保全目的で行う貸出取引を除く）を停止される。手形・小切手が不渡となっても，異議申立手続等によって，これが振出人等の信用に関しないものであると認定されたときは，不渡の回数から除外される。なお，電子記録債権を取り扱うでんさいネットにおいても手形の取引停止処分に類似の制度が設けられており，債務者が6ヵ月以内に2回以上でんさいの支払不能を生じさせた場合に，当該債務者に対して，債務者としてのでんさいネットの利用および参加金融機関との間の貸出取引が2年間禁止される。でんさいの取引停止処分を科す旨の通知は，すべての参加金融機関に対して通知される。

### 取引なし（とりひきなし）

手形・小切手が支払呈示された場合に，当該振出人等の当座勘定取引がない場合。不渡事由の1つで，第1号不渡事由に分類される。

### 名板貸し（ないたがし）

商人が自己の商号を使用して営業することを他人に許諾することをいい，商号の使用を許諾するものを「名板貸人」，商号の使用を許諾されたものを「名義譲受人」と呼ぶ。「名板貸し」はそもそも，参加者が会員に限定されている取引所取引に会員以外のものが参加できるよう，会員が会員以外のものにその名義を賃貸するという商慣習から発生したものである。したがって，「自己の商号を使用して事業または営業を行うことを他人に許諾した企業は，当該企業が当該事業を行うものと誤認して当該他人と取引をしたものに対し，当該他人と連帯して，当該取引によって生じた債務を弁済する責任を負う」（会社法9条）こととされている。

### 内部統制（ないぶとうせい）

企業が，企業内部で，戦略リスク（不確実な企業経営活動において戦略的にとるべきリスク）およびオペレーショナル・リスク（企業活動に悪影響を及ぼす事象が生じるリスク）等をコントロール（統制）すること。1992年の米トレッドウェイ委員会の内部統制を考えるための枠組みの報告書においては，内部統制の目的として，①業務の有効性・効率性，②コンプライアンス，および③財務報告の信頼性が挙げられている。会社法は，大会社の取締役会に対して，取締役の職務の

執行が法令および定款に適合することを確保するための体制その他株式会社の業務の適正を確保するために必要なものとして法務省令で定める体制の整備を求めている（会社法362条4項6号）。また，金融商品取引法は，取締役に対し，財務報告に関する内部統制の状況に係る点検および評価を求め，監査法人に対してかかる取締役の評価の適正性の監査を求めている。かかる監査の過程において，業務や管理の仕組みを文書化して保存することが求められる。正確な財務諸表を作成するための社内体制の整備等を求める米の法律サーベンス・オクスリー法にちなみ，日本版SOX法とも呼ばれることがある。

**内部留保**（ないぶりゅうほ）

企業内に留保された自己資金のことであり，社内留保ともいう。内部留保は，利益準備金，任意積立金，繰越利益剰余金などの勘定科目で，貸借対照表の純資産の部に計上される。利益準備金は，会社法が企業に積み立てることを強制する準備金のことであり，配当金として支払う額の10分の1を，資本準備金の額と合わせて資本金の4分の1に達するまで積み立てることになっている。任意積立金は，株主総会の決議により企業が任意に積み立てる利益の留保額であり，特定の目的がある「目的積立金」と，特定の目的がない「別途積立金」で構成される。内部留保が多ければ多いほど，負債に頼る程度を極小化しつつ成長可能性の高い事業機会に再投資することができるため，企業の収益力が高まる。

**内容証明郵便**（ないようしょうめいゆうびん）

特殊会社である日本郵便株式会社が，郵便物の差出日付，差出人，宛先，文書の内容を謄本によって証明する制度を意味し，いわゆる郵便物の特殊取扱制度の1つである（郵便法58条，同法施行規則14条）。この内容証明郵便は，ある内容の文書をある人に宛てて某日発送したことの証拠となり，またこれについて確定日付を与える効力があることから，①債権譲渡の通知など確定日付のある証書による通知が必要な場合，②契約解除の通知など通知の内容が争点となる可能性がある場合，③抵当権実行の通知など通知の日付が特に重要な意味をもつ場合，④時効中断としての催告の場合など，比較的広範に利用されている。

**捺印**（なついん）

契約書などの文書の作成者が，自己が作成したことを証明するために自己を表象する印章を然るべき個所に押すことをいい，押印ともいう。一般的には，「記名捺印」（記名は手書きの必要はないが，印章を押すことが必要），「署名捺印」（署名は手書きのため印章を押さなくても効力を有するが，通例で捺印することが多い）というように使われる。→記名捺印

**並為替**（外国為替の）（なみかわせ）

隔地者間の債権・債務を決済するにあたって，債務者から債権者への送金によって支払う場合をいう。輸入者が輸入代金決済のため外国送金を行う場合がこれであって，銀行がその外貨を輸入者に売った場合，売為替となる。→逆為替

【並為替】

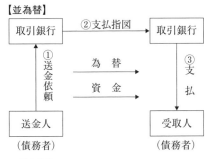

## 並手形 (なみてがた)

日本銀行が銀行に貸出を行う場合の貸出の担保となる手形。優遇手形のように金利上の優遇措置は受けないが、再割引の対象となる。別名、優良手形ともいい、日銀適格手形のうち、優遇手形と区別される用語。並手形は、製造業者等が運転資金借入れのために振り出した手形で、日銀が適格と認めた会社が振り出したものに限られる。また、複名手形の場合は、振出人、受取人ともに信用良好な商社等であることが必要である。

## 名寄せ (なよせ)

一金融機関内において、同一名義人に属する諸勘定、口座を確認し、同一顧客の預金額を確定して一元管理する手続のこと。金融機関破綻時に、預金保険制度によって保護される預金等は、一預金者一金融機関当り一定額との定めがあるため、預金保険法により、金融機関には預金者の名寄せを行うことが義務付けられている。

## 荷為替手形 (にかわせてがた)

隔地取引における運送中の商品の引渡請求権を、運送業者が発行する船荷証券、貨物引換証などに化体させ、これを添付した手形。荷付為替手形ともいう。荷為替手形は商品の売主が、隔地の買主を支払人として振り出した為替手形であり、その特徴は、引受が未済であること、運送中の商品により担保されていることなどである。これによって、売主は買主を支払人とする為替手形を振り出し、それに証券を添付して銀行から割引を受けて、代金を回収する。割り引いた銀行は、その手形と証券を買主所在地の僚店あるいは取引銀行に送付し、その僚店等を通じて買主に支払（引受）を求め、手形が支払われれば、証券を買主に交付する。これによって、買主と売主のリスクを除去し、金融上の便宜を与えることができる。現在では、国際間の輸出入取引において利用されている。

## 二重ローン (にじゅうローン)

阪神・淡路大震災の際に問題が表面化した被災者の既存借入れと復興のための借入れが二重負担となる現象。東日本大震災では、二重ローンの発生規模が巨額となることを考慮し、個人債務者については政府が策定した私的整理指針に基づき金融機関が債権放棄した場合に無税償却を認めることとしている。→無税償却

にちぎん

### 日銀考査（銀行考査）(にちぎんこうさ（ぎんこうこうさ）)

日本銀行がその取引先金融機関と結んだ特約に基づき実施する調査。1928年6月から開始されたもので、一般の調査と区別するため考査という語が用いられている。その主眼は取引先金融機関の業務・財産の状況を把握することにあり、経営指導に重点が置かれている点において金融庁が監督機関として行う金融検査（銀行検査）とは趣を異にしている。経営実態の把握に加えて、リスク管理体制を点検し、必要に応じてそれらの改善を促すことを通じて、金融システムの安定性の確保に貢献している。

### 日銀小切手 (にちぎんこぎって)

日本銀行を支払人として振り出された小切手。①国庫金を支出するため国が振り出すいわゆる政府小切手、②日本銀行と当座預金取引をしている金融機関の振り出す小切手、③日本銀行が自己を支払人として振り出す自己宛小切手、の3種類があるが、いずれも信用力が高く、一般に現金通貨と同様の効果が認められている。

### 日銀送金 (にちぎんそうきん)

国庫送金の1つで、国が民間の債権者に対して支払うために、支払官庁が日本銀行本支店あるいは日本銀行代理店に依頼して、他の日本銀行本支店あるいは日本銀行代理店またはゆうちょ銀行宛てに送金すること。国庫送金は、債権者への支払方法によって日銀送金、委託送金、居所送金、外国送金の4種類に区分される。

### 日銀特融 (にちぎんとくゆう)

日本銀行が、内閣総理大臣および財務大臣の要請を受け、日本銀行法38条に基づいて、信用秩序の維持を目的として行う貸付。金融機関を救済するために行われるものであり、同法33条1項に定める民間金融機関への通常条件での貸出と異なり、特別の条件（無担保、無制限）で貸し出される。特融発動例としては、1997年11月の大型金融破綻に際しての、北海道拓殖銀行、山一證券に対する融資が挙げられる。

### 日常生活自立支援事業（地域福祉権利擁護事業）(にちじょうせいかつじりつしえんじぎょう（ちいきふくしけんりようごじぎょう）)

認知症高齢者、知的障がい者、精神障がい者等の判断能力が不十分な者のために、都道府県等の各地域において福祉サービスの利用援助等を行う制度。社会福祉法において定められている。事業主体は、都道府県および政令指定都市の社会福祉協議会である。本事業の利用のためには、本事業の契約内容について判断しうるだけの能力を有していることが必要であり、成年後見制度の被後見類型に当たる者等は制度の対象外となる。本事業に基づく援助の内容は、福祉サービスの利用援助、苦情解決制度の利用援助ならびに住宅改造・居住家屋の賃借・日常生活上の消費契約および住民票の届出等の行政手続に関する援助等である。また、上記援助に伴う援助の内容として、預金の払戻し、預金の解約、預金の預入れの手続等利用者の日常生活費の管理（日常的金銭管理）および定期的な訪問による生活変化の察知がある。日常的金銭

管理の場合，預金取引の代理人として社会福祉協議会理事が就任し，手続は生活支援員が行うケースが多い。

**日本銀行代理店**（にほんぎんこうだいりてん）
日本銀行により代理店として指定されている民間金融機関。日本銀行は，「政府の銀行」として国庫金や国債の事務を行っているが，わずかな同行の店舗だけでは同行の大量の事務を円滑に遂行することは困難である。このため，日本銀行は民間金融機関を代理店に指定して，同行の事務を代行させている。

**日本年金機構**（にほんねんきんきこう）
2010年1月1日に設立された非公務員型の特殊法人であり，国（厚生労働大臣）から委任・委託を受け，公的年金に係る一連の運営業務を担っている。日本年金機構の発足と同時に，社会保険庁が廃止された。国の権限を委任された業務（資格の得喪の確認，滞納処分，届出・申請の受付け，厚生年金の標準報酬額の決定，国民年金手帳の作成・交付など）は，日本年金機構の名で機構が実施し，国から事務の委託を受けた業務（裁定，年金の給付，原簿への記録，ねんきん定期便の通知，納入の告知・督促など）は，国の名で機構が実施する。

**日本版401（k）**（にほんばんよんまるいち（けー））
米国の401k制度を参考に2001年10月より日本で導入された確定拠出年金。→確定拠出型年金

**荷物貸渡し**（にもつかしわたし，Trust Receipt：T/R）
譲渡担保として銀行に所有権のある輸入貨物を銀行が輸入者に貸し渡し，貨物の売却等の処分権限を与える行為である。輸入者は，輸入決済資金についてユーザンスの供与を受けたときでも，銀行の代理人または受任者として貨物を売却し，売却代金によりユーザンスを決済することができる。

**荷物引取保証**（にもつひきとりほしょう，Letter of Guarantee：L/G）
輸入船積書類の到着前に船舶が入港したときに，輸入者が船会社から船荷証券の呈示なしで貨物を引き取るために船会社に差し入れる損害担保を約する書類で，銀行が連帯保証の署名を行うことをいう。

**入金証明**（にゅうきんしょうめい）
裏書不備の記名式または指図式小切手を預金口座に受け入れて交換に付した場合に，小切手裏面に「この小切手は名宛人口座に入金されたものであることを証明します」という文言を記載して持出銀行の押切印を押捺して行うもの（東京手形交換所規則施行細則20条参照）。この証明がなされた場合には，支払銀行は裏書不備の小切手であっても支払に応じている。この入金証明は，小切手の場合のみであって，手形には適用されない。

**入金通知**（にゅうきんつうち）
当座預金，普通預金に振込があった場合，銀行がその入金金額および振込人などについて，取引先に連絡すること。これは被仕向銀行がサービスとして行っているものであり，法的な義務によるものではない。

**入札保証**（にゅうさつほしょう，bid bond）
大型設備やプラントの輸出契約が国際入札で行われる場合，無責任な入札を排

除するため，発注者が入札の参加者に対して保証金の差入れを要求することがある。発注者は，落札者が正式な契約締結を正当な理由もなく拒否した場合，保証金を没収するので，この保証金は不良業者の応札を排除する役割を果たしている。この保証金が現金で差し入れられることは稀で，銀行の発行する保証状などにより対応し，この保証を入札保証という。保証金額は，通常，契約金額の5％前後となっている。

【入札保証】

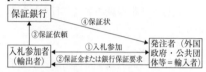

**任意後見制度**（にんいこうけんせいど）

現在は十分な判断能力を有する者が，将来判断能力が不十分になった場合に備えて，将来の自己の後見事務を受任者に委託し，その委託に係る事務についての代理権を授与することを可能にする制度。民法の特別法である「任意後見契約に関する法律」により定められている。任意後見契約は，公証人の作成する公正証書により締結される。将来の後見事務の委託を受けた者を任意後見受任者といい，本人に後見が必要な状態が生じた旨の申立てがなされ，家庭裁判所が任意後見監督人を選任することにより，任意後見契約が発効し，任意後見受任者は任意後見人として後見事務に従事することとなる。任意後見人と取引を行う金融機関は，任意後見人から登記事項証明書の提出を受け，その後，契約の発効請求と後見事務に定められた範囲内で任意後見人を本人の代理人として扱うこととなる。なお，任意後見人には成年後見制度等において成年後見人等に与えられている取消権は認められない。

**任意売却**（にんいばいきゃく）

担保の目的物を法定の手続によらないで任意にこれを処分し，その売却代金によって担保権者等の利害関係人が被担保債権を回収し，担保権を解除すること。

**根抵当権**（ねていとうけん）

一定の範囲に属する不特定の債権を，極度額の限度において担保するために設定される抵当権のこと（民法398条の2）。かつては，慣習法上の担保物権として発展してきたため，その本質について争いがあったが，1971年に民法の一部改正の形で根抵当立法がなされたことにより，その法的性格が確立した。それによると，根抵当権も抵当権の一種ではあるが，元本が確定するまでの間は，付従性および随伴性を有しないこと，また極度額の範囲内では利息，損害金の全部について優先弁済を受けることができる反面，民法375条の適用はないことの2点において，普通抵当権と大きく異なる。

**根抵当権の確定**（ねていとうけんのかくてい）

不特定の債権を担保する根抵当権の，その担保すべき元本債権が特定し，以後新たに担保すべき元本債権が生じない状態をいい，確定後に生じた元本は，一切その根抵当権では担保されないことになる。この確定については，民法は個別的に確定事由および確定時期を定めている。

**根保証**（ねほしょう）

根担保の一種であって，当座貸越契約，手形割引契約その他の継続的取引契約に基づく取引によって発生する債権のうち，一定時期に確定する債務のためにする保証のこと。被保証債権が将来発生する不特定の債権であり，増減変動する一団の不特定の債権である点において，根抵当や根質に酷似するものがあるが，保証という人的担保である点において，物的担保である両者と異なるものがある。自然人が行う貸付金等に関する債務の根保証については，極度額を定めなければ無効であり，また元本確定期日を定めなければ，3年で確定するものとされる。

**念書**（ねんしょ）

契約の当事者や利害関係人の間において，副次的な事項についての契約または了解事項の証拠として作成交付する文書。一般の日常生活や取引に関連して事実上作成される文書であって，法律上のものではない。したがって，その内容・形式はまちまちで，格別の決まりはない。もっとも，その文書の証明力ないし証拠力については，私文書としての一般の規定による。

**年利・日歩**（ねんり・ひぶ）

金利の表現またはその計算方法をいう。元金100円に対する1日分の利子を何銭何厘何毛という表現の仕方を日歩といい，1年間単位で元金に対する利子何％という表現の仕方を年利という。かつて，日本では一般に長期の金利は年利，短期の金利は日歩が採用されていたが，1969年に日歩表示が原則的に廃止され，その後ほとんどが年利建に移行した。

# の

**納税準備預金** (のうぜいじゅんびよきん)

預金者が納税の資金を準備するために預け入れる預金。受入れの場合は、普通預金と同様に取り扱われるが、払戻しは原則として納税に充てる場合に限られる。利息は原則として非課税であるが、納税目的以外で払戻しがあった場合、その払戻しの日の属する利子の計算期間に対応する利子については、課税扱いとなる。

**納税貯蓄組合預金** (のうぜいちょちくくみあいよきん)

納税貯蓄組合法に基づいて設立され、納税貯蓄組合の斡旋によって預け入れられる預金のこと。組合には、一定の地域または勤務先を単位として任意に組織された一般の納税貯蓄組合と、銀行がその預金者を組合員として組織した窓口納税貯蓄組合とがある。納税準備預金と大きな違いはないが、一利息計算期間中、10万円までの払戻しについては、非課税扱いとなる（ただし、この場合の利率は普通預金並となる）などの特徴がある。

**ノーアクションレター** (no action letter)

民間企業等が、実現しようとする自己の事業活動に係る具体的行為に関して、その行為が特定の法令の規定の適用対象となるかどうかをあらかじめその規定を所管する行政機関に確認し、その機関が回答を行うとともに、その回答を公表する手続。法令適用事前確認手続ともいう。通常、特定の行為が法令に抵触する場合には、その法令を所管する行政機関が対処を行うこととなるため、法令に抵触しないと当該機関が考え、その旨を言明する場合には、その行為に対して特定の対処を行わないことが事実上担保されることになることから、民間企業等の行為判断に資することになる。2000年12月の閣議決定に基づき検討が進められ、2001年3月27日に「行政機関による法令適用事前確認手続の導入について」が閣議決定された。これを受けて、各省庁において、当該法令適用事前確認制度の運用が開始された。

**延払信用** (のべばらいしんよう)

延払輸出において、輸出者が輸入者に対して代金支払を一定期間猶予することを認める信用供与。通常、代金回収が1年を超える延払輸出に利用されており、短期間の信用供与であるユーザンスとは区別される。延払信用は、船舶や大型プラントなどの長期多額の輸出取引に多い。

**ノンバンク** (nonbank)

預金を受け入れずに、融資業務を行う金融機関の総称。一般消費者向けと事業者向けに分かれ、前者には消費者金融、信販業、クレジットカード業など、後者にはリース会社、ファクタリング会社、ベンチャーキャピタルなどがある。

**ノンリコースローン** (non recourse loan)

借入人が保有する特定の資産（責任財産）から生じるキャッシュフローのみを返済原資とする融資形態をいう。近時の資産流動化市場の発展に伴い注目されるようになっている。ノンリコースローン

の借入人は，責任財産の当初所有者からリスクを切り離す必要上，責任財産の譲渡を受けた特別目的会社や信託銀行（信託勘定）とするのが一般的である。

# は

### バーゼル合意（バーゼル規制）(バーゼルごうい（バーゼルきせい）)

国際決済銀行（BIS）のバーゼル銀行監督委員会から公表された自己資本比率に関する規制のことをバーゼル合意あるいはバーゼル規制という。1988年にバーゼルⅠと呼ばれる規制が，2004年にバーゼルⅡと呼ばれる規制が，2011年にバーゼルⅢと呼ばれる規制がそれぞれ公表されている。→新BIS規制（バーゼルⅢ）

### パーソナルチェック (personal check)

個人，一般企業が振り出した小切手。米国では，窃盗などの犯罪が多く，極力現金を持ち歩かないようにする習慣があるため，米国は小切手社会であるといわれている。日本では，ほとんど見かけないが，欧米や韓国では幅広く利用されている。

### 配偶者 (はいぐうしゃ)

夫婦の一方からみた他方を意味する。具体的には，夫からみた妻，妻からみた夫をいう。配偶者という身分は婚姻によって生じ（婚姻は婚姻届を提出することによって効力を生じる），婚姻の取消しまたは離婚によって失われる。民法上，配偶者は親等のない親族とされているが，夫婦はいずれの場合も同等の配偶者相続権をもつ。内縁の夫婦は婚姻届の提出がなされていないため，配偶者とはいわないが，社会保障関係の法律において

は，届出のある夫婦と同等に扱っていることが多い。

**排出量取引** (はいしゅつりょうとりひき)

温室効果ガスの排出枠を国家や企業単位で定め，排出枠を超えて排出した者と，排出枠を余らせた者との間で有償の取引を行う制度で，京都議定書で定められており，温室効果ガスの削減を補完する制度の1つである。排出量取引方法のうちキャップアンドトレード（Cap & Trade）は，具体的に定めた削減目標達成のため，排出量の上限（Cap）を定め，これをもとに各企業等に排出枠を配分し，実際の排出量との差を取引（Trade）するもので，ベースラインアンドクレジット（Baseline & Credit）は，温室効果ガス削減の事業を何も行わない場合や事業前の排出量を基準として，それを削減した分だけクレジットを発行して温室効果ガス削減の対価とするものである。

**破産** (はさん)

債務者が経済的に破綻して，総債権者に対する債務を完済することができなくなったときに，債務者の全財産を換価して総債権者に平等な満足を与えることを目的とする裁判上の手続。

**破産管財人** (はさんかんざいにん)

破産手続の遂行の中心的機関で，破産財団の管理，換価および配当を行う。破産債権の調査についても，主導的役割を果たす。破産管財人は，裁判所によって破産手続開始の決定と同時に選任され，裁判所の監督に属する。複数でもよいが，法人は認められない。通常弁護士が選任される。辞任には正当事由を要する。破産管財人は，代理人を選任することができる。

**発信主義の特約** (はっしんしゅぎのとくやく)

意思表示の効力発生時期を，発信の時とする主義に基づく特約をいい，「到達主義」に対するもの。銀行取引約定書では，債務者または保証人の預金その他の銀行に対する債権について，仮差押え，保全差押え，または差押えの命令，通知が発信されたときに債務者は銀行に対する一切の債務について期限の利益を喪失する旨の特約がその代表例である。また，手形交換所の取引停止処分により当座勘定を解約する場合も，銀行からの当座勘定先に対する解約通知の効力が発信主義の立場をとる旨が当座勘定で定められている。→到達主義

**はね返り玉の買取り** (はねかえりぎょくのかいとり)

銀行等が窓販した債券を満期償還前に購入者からの中間換金の希望に従って銀行等が買い取ること。顧客利便や窓販の円滑な実施という観点から窓販業務の一部として認められている。

**パブリックコメント** (public comment)

国の行政機関が，政策を実施していく上で，政令や省令等を決めようとする際に，あらかじめその案を公表し，国民から意見，情報を募集する手続。意見公募手続ともいう。2005年6月の行政手続法改正により法制化され導入された。パブリックコメント手続に付する命令等の案の公示は，電子情報処理組織を使用する方法等により行うこととされており，国民は，各意見公募案件の担当部局が定める適宜の方法（電子メール，FAX等）で意見を提出することができる。意見の提

出期間は，原則として案の公示日から起算して30日以上とされている。パブリックコメントを実施して命令等を制定した国の行政機関は，当該命令等の公布と同時期に，①命令等の題名，②命令等の案の公示日，③提出意見および④意見に対する行政機関の考え方について公示を行う。なお，パブリックコメントにおいて提出意見がなかった場合は，意見提出がなかった旨，パブリックコメントを実施したものの命令等を制定しないこととした場合は，制定しない旨がそれぞれ公示される。

**払込取扱金融機関**（はらいこみとりあつかいきんゆうきかん）

会社法は，募集による会社設立を行う場合，会社資本の維持と株主保護の見地から，払込取扱金融機関の規定を設けている（会社法64条）。この取扱金融機関は，銀行，信託会社およびその他これに準ずるものとして法務省令で定めたもの（同法34条2項）に限られる。取扱金融機関の変更，払込金の保管替えを行う場合には，裁判所の許可を要する。取扱金融機関は，取扱期間終了後，保管している払込金について保管証明書を発行しなければならず，また払込みを仮装する預合いを防止する規定がある。

**番号札**（ばんごうふだ）

銀行実務では，窓口における預金の払戻しの際，払戻しの請求をした者に対して，番号と行名・支店名の記入された札を渡す。これを番号札または合札という。これにより銀行員は個々の請求者の顔を覚える必要がなくなり，他方請求者も番号札を所持していれば払戻金が他の者に支払われるおそれはなくなるので，払戻手続を迅速・円滑に行うことができる。

**犯罪収益移転防止法**（はんざいしゅうえきいてんぼうしほう）

正式には「犯罪による収益の移転防止に関する法律」という。特定事業者と呼ばれる一定の事業を行う者に，顧客の取引時確認義務，その記録の保存，顧客との取引記録の保存，疑わしい取引の届出の義務等を課する法律。2008年3月1日から全面施行された。テロ資金供与防止とマネー・ローンダリング防止の国際的な取組みのなかで，金融機関に対しては本人確認法により，金融取引時の相手方の本人確認を義務付けるとともに，業務上で収受した資金について取引の相手方が行った犯罪行為に係る収益との疑いや，犯罪収益を隠匿する行為との疑いがある場合にはその取引内容を主務大臣または都道府県知事に届け出ることを組織的犯罪処罰法に定めていたが，犯罪収益移転防止法の施行に伴い本人確認法は廃止され，組織的犯罪処罰法は「疑わしい取引の届出」を削除した。犯罪収益移転防止法は，取引時確認の義務等を，従前から義務を負っていた金融機関以外の事業者を含む特定事業者に対し，幅広く課しており，犯罪による収益の移転を実効的に防止することを目的としている。取引時確認の際に確認される本人特定事項は，自然人の場合は氏名・住所および生年月日，法人の場合は名称および本店所在地または主たる事務所の所在地である。代理人による取引の場合は，現実に取引を行う代理人についても，本人確認

が必要となる。作成した確認記録は，口座を閉鎖した日から7年間経過するまで保存しなければならない。なお，2013年4月1日より取引時確認事項の追加等を定める改正犯罪収益移転防止法が施行され，取引時確認事項として取引を行う目的，顧客の職業（自然人），事業の内容・実質的支配者（法人）が追加されたほか，ハイリスク取引について厳格な確認が義務付けられた。また，2016年10月1日から施行された改正犯罪収益移転防止法では，疑わしい取引の判断方法の明確化，コルレス契約締結時の厳格な確認，事業者が行う体制整備等の努力義務の拡充が定められ，また，これに伴い改正された政省令では，外国PEPs（Politically Exposed Persons，重要な公的地位にある者）との取引時の厳格な取引時確認の実施が定められている。

**反社会的勢力**（はんしゃかいてきせいりょく）

法令等において定義されている用語ではないが，2004年10月25日付警察庁次長通達「組織犯罪対策要綱」においては，「暴力，威力と詐欺的手法を駆使して経済的利益を追求する集団又は個人」のことをいうとされており，かかる反社会的勢力をとらえるに際しては，暴力団，暴力団関係企業，総会屋，社会運動標ぼうゴロ，政治活動標ぼうゴロ，特殊知能暴力集団等といった属性要件に着目するとともに，暴力的な要求行為，法的な責任を超えた不当な要求といった行為要件に着目することが重要である旨が指摘されている。これを受けて現在では，企業ごとにそれぞれ自主的に反社会的勢力を定義付け，コンプライアンス態勢確立のため，反社会的勢力との関係を遮断することを企業倫理として掲げている。

**反致**（はんち）

法廷地の国の国際私法で，ある問題について他の特定国の法律を適用する場合に，当該特定国の国際私法によればその問題について元の法廷地の国の法律を適用すべきものとしている場合に，法廷地国で自国の法律を適用することをいう。法の適用に関する通則法41条にこの定めがある。

**判例**（はんれい）

裁判の先例，単なる裁判例をいうこともあるが，通常は，ある法令の解釈適用に関する最高裁判所の見解として，一般的に安定性を有するとみられるものをいう。

# ひ

**被裏書人**（ひうらがきにん）
　裏書によって手形・小切手上の権利の移転を受ける者。被裏書人の記載のない裏書は未完成な裏書になるのではなく、白地式裏書という裏書になる。

**引受渡し**（ひきうけわたし）→D/A

**引渡し**（ひきわたし）
　占有を移転すること。引渡しを受けた者は、占有訴権などの基礎となる占有（権）を取得する。また、引渡しは、動産の物権変動（所有権の移転や質権の設定など）の対抗要件（物権変動の効力を第三者に対して主張できるようにするための要件）としても要求される（民法178条）。引渡しの態様には、物を現実に引き渡す場合（現実の引渡し、同法182条1項）のほか、簡易の引渡し（同法182条2項）、占有改定（同法183条）、指図による占有移転（同法184条）の4つがある。

**被仕向銀行（被仕向店）**（ひしむけぎんこう（ひしむけてん））
　送金の支払人として指定された銀行および振込においては、受取人の預金口座のある銀行（取扱店を被仕向店という）。→仕向銀行

**被担保債権**（ひたんぽさいけん）
　担保物権によって担保されるべき債権をいう。質権、普通抵当権はいずれも特定の債権しか担保しない。そのため、債権がなければ担保権は成立せず（成立における付従性）、債権が譲渡されれば担保権もこれに伴って移転（随伴性）し、また債権が消滅すれば担保権もまた消滅する（存続ないし消滅における付従性）。根抵当権はこの付従性、随伴性がなく、一定の範囲に属する不特定の債権を担保する（民法398条の2第1項）。

**日付後定期払手形**（ひづけごていきばらいてがた）
　振出の日付（振出日）から手形に記載された期間が経過した日を満期とする手形（手形法33条1項3号、77条1項2号）。たとえば、日付後3ヵ月払いというものである。確定日払手形と実質的には同じである。満期の決定および期間の計算については、特別規定がある（同法36条、37条2項・4項、73条、77条）。→確定日払手形

**ビットコイン**（Bitcoin）
　ブロックチェーンの技術を用いて発展した仮想通貨の一種。または、仮想通貨のなかでも、発行されたものの時価総額、取扱高がいずれも最大のもの（2018年2月1日現在）。ビットコインの仕組みの特徴としては、ブロックチェーンの技術が利用されていることのほかに、特定の発行者がいないこと、電子署名が利用されていることがあげられる。→ブロックチェーン

**非典型契約**（ひてんけいけいやく）
　民法に規定された13種の契約（典型契約）以外の契約をいう。無名契約ともいう。→典型契約

**披封預り**（ひふうあずかり）
　「保護預り」の一種で、「開封預り」ともいう。金融機関が顧客の依頼を受け

て，有価証券（株券等）やその他の書類などを開封のままで品目を明示して預かり，その保管をすることである。これに対し，預り品に封をして，内容を明らかにせず預けるものを「封緘預り」という。「保護預り」にはこのほか，貸金庫，保護函等の制度もある。「披封預り」および「封緘預り」の法的性質は，一種の寄託契約と解されており，金融機関は目的物の保管にあたって善管注意義務を負うことになっている。→保護預り，封緘預り，貸金庫

**秘密保持義務**（ひみつほじぎむ）

公務員，医師，弁護士，公証人，銀行員等が負う，その職務上知りえた秘密を，他に漏らしてはならないという義務。秘密保持義務違反をなした者は，民事上の損害賠償責任を負うほか，法律で禁止されている場合には刑事罰等による制裁がある。→銀行秘密

**費目**（ひもく）

費用科目の内訳となるもので，たとえば経費においては，福利厚生費，事務費などのような科目があるが，そのうち事務費は会議費，図書費，通信費のようにさらに費目に細分される。

**表見代理**（ひょうけんだいり）

真正の代理権のない者が代理人と称して本人のためにある種の法律行為（その多くは契約）をした場合のうち，その者と本人との間に特殊な関係があるため，相手方において過失なくその者を本人の代理人であると信じてこれと法律行為をしたときは，本人についてその責任を負わせ相手方を保護するために，民法が認めた特殊な制度のこと（民法109条，110条，112条参照）。

### ファーム・バンキング (firm banking)

企業と金融機関とを通信回線で結び，企業の金融関連事務の合理化や資金管理の効率化などを可能とするバンキング・サービスのことをいい，エレクトロニックバンキングの一形態である。企業が受けられるサービスとしては，①売掛金，諸会費など定例的な集金を行っている先に対して集金先口座から取引先口座に自動的に資金を振り替える，②金融機関のコンピュータと取引先のコンピュータを直接結んで振込連絡などを行う，③企業の取引口座の入出金明細を記録媒体で提供したり，金融機関と企業のコンピュータを通信回線で結んで直接送信するなどが挙げられる。最近では，インターネットを利用してバンキング・サービスを受けるインターネット・バンキングが主流になりつつある。

### ファイアーウォール (firewall) →弊害防止措置

### ファイナンス・リース (finance lease)

事業者であるユーザー（法形式的には賃借人であり，「レッシー」ともいう）が選定した機械・設備等の物件を，リース業者（法形式的には賃貸人であり，「レッサー」ともいう）がユーザーに代わってサプライヤー（物件の売主）から購入し，それをユーザーに対して賃貸（リース）して使用収益させる一方で，ユーザーが約定のリース期間中に支払うリース料をもって，物件購入代金，金利，費用，諸手数料等を回収することを目的とした契約をいう。ユーザーは，購入資金を調達することなく，希望する機械・設備等を使用することができるため，ファイナンス・リースは金融取引としての側面を持つ。ファイナンス・リース契約は，賃貸借の法形式をとることから，リース物件の所有権をリース業者が保有し，ユーザーには移転しない。その一方で，金融取引としての側面を有することから，①リース物件やそのサプライヤーは，ユーザーが選択する（リース業者は金融的側面を有するサービスの提供者となる），②ユーザーがリース期間中に支払うリース料には，リース物件の購入代金，金利，手数料その他の諸費用のおおむね全額が含まれている（これによりリース業者は投下資本の全額回収（フル・ペイアウト）を予定し，当該リース物件を別のユーザーに賃貸することは予定しない），③ユーザーはリース期間中に中途解約を行うことができない（リース業者の投下資本の全額回収を確保する），④リース物件の保守・修繕義務は（リース業者ではなく）ユーザーが負う，⑤リース物件の瑕疵担保責任は売主にある（リース業者は瑕疵担保責任を負わない），⑥リース業者は，リース物件の滅失・毀損等の危険負担を負わない，といった特徴がある。

### ファクタリング (factoring)

売掛債権買取り業のこと。一般には「債権買取り」と訳される。①企業の売掛債権を買い取る（金融機能），②売主に代わって債権（手形）を回収する（債権回

収機能），③買い取った売掛債権が不渡になっても売主に償還請求しない（貸倒危険負担機能）という機能をもつ。ファクタリングは，売主にとってのメリットが大きいとされている。サービサーが，主として不良債権を債権額面から大幅にディスカウントした価格で取得し，債務者からの債権回収によって収益を上げるのとは異なり，ファクタリングは企業のもつすべてあるいは一部の売掛債権を対象とし，その多くが取引の時点では正常債権とみなされるものである。

**フィッシング詐欺**（フィッシングさぎ）

実在の銀行やクレジットカード，ショッピングサイトなどを装った電子メールを送付し，これらのウェブサイトとそっくりの偽サイトに誘導して，重要情報を入力させて詐取する手口による詐欺をいう。

**フィデューシャリー・デューティー**（Fiduciary duty）→顧客本位の業務運営

**封緘預り**（ふうかんあずかり）

「保護預り」の一種で，金融機関が顧客の依頼を受けて寄託物を密封した袋または箱に入れたまま預かるもので，その内容は明示されない。保管に困難なもの，変質・減量等のおそれのあるものおよび危険物を除き，すべて取り扱うことができる。→保護預り，披封預り

**プーリング**（pooling）

グループ企業間での資金融通によって資金の効率化を図る仕組みで，取引銀行に開設したマスター口座にグループ各社の資金繰りを集中させる。これに参加する各社は，窓口として各取引銀行に「プーリング口座」を開設し，口座残高がプラスの企業はマスター口座に資金を集中し，資金需要が発生してプーリング口座がマイナスの企業にはマスター口座から資金を配分し，マスター口座が資金不足となれば，銀行借入れを起こす。これにより，従来は安全のために各社が資金を多めに保有していたものが解消され，全体として外部からの借入れを抑制するとともに金利面での優位性も確保できることとなる。

**フェア・ディスクロージャー・ルール**（fair disclosure rule）

上場会社等が公表されていない重要な情報をその業務に関して証券会社や一定の投資家等（取引関係者）に伝達する場合，当該伝達と同時に（意図的でない伝達の場合は，速やかに）当該情報を公表しなければならないこととして，他の投資家にも公平に情報提供することを求めるルール。2018年4月1日に施行される金融商品取引法改正法より導入される。

**フェデラル・ファンド・レート**（Federal Funds Rate）

アメリカの金融当局が政策金利として活用しているものの1つで，銀行間の一時的な資金過不足の調節の際に使用される金利である。日本の無担保コールレート翌日物に相当する。

**フォワーダー**（forwarder）→乙仲

**副印鑑**（ふくいんかん）

かつて，普通預金，定期預金などの新規預入れの際，正印鑑のほかに，同一の印鑑を別用紙に押印して通帳に貼付し，または通帳表紙の裏側に直接押印して，預入店以外の本支店における預金の払戻しの取扱いが行えるようにしていたが，

これを副印鑑という。預金払戻し時における払戻請求者と預金者の同一性を確認するために用いられた。しかし，盗んだ通帳の副印鑑から印章を偽造し，払戻書類にその偽造印を押印して預金を引き出すなどの不正引出し事件が頻発し，2000年前後以降，各金融機関において廃止されている。廃止後は，届出印の印影をコンピュータに登録し，コンピュータによる印鑑照合システムを導入することで対応している。

### 複記（ふくき）

手形・小切手の所定金額欄以外の場所に書き込まれた金額の補充的な記載（通常アラビア数字による）。漢数字の手書きで金額を記入する場合などに複記される。手形法上は，文字と数字の複記の場合には文字が，文字と文字または数字と数字の場合には最小金額が手形金額とされている（手形法6条，77条2項，小切手法9条）。しかし，銀行は当座勘定規定の定めにより所定の金額欄記載の金額を手形金額として取り扱っている。

### 複式簿記（ふくしきぼき）

企業が行ったあらゆる取引を，一定のルールに従って帳簿に記録することを「簿記」と呼ぶが，家計簿のように現金の入金および出金の記録によって現金残高を把握する「単式簿記」と異なり，現金増減を原因と結果の両面から捉え，財産計算と損益計算を同時に可能とする記入方法をいう。複式簿記では，すべての取引を①資産，②負債，③資本（純資産），④収益，⑤費用の5系列の勘定科目に分類するが，1つの取引を記録するとき，借方に該当する勘定科目と貸方に該当する勘定科目それぞれに同じ金額を記録することになる（貸借複記の原則）。決算期末に5系列の勘定科目別の金額を残高試算表に集計することで，①〜③から貸借対照表を，④〜⑤から損益計算書を誘導することができる。

### 副票（ふくひょう）

入金副票と支払副票がある。銀行の出納事務において，出納金の受払いをする場合に，現金取扱担当者が，その明細を記録しておく紙票である。担当者ごとの現金残高の正否を確認したり，過誤のあった場合は追及材料ともなる重要な記録である。

### 複名手形（ふくめいてがた）

1通の手形の手形上の債務者（振出人，裏書人等）が2名以上ある手形。
→単名手形

### 複利（ふくり）

複利法，すなわち元本から生じた利子を次期の元本に組み入れる方式のこと。民法上，利息の支払が1年分以上延滞した場合において，債権者が催告をしても債務者がその利息を支払わないときは，債権者は，この利息を元本に組み入れることができる（民法405条）が，これも複利方式である。

### 附合契約（ふごうけいやく）

契約内容があらかじめ一方の当事者によって確定されていて，ほかの当事者は，契約を締結しようとすればその内容に従うことを要し，従わない場合は契約の締結を断念するほかはないという形の契約。保険契約，運送契約，電気・ガス供給契約などにその例をみることができる。

### 不招請勧誘の禁止（ふしょうせいかんゆうのきんし）

顧客からの依頼によらない勧誘行為のことを広く不招請勧誘といい、代表的な例としては、電話・訪問販売やキャッチセールスなどが該当する。勧誘の要請をしていない顧客に対し、金融商品取引契約を締結する行為が金融トラブルの温床となりやすいことから、金融商品取引法では、店頭デリバティブ取引等一定の取引について、金融商品取引契約の締結の勧誘の要請をしていない顧客を訪問しまたは電話をかけて金融商品取引契約の締結の勧誘をする行為が禁じられている。

### 付随業務（ふずいぎょうむ）

公共性のある事業である等の理由から特定の免許等を受けた業者（銀行、保険会社など）が、固有業務のような本業の他に行うことの許された業務。例えば銀行法では、固有業務のような本業を行うだけでは、その役割を十分に果たすことが困難であるため、本業との関連性ないし親近性があること、分量において本業に対して従たる程度を超えないことといった事情を考慮した上で、付随業務を行うことが法令上認められている。銀行法においては、付随業務の内容がそれぞれ列挙されているが、必ずしも固定的に考えるべきではなく、上記の事情に反しないものであれば、付随業務の範囲は、社会経済の変化に伴って拡大していくものと考えられているが、銀行が行い得る業務の範囲内か否かについては、慎重なリーガルチェックが必要となる。

### 付箋（ふせん）

契約書、手形・小切手等に契約事項以外のことを書いて貼り付ける紙。手形の不渡事実を証する場合などに利用されている。補箋と類似する用語であるが、補箋（手形法13条1項等）は手形の一部をなし手形行為がなされるのに対し、付箋は単に手形行為や手形上の事実に特に重要な参考事項を注意的に付けてあるにすぎないものである。→補箋

### 付帯物件付振込（ふたいぶっけんつきふりこみ）

全国銀行内国為替制度において、取引先に渡す振込通知書などの付帯物件のある振込。原則として文書為替で取り扱う。

### 普通取引約款（ふつうとりひきやっかん）

銀行取引などのように、企業が不特定多数の者を相手として取引する場合、その取引についていちいち契約内容を定めていたのでは時間と労力の損失が甚大である。そこで、企業は、取引の便宜を図るためあらかじめ契約条項を統一的に定めておき、すべての取引をそれに基づいて行うようにすることがある。これを普通取引約款または単に約款といい、通常、契約書等に不動文字で印刷してある。約款は、企業が一方的に作成するものであるが、その内容が特に不合理であるとか不公平なものでない限り有効であり、約款による範囲内で拘束力を有する。

### 普通預金（ふつうよきん）

銀行における最も一般的な預金商品。いつでも自由に引出し、預入れ（預金）が可能な金融商品であり、利息（利子）の付く普通預金については、元本1,000万円とその利息が預金保険制度によって保護されている。利息（利子）は付くが、

適用利率は預金の中で当座預金を除き最も低い。また，決済用普通預金には付利されない。

**物価連動国債**（ぶっかれんどうこくさい）
2003年3月より発行が開始された国債。具体的な仕組みとしては，表面利率そのものは固定ではあるが，元本は物価指数に連動するため，利払い金額や償還金額は変動する。物価指数は，全国消費者物価指数（生鮮食品を除く総合指数）を適用しているため，購入期間中のインフレリスクを回避する商品といわれている。具体的な仕組みとしては，物価連動債の発行後に物価指数が上昇すればその上昇率に併せて元本が増加するとともに，償還額は償還時点での増減後の元本となる。また，利払いは年2回，利払い時点での物価指数を元に計算された元本を元に支払われる。なお，保有は機関投資家などの法人に限定されていたが，2017年2月から1口約10万円での一般販売が開始された。

**物件明細書**（ぶっけんめいさいしょ）
不動産の競売手続において，執行裁判所が目的不動産について，不動産の表示，不動産に係る権利の取得および仮処分の執行で売却によりその効力を失わないもの，売却により設定されたものとみなされる法定地上権の概要につき記載作成した文書（民事執行法62条）。船舶等の場合も同様（同法121条）。物件明細書は，一般の閲覧に供するために，その写しが執行裁判所に備え置かれる。

**物上代位**（ぶつじょうだいい）
担保物権の目的物が，法律上または事実上形を変えた場合に，その変形したものの上に担保物権の効力を及ぼすことができること。民法では先取特権，質権，抵当権がこの効力を有している。

**物上保証**（ぶつじょうほしょう）
他人の債務を担保するために，自己の所有物に担保権を設定する（＝自己の所有物を担保に供する）こと。その担保を提供した人を物上保証人という。

**物的会社**（ぶってきがいしゃ）
会社と社員との関係が希薄で，社員は重要な事項の決定に参加するが，業務執行に自らあたらないで，有限責任を負担するにすぎない会社。会社と社員との関係が密接な人的会社に対する用語。この区別は各種会社の特徴を示すのに用いられる。すなわち，株式会社は典型的な物的会社であり，合名会社は典型的な人的会社である。合同会社は人的会社の要素をもつものの，全社員が有限責任しか負わない点で物的会社性が濃く，合資会社は両者の要素をもつが，人的会社性が濃い。

**物的抗弁**（ぶってきこうべん）
手形抗弁のうち，手形により請求を受けた者がその請求者が誰であるか問わず，すべての請求者に常に対抗しうる抗弁。人的抗弁に対する用語。どのような事由が人的抗弁または物的抗弁に属するかは，指図債権に関する民法472条に参酌し決すべきであるが，一般的に物的抗弁とみられているものとしては，手形の方式の欠陥，無権代理，満期未到来，手形の偽造または変造，行為者の無能力などがある。→人的抗弁

**物的担保**（ぶってきたんぽ）
物上担保とも呼ばれ，人的担保すなわ

ち保証に対するものであって，特定の財産を債権の担保に供することを意味する。抵当権，質権がその主要なものである。人的担保は保証人の信用ないし全財産がその担保の要点をなすのに対し，物的担保は当該担保物のもつ交換価値がその担保の要点をなすものであるから，物的担保は人的担保に比べて確実性が高いとされている。→人的担保

**歩積・両建預金**（ぶづみ・りょうだてよきん）
金融機関による手形割引取引の際に，割引代り金の一部を割引依頼人の預金として受け入れるものを歩積預金といい，融資取引の際に融資金の一部を融資先の預金として受け入れるものを両建預金という。手形の決済や融資の返済の期日を預金の期日とすることもあるため，拘束性預金と呼ばれることもある。金融機関の預金獲得競争や，債権保全実現のために生まれたものであるが，預金が実質的に拘束される結果，割引依頼人や融資先の金利負担を重くする結果となるため，かつて監督当局は，過当な歩積・両建預金を自粛すべき趣旨の通達発出や指導を行っていた。またこれらは，独占禁止法で禁じる不公正な取引方法にも該当するとされている。現在では，監督当局の通達等による直接の規制は廃止され，金融庁の監督指針において，各金融機関が適正な運用をするべき旨が定められている。

**不動産**（ふどうさん）
土地および土地に定着しているものをいい，土地と建物は常に独立の不動産とされ，立木も登記すれば独立の不動産とされる。また，その他の土地への定着物は土地と一体をなすものとして扱われる。なお，不動産は登記が物権変動の対抗要件とされている。→動産

**不動産登記**（ふどうさんとうき）
登記の一種で，不動産の表示もしくは不動産に関する権利関係を明確にするため，一定の事項を登記簿に記載することをいう。また，登記簿に記載された事項そのものを登記という場合もある。不動産登記は，不動産自体の物理的状況を明確にするということと不動産に関する権利関係を明確にするということの2つの機能を営んでいる。

**不動産登記事項証明書**（ふどうさんとうきじこうしょうめいしょ）
不動産登記簿に記録された事項につき，登記官が交付する登記内容の証明書。全記録事項を証明する全部証明書と一部の必要箇所のみを証明する一部証明書があり，前者は旧登記簿謄本に，後者は旧登記簿抄本に対応する。

**不動産投資信託**（ふどうさんとうししんたく）
賃貸ビル等の不動産を運用対象にした投資信託・投資法人でREIT（Real Estate Investment Trustの略）と呼ばれている。日本では「J-REIT」と呼ばれ，2000年に取扱いが解禁された。J-REITでは多くの投資家から集めた資金でオフィスビル，商業施設，マンション等複数の不動産を購入し，テナントからの賃貸収入や物件の売買益等を投資家に分配する。投資法人は，「投資証券」や「投資法人債」を発行し，資金調達を行っている。うち「投資証券」は2001年9月より東京証券取引所での上場が開始され，2018年2月現在，59銘柄が上場している（上場しない私募REITもある）。なお，投資法

人は法律により運用などの実質的な業務を行うことが法律によって禁止されているため，資産運用の業務は「運用会社」に，資産保管の業務は「資産保管会社」に，一般事務は「事務受託会社」にそれぞれ委託している。

**歩留り**（ぶどまり）

一般的な用語法としては，「ある一定量の原料を使って製造される製品の期待生産量に対する実際生産量の比率」を意味するが，金融機関の場合には，一般的用語法から転じて，「ある貸出を実行した場合，そのうち自金融機関の預金として残る程度」のことをいう。

**船積書類**（ふなづみしょるい，shipping documents）

貨物を船積託送したことに基づいて作成される書類で，通常，貿易代金の決済には，その引渡しが条件となり，荷為替取組みの際は，手形に付帯される重要な書類である。その主要なものは，商業送り状，船荷証券などの運送書類，保険書類であるが，このほかに，領事送り状，税関送り状，原産地証明書，包装証明書，各種検査証明書などがあり，これらを船積書類と総称する。

**船荷証券**（ふなにしょうけん，Bill of Lading：B/L）

運送人等が物品の受取りまたは船積を認証し，それを海上運送し，指定された陸揚港において証券の正当な所持人に引き渡すことを約する有価証券のこと。同時に，運送人と荷送人との間で海上物品運送契約を締結したことを証明する証拠書類でもあり，また貨物の受取証でもある。裏書によって流通し，荷為替手形の付属書類の中軸をなす。通常，一貨物の運送につき3通発行され，指定の陸揚港では，そのうち1通と引換えに貨物の引渡しが請求できるが，陸揚港以外で荷渡しを受ける場合は全通の呈示を要する。

**プライベートバンキング**（private banking）

イギリスやスイスなど，欧州の金融機関が得意とする制度で，金融資産が数億円規模の資産をもつ富裕層を相手に，資産運用や管理にはじまり，節税，相続税等きめ細かいサービスを提供し，手数料を受け取る金融業務である。欧米の金融機関にはこの制度のノウハウが蓄積されているため，顧客預り資産規模で圧倒しているが，わが国の証券会社，信託銀行，メガバンクでも，近年注力している業務分野である。

**振替**（ふりかえ）

銀行等の金融機関において金銭を口座間で移動させること。ゆうちょ銀行以外の金融機関の場合には，同一金融機関の同一支店（本支店間をも含む場合もある）の同一名義の口座間における金銭の移動をいう。ゆうちょ銀行の場合には，ゆうちょ銀行の口座間の金銭の移動をいい，口座のある支店や口座の名義が同一である必要はない。また，毎月の公共料金，国民年金保険料や税金等の支払を，申込者指定の銀行等の預金取扱金融機関の預金口座から所定日に引き落とすことで決済する自動引落しも口座振替と呼ばれることがある。

**振替伝票**（ふりかえでんぴょう）

取引を振替勘定で処理した入出金伝票，またはこれに使用する伝票のこと。

ふりかえ

### 振替入金 （ふりかえにゅうきん）

銀行における取引先による店頭入金および集金以外の入金のことで，振替入金伝票によって取引口座に入金されるものである。当座口座振込，代金取立手形決済代り金による入金のほか，商業手形割引および手形貸付などによる資金の入金，本人名義の他種預金からの振替による入金などがある。

### 振込 （ふりこみ）

銀行が依頼人の依頼で資金を受領し，受取人の預金口座に入金させる送金方法。全国銀行内国為替制度のもとでの振込の取扱方法は，全銀システムを利用するテレ為替およびMTデータ伝送・新ファイル転送と文書為替がある。全銀システム以外では，為替通知を電信で行う電信振込と郵送などによって行う普通振込とに分かれる。振込の法的性質は，委任である。

### 振込代り金 （ふりこみかわりきん）

振込において，仕向店が振込依頼人から受け入れる送金資金。この資金として受入可能のものは，①現金，②自店払小切手，③自店普通預金請求書，④期日到来の自店定期預金証書など，直ちに現金化できるものでなければならない。例外として，自行の僚店宛振込に限って，他店券を振込代り金として取り扱う場合がある。

### 振込指定 （ふりこみしてい）

振込金あるいは貸金の返済を金融機関が指定した口座に振り込むよう約すること。⒤単に預金増強のために利用される場合と，ⅱ貸金の担保または引当てとして利用される場合がある。後者の場合，銀行は融資先である受取人との間で，受取人名義の預金口座に振り込まれた振込金と貸金との相殺予約を行っておくとともに，受取人には，振込依頼人との間で当該口座への振込による代金決済を行わせることとなる。振込指定は，通常ⅱを指していうことが多い。

### 振込人 （ふりこみにん）

振込の依頼人。振込における取引当事者は依頼人，仕向銀行，被仕向銀行，受取人の4者である。このうち，依頼人（振込人）は仕向銀行に振込依頼をする人のことをいう。

### 振り込め詐欺救済法 （ふりこめさぎきゅうさいほう）

正式には「犯罪利用預金口座等に係る資金による被害回復分配金の支払等に関する法律」という。振り込め詐欺（オレオレ詐欺，融資保証金詐欺，架空請求詐欺，還付金等詐欺など）の増加に対応するため，2008年6月より施行された被害者救済のための法律。振り込め詐欺などの犯罪被害によって資金の振り込まれた口座を金融機関が凍結し，60日以上の公告期間を経て口座名義人の権利が消滅し，その後，預金保険機構のホームページ上で被害者からの資金分配の申請を受け付けることが公告され，30日以上の周知期間内に申請を行った被害者に対して，口座に残っていた残高が被害額に比例して按分して返還されることとされている。

### 付利最低限度 （ふりさいていげんど）

利息をつける最低預金額のこと。例えば，普通預金の付利最低限度は1,000円が一般的である。→付利単位

**振出人** (ふりだしにん)
　手形・小切手の振出をする者として証券に署名した者。

**振出人等**（手形交換所規則における）(ふりだしにんとう)
　手形交換所規則上，約束手形・小切手の振出人，為替手形の引受人の総称（東京手形交換所規則62条1項）。これは取引停止処分の対象とする意味で使われる。

**付利単位** (ふりたんい)
　預金は一定金額以下の端数については利息をつけないことになっているが，その利息をつける最小単位のこと。一般に定期預金は1円，普通預金は100円，通知預金は1万円などとなっている。

**不良債権** (ふりょうさいけん)
　貸付先の経営破綻や業績不振などの理由から回収困難になった，またはそうなる可能性が高い貸付金のこと。元本または利息の支払が3ヵ月以上滞っている貸付金や，当初の条件どおりに返済できず，金利減免・元本返済猶予（いわゆる「リスケ」）がされている貸付金も含まれる。不良債権の存在は，金融機関の資産および損益の状況を大きく毀損する要因になり，金融機関の資産の健全性を判断する重要な要素の1つである。

**プリンシプル・ベース** (principle base)
　主要な原則（プリンシプル）に沿った金融機関の自主的な取組みを促す手法。金融庁は，2007年から「金融規制の質的向上（ベター・レギュレーション）」に取り組んでおり，ルール・ベースの監督とプリンシプル・ベースの監督を最適な形で組み合わせ，金融規制の全体としての実効性を確保することが重要としている。2008年4月には，プリンシプル・ベースの監督の基軸となる14項目の主要な原則が「金融サービス業におけるプリンシプル」として，金融庁と金融機関との間で合意され公表された。

**プルーフ・マシン** (proof machine)
　必要な項目に分類しながら集計し，照合を行う分類照合機のこと。①税金（歳入金，地方税など）・公共料金の税種別取りまとめ，②交換持出手形の支払銀行別分類集計，③伝票の出入別・勘定科目別分類集計などに使用することが多い。

**ブローカー業務** (ブローカーぎょうむ) →ディーリング

**プロジェクト・ファイナンス** (project finance)
　伝統的な融資手法である企業の信用力や担保価値に依存する融資とは異なり，事業そのものが生み出すキャッシュフローに返済原資を限定する融資形態をいう。事業に対する経営ノウハウや技術力等に着目し，事業関係者の出資のもとで，その事業を行うためだけに設立された特別目的会社への融資が行われる。海外の開発案件で多く採り入れられてきたが，最近では国内案件についても採用例が見られる。融資形態は，一般にノンリコースローンである。

**ブロックチェーン** (Blockchain)
　ピアツーピア（Peer to Peer，ネットワーク上で対等な関係にある端末間を相互に直接接続し，データを送受信する通信方式）ネットワーク上に送信されたデータをネットワークに接続している各コンピュータが相互に確認・検証し，正当と認めたデータ（ブロック）を従前のデー

タが記録された鎖（チェーン）に追加する方法で記録する仕組みをいう。ビットコインなどの仮想通貨で採用されている仕組みであるが，それ以外の用途にも応用可能であるとされている。
→ビットコイン

### 不渡（ふわたり）

手形・小切手を，支払期日にその支払場所に呈示したが，支払が受けられなかったこと。同じ支払拒絶でも，期日前呈示，混入により返却されたものは，正式の呈示とはならないので不渡とはいえない。不渡は，単に支払期日に支払が受けられなかっただけで，それによって手形・小切手上の請求権が失われるものではない。

### 不渡異議申立て（ふわたりいぎもうしたて）

第2号不渡届に対し，その手形等の不渡りが振出人等の信用に関わるものではない旨を主張する申立てのこと。この申立ては支払銀行が行うものであり，手形・小切手の振出人等が支払銀行に対し，その不渡となった手形・小切手金額相当額の異議申立預託金を預託し，これを見合いに支払銀行が手形交換所にこの手形・小切手金額相当額を異議申立提供金として提供して申し立てることとなる。これによって，手形・小切手は不渡となっても不渡処分を猶予される。

### 不渡異議申立提供金（ふわたりいぎもうしたてていきょうきん）

異議申立てにあたって，支払銀行から手形交換所へ差し入れられる資金のこと。この提供金の金額は，不渡となった手形・小切手の金額と同額である。提供金の差入れは異議申立ての要件であり，支払義務者の信用を証明することを目的としている。なお，不渡事由が偽造・変造などで一定要件を満たした場合は，その差入れの免除を受けることもできる。提供金は，事故解消など一定の事由が生じたときに返還される。

### 不渡異議申立預託金（ふわたりいぎもうしたてよたくきん）

手形・小切手の振出人等が異議申立てを支払銀行に依頼するにあたって，振出人等が支払銀行に差し入れる資金のこと。支払銀行から手形交換所への不渡異議申立提供金の差入れは，通常，手形・小切手の支払義務者である振出人等（銀行の取引先）が銀行に預託する資金を見合いとして行われている。振出人等が手形・小切手を契約不履行などの理由をもって不渡返還することを取引銀行へ依頼するときは，不渡届に対して異議申立てすることを申し出るとともに，交換日の当日中に預託金を差し入れる。預託金は，交換所から不渡異議申立提供金が支払銀行へ返還されたときに，振出人等に返される。

### 不渡事由（ふわたりじゆう）

不渡となった理由。支払銀行が手形交換所において呈示された手形・小切手を不渡返還するときには，不渡事由を不渡宣言または不渡付箋に記載して明らかにしなければならない。取引停止処分はこの不渡事由に基づく不渡届によって行われる。不渡事由は適法な呈示でないこと等を事由とする0号不渡事由，資金不足，取引なしを事由とする第1号不渡事由，それ以外の事由である第2号不渡事由の3種類に区分されている。具体的な

不渡事由は，手形交換所規則施行細則に例示されている（東京手形交換所規則施行細則77条参照）。

**不渡処分**（ふわたりしょぶん）→取引停止処分

**不渡宣言**（ふわたりせんげん）

手形の不渡宣言は，手形法に規定されているものではないが，支払銀行が不渡りの事実を通知するものである。手形交換所規則では，不渡手形を返還する際に，付箋（不渡付箋）に不渡事由を記載し，日付けを表示し支払銀行の押切印を押捺することによって行うこととされている（手形交換所規則52条1項，同施行細則59条参照）。小切手の不渡宣言は，小切手の支払人（支払銀行）が，支払のために呈示された小切手の支払を拒絶する旨の宣言である。この宣言は，小切手法上，公正証書（拒絶証書），手形交換所の宣言と並んで遡求の要件となっている（小切手法39条）。ただ，統一小切手用紙には「拒絶証書不要」と印刷されていることから，遡求の要件としての意味はなくなっている。宣言は小切手上に行い，呈示の日を表示して支払を拒絶する旨を記載しかつ宣言の日を記載する。手形交換所規則では宣言のひな型を示しているが，そこでは不渡事由も記載することとされている（手形交換所規則施行細則59条参照）。

**不渡届**（ふわたりとどけ）

手形交換所の加盟銀行が行う，手形・小切手の不渡事実の交換所への通知。不渡届の提出によって取引停止処分が行われる。加盟銀行である当該手形の支払銀行および持出銀行には，不渡届の提出義務があり（東京手形交換所規則63条参照），提出を怠ると過怠金が科せられる。不渡届には，資金不足と取引なしとの不渡事由に適用される第1号不渡届とそれ以外の不渡事由を対象とする第2号不渡届がある。第2号不渡届には，異議申立てによる処分猶予の途が開かれている。

**不渡付箋**（ふわたりふせん）

交換呈示された手形が不渡になった場合に，交換呈示があったことおよび不渡事由が記載されて，手形に貼付される付箋。日付けおよび支払銀行の当該店舗の押切印を押捺すれば足り，銀行の代表者や代理人の署名の必要はない。また付箋は縦90mm，横33mmの規格とし，手形の表面左肩に貼付するとされている（手形交換所規則施行細則59条参照）。この付箋および手形の交換印により，手形面上で支払呈示，支払拒絶があったということが明確になる。なお，不渡となったものが小切手の場合には，小切手の不渡事由のうち，再度交換持出が予期できる不渡事由（形式不備等）の場合には，不渡宣言の記載方法として付箋が使用される。

**不渡報告**（ふわたりほうこく）

1回目の不渡届が加盟銀行から手形交換所に提出された際になされる手形・小切手の振出人等の氏名などの加盟銀行への通知。振出人等に対する取引停止処分は，不渡報告のきっかけとなった不渡届に係る手形の交換日から起算して6ヵ月以内の日を交換日とする手形に係る2回目の不渡届が提出されたときに行われる（東京手形交換所規則65条参照）。したがって，取引停止処分者については，必ずこの不渡報告が行われている。不渡報

告は一種の警告であり，また猶予措置の意味もある。不渡報告の後，2回目の不渡がなく6ヵ月間を経過したときは，不渡報告の効力は消滅する。

**分割貸付**（ぶんかつかしつけ）

貸出先の支払資金需要の実情に即し，分割して貸し出すことで，例えば設備資金貸出において，土地代金，建物建築費，機械代金の各段階で必要資金を分割貸出する場合などをいう。

**紛失届**（ふんしつとどけ）

手形や小切手の盗難，紛失，滅失があった場合に，支払銀行に対し提出される届。小切手用紙の紛失，盗難の場合は小切手用紙喪失届，手形用紙の場合は手形用紙喪失届，署名後交付前の手形・小切手の場合は手形・小切手事故届がそれぞれ提出される。紛失は，手形・小切手を不渡として返還する不渡事由の1つである（第2号不渡事由）。

**文書為替**（ぶんしょかわせ）

全銀システムにおける内国為替取引の取扱方式の1つとしての，データ通信によらない文書による振込。この振込は急を要しない振込の場合に利用され，メール振込と交換振込との2種類がある。

**粉飾決算**（ふんしょくけっさん）

財務諸表は，金融機関や株主などの利害関係者に経営成績，財政状態を報告する計算書であるが，企業の経営者がなんらかの意図，目的のために，取引の事実を歪曲して決算の報告をすることをいう。経営者の意図，目的としては，金融機関からの借入継続のため，配当金の継続のためなどが代表的である。粉飾決算は一般的に，売上の過大計上や架空計上，費用の過少計上，商品などの棚卸資産の過大計上，借入金の過少計上などによる利益の過大計上のことをいい，利益の過少計上を行う粉飾決算のことは逆粉飾ということが多い。粉飾決算を防止するために，上場企業や大会社に対しては公認会計士や監査法人による監査が行われることになっている。→財務諸表

**文書提出命令**（ぶんしょていしゅつめいれい）

民事訴訟手続において，ある文書を証拠として利用しようとしている一方当事者（挙証者）が，その文書を所持しておらず，相手方当事者または第三者が所持している場合に，挙証者の申立てにより，裁判所が文書の所持者に対して，その提出を命じる決定。現行の民事訴訟法では，①当事者が訴訟において引用した文書を自ら所持するとき，②挙証者が文書の所持者に対しその引渡しまたは閲覧を求めることができるとき，③挙証者にとっての利益文書または挙証者と文書の所持者との間の法律関係文書であるとき，または④法律で定められた除外事由に該当しないときには文書提出義務が課せられることとされている。

**分別の利益**（ぶんべつのりえき）

一つの主たる債務について複数人の保証人が存在する場合，それらの保証人が格別の行為により債務を負担したときであっても，債権者からの保証債務履行請求に対して頭割りの範囲内で請求に応じる旨を抗弁することができるとするもの（民法456条）。単純保証人には認められる権利であるが，連帯保証人には認められず，金融機関取引で複数人の連帯保証人が存在する場合，債権者はどの保証人

に対しても債務の全額の履行請求が可能である。

**ペイオフ** (pay off)
　金融機関の破綻等により，預金が全額払い戻されないこと。金融機関が破綻等した場合は，預金保険により預金者一人について当該金融機関における預金元本1,000万円とその利子等を限度に払戻しが行われ，これを超える額については破綻処理の過程で余剰が出たときに配分されるにとどまる。ただし，決済用預金は全額が保護される。→決済用預金

**弊害防止措置** (へいがいぼうしそち)
　金融機関などで，組織を分離し，また，人や物，情報など経営資源の業態間の交流を個別の行為の規制などによって制度的に遮断する措置のこと。ファイアーウォールともいう。代表的な例としては，銀行による証券業務の禁止などが挙げられ，1993年に施行された銀行法改正を中心とする金融制度改革による，業態別子会社による銀行・証券業務の相互参入においても，市場仲介者としての経営の独立性・健全性の確保，利益相反の防止，市場仲介者間の公正な競争確保といった観点から，ファイアーウォールの構築が重要課題とされた。また，2009年6月には，弊害防止措置規制が一部緩和され，役員や社員が，銀行，証券，保険会社の間で兼務すること等が可能になった。しかし，弊害防止措置の重要性に依然として変わりはなく，弊害防止措置を確実な

へいめん

ものとするため，金融機関内でのコンプライアンスの研修を実施するなど内部管理態勢が整備されており，同時に金融庁等による監督が実施されている。

### 平面照合 (へいめんしょうごう)

金融機関にあらかじめ届け出てある印鑑と，預金の払戻請求書や手形・小切手に押されている印影を照合する印鑑照合の方法の1つをいう。あらかじめ届けられた印鑑（票）と払戻請求書や手形・小切手などを並置し，双方の印影を平面に置いて肉眼で比較照合する。照合の方法には「平面照合」のほかに，「折重ね照合」，「記憶照合」，「オンライン照合」などがある。金融機関は限られた時間の中で多数の手形や小切手などの照合をしなくてはならず，すべてを折り重ね照合することは無理であるため，平面照合あるいは記憶照合を行う機会が多い。判例上，金融機関の印鑑照合は平面照合で足りるとされているが，業務上相当の注意をもって熟視することが求められる。
→印鑑照合

### ベスト・プラクティス (best practice)

金融機関が，主要な原則に沿った自主的な取組みをもとに，より優れた業務運営を行うこと。最良慣行とも訳される。

### ベターレギュレーション (better regulation)

よりよい規制環境を実現するための金融規制の質的な向上を意味する。金融庁は，「ベターレギュレーション」をこれからの金融行政における課題として位置付け，その4つの柱として，①ルール・ベースの監督（詳細なルールを設定し，それを個別事例に適用していくこと）とプリンシプル・ベースの監督（いくつかの主要な原則を示し，それに沿った金融機関の自主的な取組みを促すこと）の最適な組合せ，②優先課題の早期認識と効果的対応，③金融機関の自助努力尊重と金融機関へのインセンティブの重視，および④行政対応の透明性・予測可能性の向上を挙げており，「ベターレギュレーション」に向けた当面の具体策として，ⅰ金融機関等との対話の充実，ⅱ情報発信の強化，ⅲ海外当局との連携強化，ⅳ調査機能の強化による市場動向の的確な把握，およびⅴ職員の資質向上の5つを示している。

### 別除権 (べつじょけん)

破産債権者が破産手続外で優先して破産財産に属する個別の財産からの弁済を受ける権利。担保物権は別除権となるのが原則であるが，一般の先取特権は優先的破産債権となり，商事留置権は特別の先取特権とされるが，民事留置権は破産財団に対し効力を失う。別除権は，破産手続によらないで，その担保権の本来の実行方法によって行使することができる。

### 変額年金 (へんがくねんきん)

契約者より受託した保険会社等が，契約者が払い込んだ保険料を特別勘定で株式や債券等の売買で運用し，その運用実績に応じて契約者が受け取る年金額や解約返戻金が増減する個人年金保険。一部の商品では，年金額に最低保証を設けているものもある。一方，解約返戻金には最低保証はない。なお，年金の支払が開始される前に死亡した場合は，死亡給付金が支払われる。

### 変額保険 (へんがくほけん)

契約者より受託した保険会社等が，契約者が払い込んだ保険料を株式や債券等の売買を中心に運用し，その運用実績に応じて契約者が受け取る保険金や解約返戻金が増減する保険のこと。保険のタイプは，保険期間が一定の「有期型」と一生涯保障が継続する「終身型」の2タイプがあり，死亡したときには，基本保険金と変動保険金を受け取ることができる。基本保険金額は運用実績に関わらず最低保証されているが，変動保険金にはそれはない。

### 便宜支払 (べんぎしはらい)

銀行の内部規定によって定められた手続の一部を省略し，取引先の便宜を図って預金の支払をすること。印鑑なしでの支払，通帳なしでの支払など，各種の便宜支払があるが，後日の紛争を回避するため，銀行としては特に慎重に取り扱わなければならない。

### 弁済期 (べんさいき)

債務者が債務の弁済をなすべき時期のこと。金銭債務で弁済期が確定しているときは，「支払期日」と呼ばれることが多い。弁済期は，原則として債務者の利益のために定められているので（民法136条），債務者は弁済期前であっても，期限の利益を放棄して弁済の提供をなすことができ，債権者はこれを拒まないのが原則である。債務者の破産など一定の法定要件を満たしたときには，債務者は期限の利益を喪失し，弁済期は繰り上がる。また，当事者間で一定の事態が発生したときに期限の利益を喪失する特約をしていることも多い。

### 弁済による代位 (べんさいによるだいい)

代位は，権利の主体または客体である地位に代わってすることを意味し，債務者のために弁済をしたものは，その弁済と同時に債権者の承諾を得て債権者に代位することができ（民法499条1項），弁済をするについて正当な権利を有する者は，弁済によって当然に債権者に代位することができる（同法500条）。また，債権の一部について代位弁済があったときは，代位者はその弁済をした価額に応じて債権者とともにその権利を行使することになる（同法502条）が，銀行取引で使用する保証書では，あらかじめ保証人に対し，この権利行使の制限や，権利の銀行への無償譲渡承諾文言を付しているものがみられる。なお，民法改正法においては，民法499条1項の任意代位の要件から，「債権者の承諾」が外された一方で，債権譲渡の対抗要件を具備しなければ任意代位につき債務者・第三者に対抗できないこととされている（民法改正法500条）。また，民法改正法502条1項では，一部代位弁済の場合の代位者がその権利を行使するには，債権者の同意を要することが明文化された。また，民法改正法499条3項では，一部代位弁済の場合に債権者が行使する権利は，その債権の担保の目的となっている財産の売却代金その他の当該権利の行使によって得られる金銭について，代位者が行使する権利に優先することが明文化された。

### 変造 (へんぞう)

真正に作成された通貨や文書や有価証券などの非本質的な部分に，権限なく変更を加えて真正なものと紛らわしいもの

とを作成する行為。通貨偽造罪，文書偽造罪，有価証券偽造罪において，偽造と並んで偽造罪の構成要件的行為として規定されている。偽造が，新たなものを作り出すことであるのに対して，変造は，既存の内容の一部変更にとどまる。

# ほ

**拇印** (ぼいん)

印章による押印に代えて，親指や人指し指の先に朱肉等をつけて指紋を押すこと。印章が手許にない場合などの代替方法として，一般では広く利用されている。しかし，銀行実務上は，預金・貸出取引において拇印が利用されることはほとんどない。特に，手形に対する記名捺印については，転々流通する手形の性質上，拇印による記名捺印は認められないとするのが判例である。→記名捺印，印章

**貿易手形** (ぼうえきてがた)

本来の意味は貿易取引に伴って振り出される手形を指すが，わが国で一般に貿易手形と呼ばれるのは，貿易に伴って生ずる国内金融に関係した手形のこと。すなわち，輸出貨物の生産・集荷に必要な資金の調達や輸入手形決済資金の供給を目的とする手形をいう。

**貿易保険** (ぼうえきほけん)

輸入者の信用リスクのほか，外貨事情の悪化に伴う為替制限，戦争，暴動，自然現象による災害などの非常リスクにより，輸出者が被る損害を塡補する保険制度。被害額が大きいうえに，事故の発生率などが算定しにくいために，主に政府（経済産業省）が引き受けている。独立行政法人日本貿易保険が担当し，貿易一般保険（個別保険），企業総合保険，輸出手形保険などがある。

**邦貨建**（ほうかだて）
　外国との輸出入契約などに際して契約価格を自国通貨で表示することで，外貨建に対する用語。外貨建の場合と異なり，為替リスクを回避することができる。

**包括根保証**（ほうかつねほしょう）
　現在発生し，また将来発生する一切の債務について，取引種類や金額限度や保証期限を定めないで保証すること。金融実務では多用された保証形態であったが，2005年4月施行の民法の一部改正により，保証人が個人で，かつ，保証債務中に貸金等債務が含まれる保証契約については，包括根保証は無効とされ，極度額および元本確定期日（保証期限）の定めを必要とすることとなった。なお，民法改正法では，個人貸金等根保証に関する包括根保証の禁止，および様式行為性を定めた改正前の規定の内容を維持したまま，個人根保証全般に拡張されている。

**邦銀ユーザンス**（ほうぎんユーザンス）
　本邦銀行（外国銀行の在日支店含む）が本邦輸入者のために，輸入者に代わり対外決済を一覧払手形で行い，輸入者の決済を一定期間猶予するもの。外銀ユーザンスに対する用語で，自行ユーザンス，本邦ローンともいう。→外銀ユーザンス

**法人**（ほうじん）
　自然人以外のもので，権利義務の主体となりうるもの。法人は，社会的活動を営む団体を取引の必要上からの独立の法的主体として取り扱う法律的技術であるといえる。その本質については，法人擬制説，法人実在説，法人否認説などの学説が唱えられたが，法人実在説が通説である。成立については，法定の手続の履践により当然に成立する会社，一般社団法人（準則主義）や，主務官庁の許可や登録を要件として成立する協同組合等，法人の種類によって種々の立法主義がある。→自然人

**法人格のない社団**（ほうじんかくのないしゃだん）
　法律によって権利義務の主体たる地位を認められない，人の集合体たる団体で，個々の構成員を超えた独立の単一体として存在し，活動するもの。人格なき社団または権利能力なき社団ともいう。団体としての組織を備え，代表の方法，総会の運営，財産の管理，その他社団としての主要な点が規則によって確定していることを要し，構成員個人の色彩の強い組合とは異なる。法人格のない点を除き，社団法人とほぼ同様に取り扱われる。
→社団法人

**法人関係情報**（ほうじんかんけいじょうほう）
　上場会社等の運営，業務または財産に関する重要な情報であって顧客の投資判断に影響を及ぼすと認められるものや公開買付けの実施または中止の決定等に係る情報で，いまだ公表されていない情報のこと。インサイダー取引規制におけるインサイダー情報の対象範囲より広い概念が用いられている。具体的には，不公正取引の防止や投資者保護の観点から法人関係情報を利用して金融商品取引業者等（登録金融機関を含む。以下同じ）の役職員自らの売買や金融商品取引業者等による自己売買を行い，あるいは当該情報をブローカー業務に利用すること等が禁止されている。また，金融商品取引業者等は，金融商品取引業者等が取得した

法人関係情報の管理または顧客の有価証券の売買等に関する管理の状況が法人関係情報に係る不公正取引の防止上，必要かつ適切な措置を講じていないと認められる状況に該当することのないように業務を営まなければならない。

**法人成り**（ほうじんなり）
個人が経営する事業について，法人組織に変更すること。法人成りのメリットとして，株式会社および合同会社の場合の出資者の有限責任，税負担の軽減，社会的信用の高さ等が挙げられる。日本では，戦後は法人成りの現象が顕著である。

**法人番号**（ほうじんばんごう）
「行政手続における特定の個人を識別するための番号の利用等に関する法律」に基づき，国税庁が指定した番号（13桁）で，1法人につき1つ割り当てられている。法人番号は対象の法人に通知された後，商号または名称，本店または主たる事務所の所在地とともに公表される。個人番号とは異なり誰でも自由に利用が可能とされている。法人番号は，行政の効率化，国民の利便性向上，公平かつ公正な社会を実現する社会基盤としての役割，および新たな価値の創出を目的としている。
→個人番号

**法定金利**（ほうていきんり）
法律で定められている金利。臨時金利調整法による市中預貸金金利の最高限度，出資法に基づく金利の最高限度，利息制限法の定める利息の最高限度，民法の定める民事上利息を生ずべき債権の利率，商法による商行為によって生じた債務に関する利率などがその例である。

**法定相続情報証明制度**（ほうていそうぞくじょうほうしょうめいせいど）
法務局に戸籍謄本と相続関係を一覧にした図（法定相続情報一覧図）を提出し，登記官がその一覧図に証明文を付した写しを交付したものを，不動産登記や金融機関の相続手続に利用できる制度。2017年5月29日から全国の法務局で取扱いが開始され，相続による不動産の名義変更手続（相続登記）や金融機関の預貯金の相続手続等に利用することが可能である。遺産に不動産が含まれない場合も利用できるが，法定相続人による相続放棄は証明事項の対象外である場合や，数度にわたって相続が開始された場合は，法定相続情報一覧図を被相続人ごとに作成する必要がある。

**法定相続人**（ほうていそうぞくにん）
法律の規定によって被相続人（死亡した個人）の財産（相続財産）を承継することができる，被相続人と一定の身分関係にある者。法定相続人には順序があり，先順位の法定相続人がある場合，後順位の法定相続人は相続することができない。その第1順位が子（民法887条1項），第2順位が直系尊属，第3順位が兄弟姉妹であり（同法889条1項），配偶者はこれらの者と常に同順位で相続人となる（同法890条）。なお，被相続人の子の直系卑属（子や孫など）または被相続人の兄弟姉妹の直系卑属は，被相続人に係る子や兄弟姉妹の代襲相続人として，相続することがある（同法887条2項・3項，889条2項）。→代襲相続

**法定相続分**（ほうていそうぞくぶん）
共同相続人に対する相続財産の配分の

割合を相続分といい，それはまず被相続人の指定により，指定のない場合は民法の規定により定まる（民法900条，901条）。この後者の相続分が，法定相続分である。

**法定代位** (ほうていだいい)

第三者が債務者に代わって弁済をなすにあたって正当な利益を有する場合，その弁済者が求償権の範囲内において，法律上当然に，債権者の債務者に対する権利を行使しうること（民法500条）。正当な利益を有する者とは，物上保証人，連帯債務者，担保目的物の第三取得者などである。正当な利益を有しない第三者が，債権者に代位するためには，債権者の承諾を必要とする（任意代位，民法499条）。→代位弁済

**法定代理人** (ほうていだいりにん)

民法上は，本人の信任に基づかず法令の規定によって一定の要件を満たす場合に，当然に生ずる代理を法定代理といい，その代理人を法定代理人と呼んでいる。これは任意代理ないし任意代理人に対する呼称である。法定代理人は，このように一定の地位ないし要件を満たすものについて，法令の規定によって当然に発生するものであるが，その主なものには，親権者と後見人とがある（民法818条，839条）。

**法定地上権** (ほうていちじょうけん)

抵当権実行または強制競売の際に，法律の規定によって生ずる地上権。たとえば，土地およびその上に存する建物が同一所有者に属する場合，土地または建物の一方もしくは双方に抵当権を設定し，その抵当権が実行された結果，土地と建物が別人に競落された場合，土地の取得者は建物のために地上権の制限を受け，建物の取得者は建物のために地上権を取得する。

**暴力団排除条項（反社会的勢力排除条項）** (ぼうりょくだんはいじょじょうこう（はんしゃかいてきせいりょくはいじょじょうこう））

暴力団を含む反社会的勢力との取引を排除することを目的とした契約条項。全国銀行協会は，2008年11月25日に，暴力団員等の「資格要件」と暴力団員等の類似行為を行う「行為要件」等を定めた銀行取引約定書に盛り込むべき条項を，2009年9月24日には，普通預金，当座預金および貸金庫規定に盛り込むべき条項を，2011年6月2日には，暴力団員等を利用する行為の「共生要件」を追加で定めた銀行取引約定書等の条項を，それぞれ公表している。

**暴力団排除条例** (ぼうりょくだんはいじょじょうれい)

暴力団を含む反社会的勢力との関係の遮断という強い社会的要請を背景に生まれた条例で，近時，都道府県などの地方公共団体によって制定・施行されている。条例の内容については，各自治体によって多少の差異があるものの，総じて暴力団を含む反社会的勢力との交際につながる具体的な行為を禁止し，その影響力を排除することを目的としている。条例に違反した場合に，事業者に対する勧告や罰則の定めを設けている条例も存在する。2010年4月の福岡県における施行を皮切りに，2011年11月の東京都と沖縄県における施行により，全都道府県において暴力団排除条例が施行されることと

**ポートフォリオ**（portfolio）

異なる金融商品や多種類の銘柄などを組み合わせた運用資産のこと。ポートフォリオは，もともと有価証券を分類するための仕切りのある紙挟みのことで，そこから金融資産の構成を指すようになった。性格の異なる資産に幅広く分散投資することで，収益とリスクのバランスをとることが重要である。

**ホールセール・バンキング**（wholesale banking）

金融機関が，大企業や中堅企業を相手に，大口の預金・貸出・外為取引，さらには，金融市場におけるスワップ・オプション・先物取引等の幅広い業務を取り扱うことをいう。リテール・バンキングに対比される。→リテール・バンキング

**保険業法**（ほけんぎょうほう）

保険業の公共性にかんがみ，保険業を行う者の業務の健全かつ適切な運営および保険募集の公正を確保することにより，保険契約者等の保護を図り，国民生活の安定および国民経済の健全な発展に資することを目的として定められた法律。上記の目的を達成するため，保険業法は，保険業を行う者の業務等を規制し，当局に対し，保険契約者等の保護の観点からの監督規制を行う権限を付与している。なお，現行の保険業法は，保険事業を取り巻く経済環境の大きな変化に対応するために1995年に全面改正されたものであり，その後も随時，部分的な改正が行われている。

**保険法**（ほけんほう）

保険契約に関する契約の成立，効力，履行および終了に関するルールを定めた日本の法律。契約の締結から終了までの間における契約関係者の権利義務等について規定している。従来，保険契約に関するルールは商法において規定されていたが，1899年の商法制定後，実質的な改正がなされておらず，現在の保険制度に適合しない内容となっている等の問題があった。そこで，商法の保険契約に関する規定を全面的に見直し，独立した法律にしたものが現行の保険法であり，2010年4月1日から施行されている。

**保護預り**（ほごあずかり）

金融機関の付随業務の1つであり，金融機関の金庫が火災，盗難のおそれが少ないことから，顧客の依頼を受けて，重要書類，株券などの有価証券，貴金属などを，一定の手数料を受領して預かること。法的性質は，一種の寄託契約と解されている。保護預りには，「披封預り」や「封緘預り」がある。→披封預り，封緘預り

**保佐制度**（ほさせいど）

精神上の障がいにより判断能力が著しく不十分な者（後見を要する程度の者を除く）について，申立てに基づき家庭裁判所の「保佐開始の審判」がなされ，「保佐人」が選任される。被保佐人が保佐人の同意なく，法に定められた種類の行為または裁判所が定めた行為をなした場合，その行為は日常生活に関するものを除き取り消すことができる。保佐人は裁判所の審判により特定の法律行為についての代理権を付与される。

**募集設立**（ほしゅうせつりつ）

株式会社の設立に際し，発行する株式

総数の一部を発起人が引き受け，残部を一般から募集することで会社を設立することをいい，複雑設立・漸次設立とも称する。銀行の株式払込金取扱実務では，払込みを受け付けた金額について株式払込保管証明書の発行を伴う。

### 保証 (ほしょう)

狭義の保証とは，主たる債務の履行を担保する義務を意味し，主たる債務の存在を前提としている（保証債務の付従性）。広義の保証とは，主たる債務の存否に関係なく，他人に生じる損害を担保する独立の債務を負担する場合（損害担保契約）を包含する。民法上の保証は，狭義の保証であり，主たる債務者が主たる債務を履行しない場合に，これに代わって当該債務を履行しなければならない，債務者以外の者である保証人の義務をいい（民法446条以下），債権者と保証人の契約によって発生する。なお，狭義の保証には，特定の債権を担保する保証（特定債務保証）と不特定の債権を担保する保証（根保証）の2つがある。→包括根保証

### 保証委託 (ほしょういたく)

保証契約は主たる債務者の委託を受けなくても成立するが，この場合には保証人の主たる債務者に対する求償権に若干の制限が加えられる（民法462条）。もっとも，金融実務では保証委託契約が存在するのが一般的で，とりわけ銀行が業務として行う債務保証（支払承諾）取引では保証委託の存在が前提となっている。保証委託契約は債務者と保証人との契約であって，債権者とは直接関係がなく，また保証契約とは別個の契約である。保証委託契約の法的性格は，通常，委任であると考えられている。

### 保証免責 (信用保証協会の) (ほしょうめんせき)

中小事業者に対する融資（手形割引を含む）について信用保証協会の連帯保証を得た債権者が，債務者の弁済不履行により代位弁済請求をした場合に，一定要件を満たすものについて保証債務の履行を拒絶されることをいう。その内容は，信用保証協会と金融機関との間で締結した約定書11条に定められており，具体的には①旧債振替，②保証契約違反，③故意または重大な過失による取立不能の3種類が定められている。

### 保証料の制限 (ほしょうりょうのせいげん)

銀行・貸金業者などが営業的金銭消費貸借契約を締結する場合に，保証業者がその債務を保証するときにおいて，利息と保証料を合算した額が利息制限法1条または5条の法定上限額を超えることになる保証契約が禁止されていることをいう。2006年の貸金業法改正で出資法の上限金利が引き下げられたことで，貸金業者が関連業者などを使って主債務者から利息の他に保証料を徴収することで，上限金利規制を潜脱することを防止するために設けられたもの。

### 補助貨幣 (ほじょかへい)

本位貨幣や銀行券の補助として用いるため発行される小額の鋳貨または紙幣。その素材価値は額面価値よりはるかに低く，強制通用力の金額に制限がある（不完全法貨）のが通常である。日本では現在，1988年4月施行の「通貨の単位及び貨幣の発行等に関する法律」により政府

が500円，100円，50円，10円，5円，1円の補助貨幣を発行しており，額面の20倍までの金額を限度に法貨として通用する。

### 補助制度 (ほじょせいど)

精神上の障がいにより判断能力が不十分な者のうち，軽度の状態にある者について，本人等の申立てに基づき家庭裁判所の「補助開始の審判」がなされ，「補助人」が選任される。裁判所は，法に定められた種類の行為の一部を補助人の同意を得る必要があると定めることができる。被補助人が補助人の同意なく，同意を受けるべき行為を単独でなした場合，その行為は日常生活に関するものを除き取り消すことができる。補助人は，裁判所の審判により特定の法律行為についての代理権を付与される。

### 補助元帳 (ほじょもとちょう)

帳簿組織における個別の勘定の内訳明細，またはある種の取引の詳細を明らかにして，主要簿たる総勘定元帳における取引の記録の不足を補うために，任意で作成する諸帳簿のこと。例えば，売掛金勘定は，その内訳として得意先別の売掛金残高を把握することが業務遂行上必要であるため，売掛金元帳を作成するほうが望ましいことになる。代表的な補助元帳としては，①当座預金元帳，②普通預金元帳，③商品有高帳，④売掛金元帳（得意先元帳），買掛金元帳（仕入先元帳）などがあり，使用される補助元帳の種類は多岐にわたっている。

### 補箋 (ほせん)

手形法上の用語で，手形用紙の紙面が不足したとき，これに他の紙を貼り付けて，手形の一部としたもの。裏書や保証人の署名に多く利用されているが，振出人，引受人の署名は必ず手形面にする必要があり，補箋ではできないと解されているので注意を要する。→付箋

### 発起設立 (ほっきせつりつ)

株式会社の設立に際し，発行する株式総数を発起人が引き受けることにより会社を設立することをいい，単純設立・同時設立とも称する。銀行の株式払込取扱実務では，会社法施行前においては株式払込保管証明書の発行が設立登記手続上必要とされたが，同法施行後は「払込みがあったことを証する書面」として，銀行口座の残高証明等の任意の方法で証明すれば足りることとなった。

### ボラティリティ (volatility)

オプション取引に使われる言葉で，株価や相場などが将来どの程度変動するかの予想を表す。変動率や価格変動性などと訳す。オプション価格を決める要因は，期日までの時間，金利などがあるが，ボラティリティの変化が価格を大きく左右する。ボラティリティが大きくなると，オプション価格も上昇する。

### 本支店為替 (ほんてんかわせ)

自行の本支店間または支店相互間で行われる為替取引。自行為替ともいう。
→他行為替

### 本支店勘定 (ほんしてんかんじょう)

本店と支店間の取引を処理する勘定科目。金融機関の店舗は，それぞれ独立した形態で業務を営んでいるため，本支店間の資金の貸借は，各店独立の計算で処理される。しかし，資金の貸借は決算時にその金融機関全体の勘定として統合処

理される。このために使用される勘定科目が，本支店勘定である。本支店勘定の整理方法には，2店間の取引を相互に直接記帳して整理決済する直接整理法と，すべて本部に集中して決済する間接（集中）整理法とがある。各行では，その規模や事務量を勘案して，どちらかの方法を採用している。

**本登記** (ほんとうき)

仮登記，すなわち本登記をなすべき形式的または実質的要件が完備しない場合に，将来の本登記の順位保全のためにあらかじめなすところの登記に対する概念であって，登記本来の効力である対抗力を発生させるところの登記を意味する。終局登記とも呼ばれている。

**本封** (ほんぷう)

紙幣の整理をする場合，紙の帯（札帯という）を使って一定の札数に束ねるが，この場合，各行の定める方法に従って札帯がかけられる。一般には，初めに紙幣の枚数を数えて札帯をかけた人が札帯の継目に継印を押捺し，その後，検算（再鑑）した人が検算（再鑑）印を押捺して紙幣を束ねることを本封という。なお，一人だけで数え，札帯をのり付けしないで束ねることを仮封という。

**本邦ユーザンス** (ほんぽうユーザンス)

外貨建の輸入において，本邦銀行が自己の発行した信用状に基づいて振り出された一覧払輸入手形について外国銀行に対して直ちに決済する一方，輸入者に対しては自行保有の外貨資金を使用して一定期間支払猶予を行う輸入金融方式。自行ユーザンス，邦銀ユーザンスまたは本邦ローンとも呼ばれ，その貸付は円建ではなく，外貨建のままである。

**本邦ローン方式** (ほんぽうローンほうしき)
→本邦ユーザンス

# ま

**マイナス金利**（マイナスきんり）

金利がマイナスになること。通常は，預金，貸金の利子あるいは利息がマイナスになることはないが，超低金利時などの特別な状況において発生することがある。2012年12月，スイスの大手金融機関が預金金利をマイナスに引き下げる異例の措置を導入した。欧州危機でユーロ圏などからスイスに大量の資金が流れ込んだため，資金流入を抑える苦肉の策といえる。日本では，2016年1月29日の金融政策決定会合で日銀がマイナス金利の導入を決定した。その内容は銀行等の金融機関が日銀の当座預金口座に預けた金額のうち一定額を超えた分について年0.1％を日銀が受け取るもので，同年2月16日から実施された。これまでの量的緩和政策で市中に供給された資金が日銀の口座に滞留することなく，資金を必要とする企業や消費者に供給されることで，経済活動の活性化とデフレ抑制を期待する政策である。

**マイナンバー制度**（マイナンバーせいど，社会保障・税番号制度）

「行政手続における特定の個人を識別するための番号の利用等に関する法律」に基づく制度で，2016年1月から開始された。本制度は，社会保障や税徴収等の行政事務の効率化によって国民の利便性を高め，公平かつ公正な社会を実現する社会基盤を導入することを目的とする。なお本制度では，個人には個人番号，法人には法人番号が付され，特にマイナンバー（個人番号）を含む個人情報を「特定個人情報」として，従前の個人情報保護法に基づく一般的な個人情報の取扱い以上に，その保護のための措置がとられている。→特定個人情報，個人番号，法人番号

**前受金返還保証**（まえうけきんへんかんほしょう，refundment bond）

船舶やプラントの輸出のように完成まで長期間を要する場合，工事の進捗状況に応じて，輸出者は代金の一部を前受金として受領する場合があるが，契約が不履行になった場合にそれまで受領した前受金の返還を担保する保証金の差入れを要求されることがある。この保証金が現金で差し入れられることは稀で，銀行が発行する保証状などにより対応されることをいう。

【前受金返還保証】

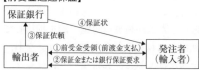

**前取り**（まえどり）→利息の前取り・後取り

**前渡手形**（まえわたしてがた）

工事代金その他の前渡金が手形で支払われる場合の，その手形。前渡手形といっても，工事受注がない場合や，商品納入の予定のない場合などに振り出される場合は，金融のために他人に信用を与える融通手形と同様に考える必要がある。

## 増し担保 (ましたんぽ)

担保物の値下がりによって担保価値が減少した場合に、これを補充するため、あるいは極度取引における極度拡大により担保不足を補強するためなどの目的をもって、担保権設定後に担保の目的物を増加すること。増し担保請求権は、銀行取引約定書等の継続的取引契約締結の際、これについて特約をしておくのが普通であるが、債権者の特別の請求により増し担保を差し入れることもある。

## マネーサプライ (money supply)

中央銀行と市中金融機関の市中に対する通貨供給量をいうが、具体的には金融機関以外の民間部門および地方自治体の保有する現金預金の総量である。日銀のマネーストック統計では、その範囲を次の3種類に分けて発表している。すなわち、現金通貨に預金取扱金融機関の要求払預金を加えた$M_1$、$M_1$に定期預金などの準通貨を加えた$M_2$、$M_2$にゆうちょ銀行、農協、信用組合などの預貯金を加えた$M_3$である。マネーサプライは景気や物価の動向ときわめて密接な関係があるため、各国とも中央銀行は金融政策運営にあたっての重要な判断材料にしている。→$M_3$

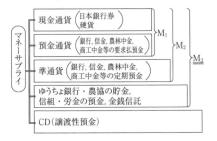

## マネー・ローンダリング (money laundering)

麻薬取引等の犯罪行為で得た不正な資金について、複数の金融機関の口座間で資金移動を行ったり、多種の金融商品を購入するなどして、資金の出所や所有者を隠蔽し、あたかも合法的な取引で得た資金であるかのように偽装する行為。「資金洗浄」などと訳される。国際的にその防止が要請されており、日本においても、1990年7月の顧客の本人確認に関する通達、2000年2月の組織的犯罪処罰法、2008年3月の犯罪収益移転防止法等の施行を経て、金融機関での口座開設時等の取引時確認の厳格化、疑わしい取引の届出などの対策が講じられている。

## ㊤制度 (まるゆうせいど) →少額貯蓄非課税制度

## 満期日 (まんきび)

①手形については、手形金額の支払のあるべき時期をいい、手形要件の1つ、満期と同義。②預金については、定期預金・積立定期預金など定期性預金の支払期日をいう。

## マンスリーステートメント (monthly statement)

貸金業法においてカードローン等、極度方式基本契約に基づく貸付の場合に、同法17条1項の契約時の交付書面、同法18条1項の弁済時の受取証書に代えて1ヵ月分の貸付や弁済の状況をまとめて記録して交付する書面のこと。具体的には、支払計算書などの形で提供される。また、資金需要者等の事前の同意があれば、電磁的記録による提供も許されている。なお、同法17条1項の契約時の交付

書面,または同法18条1項の弁済時の受取証書を交付すべきときには,簡素化書面を交付する必要がある。→受取証書,簡素化書面

# み

**未印字手形**（みいんじてがた）

不渡手形,付箋・補箋付手形,利札等のソーター・リーダー処理不能のためMICR印字をしていない手形。これらの手形については,持出銀行はあらかじめ相手銀行別に分類集計して交換袋に封入のうえ,所定時間内に交換所内の相手銀行ロッカーに投入するいわゆる銀行分類手形として交換手続をとることとなる(手形交換所規則30条参照)。この方法でもち出された手形の枚数,金額は,一定時刻までに交換所に報告され,交換所分類手形(ソーター・リーダー処理可能手形)の計数に加算される。

**未成年者**（みせいねんしゃ）

民法上満20歳に達しない者をいう(民法4条)。未成年者は制限行為能力者とされ,親権者・後見人の保護・監督に服する。未成年者が法定代理人の同意なくしてした法律行為は,取り消すことができる。しかし,単に利益を得,義務を免れる行為,処分を許された財産の処分,営業を許された場合の営業行為などについては,法定代理人の同意を必要とせず取消しの対象とならない。未成年者が婚姻すると,成年に達したものとみなされる(同法753条)。

**見せ金**（みせがね）

株式会社の出資に係る金銭の払込みの際になされる払込みを仮装する行為の一

種であり，発起人等の株式の払込人が払込資金を払込取扱金融機関以外から一時的に借り入れ，これを払込取扱機関に払込みを行い，会社の成立後または募集株式の効力発生後に，払込金を引き出し，自己の借入金の弁済に充てる行為。会社の資本充実を害する行為であるとの点では，会社法965条が禁止している預合いと同様であるが，銀行の役職員との通謀を前提としていない点で異なる。

**認印**（みとめいん）

印章のうち，実印以外に個人が使用する印章のこと。法令で官公署に印影を届け出てある実印の使用と印鑑証明の提出が要求されている場合以外，いかなる印章を使用するかは基本的に行為者の自由であり，法律上の効果に差はない。なお，公務員の職印に対し，個人として用いる印章を意味することもある。→実印

**みなし弁済**（みなしべんさい）

貸金業者と債務者の間でとりかわされた金銭消費貸借契約において，利息制限法の定める利息の制限額と出資法の定める利息の制限額との間の金利（グレーゾーン金利）を債務者が任意に支払い，かつ貸金業者から所定の法定書面が交付されている場合には，その支払は有効な債務であるとみなされた弁済のこと。この規定は従前では有効であるとされたが，2006年12月成立の貸金業法を契機に廃止された。→グレーゾーン金利，出資法，利息制限法，貸金業法

**みなし利息**（みなしりそく）

利息制限法において，貸主が受け取る元本以外の金銭が利息とみなされること。受領名目が礼金，割引金，手数料，調査料その他いかなる名義をもってするかを問わず，利息とみなされるが，契約の締結および債務の弁済の費用に限って，みなし利息にはならない。ただし，銀行・貸金業者などが行う営業的金銭消費貸借契約の場合は，カードの再発行の手数料，公租公課の支払に充当するもの，CD，ATMの使用料（1万円未満の場合105円，1万円以上の場合210円），法定書面の再交付費用，強制執行等の費用以外はみなし利息となる。

**みなす**

本質の異なるものを一定の法律的扱いにおいて同一のものとして取り扱い，同一の法律効果を生じさせることをいう。たとえば，失踪宣告を受けた者は死亡したものとみなす（民法31条）とか，電気は財物とみなす（刑法245条）などという場合である。そのほかにも，みなす規定は多数ある。なお，みなす規定の場合には，反対事実を立証しても，それだけでは直ちに法律効果を消滅させることができない点で，推定とは異なる。→推定

**ミニマム・スタンダード**（minimum standard）

法令や金融検査マニュアル等で規定される金融機関が最低限満たすべき基準（ルール）。→ルール・ベース

**民事再生手続**（みんじさいせいてつづき）

経済的に窮境にある法人や個人の再生を図るための法的倒産手続。会社更生手続が株式会社のみを対象とし，主に大企業の再建手続として利用されるのに対し，民事再生手続は株式会社でなくとも利用でき，あらゆる法人や個人が対象となる。従来株式会社以外の法人や個人の再建手続としては和議手続しかなく，

むけんだ

数々の問題点が指摘されていたが，それを是正し和議手続に代わるものとして2000年4月より施行されている民事再生法による再生手続として，利用されている。→会社更生手続

**無権代理**（むけんだいり）
代理権のない者が代理人と称していわゆる代理行為をなすことをいい，広義の無権代理と狭義の無権代理とがある。前者は，代理人と称して行為する者がその行為をなすについては代理権はないが，他の行為については代理権があるとか，あるいはその行為についても限られた範囲について代理権を有する場合の，いわゆる表見代理が含まれる。これに対して後者は，文字どおり代理権のない者による代理行為を指す。無権代理は元来本人についてなんらの効力も発生しないはずであるが，民法は取引の相手方保護の見地から，一定の場合には本人に効果が帰属する例外規定を設けている。

**無効・取消し**（むこう・とりけし）
公序良俗に違反する契約が無効となる（民法90条）など，法律行為が成立の当初から特定人の主張も待たずに当然に効力を生じないことを無効という。これに対し，取消しとは，取り消しうべき行為，例えば制限行為能力者の行為（同法5条2項，9条，13条4項）や詐欺・強迫による意思表示（同法96条）などを特定人（取消権者）が消滅させることで，取り消されると最初から効力がなかったものとされるが，取り消されるまでは有効である点が無効と異なる。取消権者が取消権を放棄したり，取消権自体が消滅すれ

ば，その行為は完全に有効なものとして確定する。

**無効条項**（むこうじょうこう）

消費者契約法8条～10条の規定により，消費者契約で定められた条項が消費者の利益を不当に害することとなる場合において無効とされることになる条項。無効とされる場合には，当該条項は，契約において定められなかったとして取り扱われる。具体的には，消費者契約において事業者が負担すべき損害賠償の責任を免除する条項，消費者が支払うこととなる損害賠償の額を過大に予定する条項等，消費者の利益を一方的に害する条項が無効とされる。

**無償契約・有償契約**（むしょうけいやく・ゆうしょうけいやく）

有償契約とは，商品の売買におけるように，当事者双方が互いに対価関係に立つ意味の給付を行うことを内容とする合意ないし取決めをいい，そうでない契約を無償契約という。売買をはじめ，賃貸借，利息付消費貸借，雇用，請負というような契約が前者に属し，贈与，使用貸借，無利息消費貸借というような契約が後者に属する。

**無剰余換価の禁止**（むじょうよかんかのきんし）

不動産等の強制競売の手続において，売却代金（買受可能価額）が差押債権者の債権に優先する債権（優先債権）の見込額と執行費用の見込額の合計額に達しない場合，あるいは優先債権がない場合において執行費用の見込額に達しないときには，強制執行を許さないとするもの（民事執行法63条，121条）。

**無税償却**（むぜいしょうきゃく）

不良債権の回収不能（見込み）額を，税法上の要件を充足させたうえで，損失として処理する手続。法人税基本通達9-6-1または9-6-2を適用して直接償却する「無税直接償却」と，法人税法施行令96条1項を適用して貸倒引当金を計上する「無税間接償却」がある。なお，税法上の要件を満たさないため，会計上だけ損失として処理する「有税償却（有税引当）」もある。

**無担保裏書**（むたんぽうらがき）

裏書に際し，「無担保」またはこれと同趣旨の文言を付記してなされた裏書。譲渡裏書をした裏書人は，為替手形が引受拒絶され，または手形・小切手が支払われなかったときには，自分より後者の所持人に対し，一定の要件のもとに当該手形金額および満期以後の法定利息等を償還する義務（遡求義務）を負うが，この無担保裏書をすると，その義務を免れ，または軽減（一部無担保）することができる。→譲渡裏書

**無担保社債**（むたんぽしゃさい）

一般企業等が発行する社債のうち，発行企業等の信用力（格付け）を裏付けとして担保を付さずに発行する社債。社債は，物的担保の有無により「担保付社債」と「無担保社債」に分かれ，担保付社債は「一般担保付社債」と「物上担保付社債」に分かれる。現在，一般企業等が発行する社債のほとんどは「無担保社債」である。

**無名契約**（むめいけいやく）→非典型契約

めいぎへ

## め

**名義変更**（めいぎへんこう）

預金や株式の名義人を変更すること。預金者の死亡による相続，会社の合併，組織変更などによって預金者が変わる場合（これを包括承継という），預金債権の譲渡（ただし，譲渡禁止特約により原則禁止されている）などがあった場合（これを特定承継という），預金者が氏名や商号を変更した場合等に行われる。

**メール振込**（メールふりこみ）

仕向銀行と被仕向銀行の振込センター相互間で振込票をまとめて郵送などにより授受し，その資金決済は被仕向銀行の振込センターがテレ為替を使って合計金額で仕向銀行に請求する振込方式。文書為替による振込の１つである。→文書為替

**免責約款**（めんせきやっかん）

預金の払戻しの場合，通帳と届出印を持参した者に対して，相当の注意をもって印鑑照合し支払った場合は，たとえそれらが盗まれたものであっても，銀行が相当の注意をもって支払った場合には銀行は責任を負わない旨，約款に規定されている。このため，銀行は当該支払につき善意無過失の場合には，責任を負わない。このように，債務者が一定の手続をふめば，その弁済が真の債権者に対するものでなくとも，弁済が有効であり，真の債権者に重ねて支払う義務がないとい

う趣旨の約款等，債務者の債務を免除する内容の約款を，免責約款という。

# も

**持帰銀行**（もちかえりぎんこう）
　手形交換において交換された手形等を持ち帰る銀行。手形等を交換呈示しようとする銀行である持出銀行に対する概念。持帰銀行はまず混入手形（自行を支払場所としていない手形）の有無をチェックし、さらに枚数・金額などを点検し、交換計数の確定、交換尻決済の手続をしなければならない。狭義には持帰母店をいうが、広義には持帰母店傘下の各営業店をいう。→持出銀行

**持帰手形**（もちかえりてがた）
　手形交換において、支払請求を受けてから受け入れる手形類。単に手形・小切手だけでなく債券、利札、配当金領収書も含まれる。→持出手形

**持株会社**（もちかぶがいしゃ）
　他の会社が発行した株式を、投資目的でなく事業活動支援目的で保有する会社のことを指し、特に自社では生産活動などの事業を営まない形態の持株会社を純粋持株会社と呼ぶ。持株会社の主な機能は、傘下のグループ企業の統括と、グループ戦略立案、投資計画、トップ人事等である。わが国では、第二次大戦後の財閥解体とともに独占禁止法により資本集中排除のため、持株会社は原則として禁止されていたが、1997年12月に設立が解禁された。金融業については、「持株会社の設立等の禁止の解除に伴う金融関係法律の整備等に関する法律」により解禁されている。近時、大手銀行の多くが持株会社の設立により事業を統合する動きがある。

**持高操作**（もちだかそうさ）
　資金操作と並ぶ外国為替操作の一方法。銀行にとって為替相場変動の危険を回避するため外国為替操作が必要になる。買為替の合計が売為替の合計を超過した場合を買持ちといい、逆の場合を売持ち、両者が均衡している場合をスクェア・ポジションというが、買持ちについては売埋め、売持ちについては買埋めで資金カバーを行う。この操作を持高操作という。為替相場変動のリスクは、買持ちについては為替相場下落のとき、売持ちについては為替相場上昇のとき発生するが、持高操作は総合持高（overall position）をスクェアにすることを意図して行われる。

**持出銀行**（もちだしぎんこう）
　手形交換において交換呈示のため、手形等を持ち出す銀行。手形交換においては、まず取引先から受け入れた手形を交換母店に集中し（代理交換委託金融機関においては、さらに受託銀行支店を経由して同母店に集中する）、これを相手銀行別に分類、計算したうえ、所定の帳票を添付して交換所に持参する。狭義には持出母店をいうが、広義には手形の受入れまたは受託店から交換母店までを意味する。→持帰銀行

**持出手形**（もちだしてがた）
　手形交換において、銀行が交換に持ち出す手形類。単に手形・小切手だけでなく債券、利札、配当金領収書も含まれ

る。銀行が受け入れた手形類は，各店で支払銀行別に仕訳されて交換母店に集められ，ここで各店分を支払銀行別に集計して，相手方銀行別にひとまとめにし，これを期日に手形交換において相手方銀行に呈示して，支払を受ける。→持帰手形

**元方** (もとかた)

出納係に所属し，現金の元締めとしての各種事務を取り扱う現金取扱担当者のこと。

**戻し利息** (もどしりそく)

利息を先取りした貸付金について，元本の全部または一部が，満期日以前に返済された場合に返戻される利息のこと。貸付先が期限の利益を喪失したことにより，預金と貸付金との相殺を行う際などには，戻し利息の調整が必要となる場合がある。

**戻し割引料** (もどしわりびきりょう)

商業手形を割引した後，なんらかの事情で，割引した商業手形の期日以前に割引依頼人によって割引手形が買い戻された際，先取りされた割引料のうち戻される買戻日の翌日から期日までの割引料。

**元帳** (もとちょう)

個々の取引は，複式簿記のルールに従って発生順に仕訳帳に仕訳されるが，その結果を各勘定科目ごとに記録することで，個々の勘定科目に関わる取引を一覧できたり，残高を把握できるようにするための帳簿をいう。元帳には，すべての勘定を集約して記録する「総勘定元帳」と，各勘定の内訳明細を記録するための「補助元帳」(売掛金元帳，買掛金元帳など)がある。→総勘定元帳，補助元帳

**戻り裏書** (もどりうらがき)

振出人や裏書人等の，既に手形・小切手上の債務者である者に対してなされた裏書。銀行は，担保手形を担保解除して返却する場合や，割引手形の買戻しの場合などに無担保文言を付した戻裏書を行う。

**夜間交換**（やかんこうかん）

　交換加盟銀行のうち，取扱量の多い一部の銀行間（夜間交換参加銀行という）において，交換手形の授受のみを交換日の前日夜間に繰り上げて行う特別な交換方式。この交換で授受された手形の資金決済はその翌日の本交換に組み入れて行うので，本交換の予備交換という性格をもつ。交換手形の早期持帰りによる支店への持帰手形の配布時間の繰上げによって，当座事務の処理が平準化される利点がある。

**約定金利**（やくじょうきんり）

　当事者間の契約により定められる金利。民事法定利率は民法404条で年5％，商事法定利率は商法514条で年6％とされているが，任意規定であり当事者間の約定利率が優先する。なお，民法改正により，商事法定利率を定めた商法514条は削除され，法定利率は3％に統一するとともに，法務省令の定めにより3年ごとに変更されることとなる。また，種々の制限があり，利息制限法，出資法，臨時金利調整法などで規制される。

**約定利率**（やくじょうりりつ）

　一般には，契約によって定められた利率をいう。預金者は主として利殖を目的として銀行に金銭を預け入れ，銀行はこれを他に貸し出すことによって利益を得ている。銀行は預かった金銭の使用料といった意味で預金者に一定の利率で利息を払い，一方，貸出先からは利息を徴収している。この利率は，預金者との預金契約または貸出先との貸付契約によって定められている。このような利率を約定利率といい，この約定利率に基づいて支払われ，または銀行が受け取る利息を約定利息という。

**役席者**（やくせきしゃ）

　一般的には，部室店長席（部長，室長，支店長，副部長，副室長，副支店長，次長などの役職者）をいうが，課長席，係長席，主任席などを含むこともある。役職者名と権限（その職位や立場に登用されることに伴って付与されるもの）との関係は，各金融機関の規程によって異なっているため，役席者の範囲を一様に特定したり，限定することは難しい。

　→権限

**約束手形**（やくそくてがた）

　振出人が自ら手形の主たる債務者として手形金額の支払を約束する手形。為替手形，小切手は振出人が支払人に宛てて，受取人に対し一定金額を支払うことを委託して発行する形式をとっているのに対して，約束手形は振出人自身が支払う約束の形をとっていることが主な相違点である。

**【約束手形の記載事例】**

**約款**（やっかん）　→普通取引約款

# ゆ

### 優越的地位の濫用（ゆうえつてきちいのらんよう）

自己の取引上の地位が相手方に優越していることを利用して，相手方に対して，正常な商慣習に照らして不当な不利益を与える行為をいい，公正な競争を阻害するものとして独占禁止法上禁止されている。また，金融の分野においては，銀行法等の法令において，優越的な地位を濫用した行為の禁止規定が置かれるとともに，金融庁の公表する各種監督指針においても，優越的地位の濫用に当たるような行為が行われない態勢が整備されているか否かを監督項目としている。

### 有価証券（ゆうかしょうけん）

ある財産権を表示した証券で，その財産権の移動（売買・譲渡等）や権利行使に欠かすことのできないもの。広義では手形・小切手・株券・債券・船荷証券・倉庫証券・貨物引換証・商品券等がある。なお，金融商品取引法上の有価証券は，同法2条に第一項有価証券（国債，地方債等）と第二項有価証券（信託の受益権等）を具体的に列挙している。

### 有価証券担保（ゆうかしょうけんたんぽ）

金融機関，個人等がその業務・生計を維持するために所有している有価証券（公社債・社債・株式等）を借入先等に担保として差し出すこと。なお，「株式等の取引に係る決済の合理化を図るための社債等の振替に関する法律の一部を改正する法律」で，株券等は不発行となったが，不発行後の株式の担保差入れは，担保提供者の証券口座に記録されている株式を，銀行の証券口座に振り替える方法により行われる。

### 有限会社（ゆうげんがいしゃ）→特例有限会社

### 有限責任事業組合（LLP）（ゆうげんせきにんじぎょうくみあい）

LLP（Limited Liability Partnership）制度を創設する「有限責任事業組合契約に関する法律」が2005年8月1日に施行され，設立が認められた新たな事業形態で，株式会社と任意組合の利点を併せ持つ。出資者は出資額までしか事業上の責任を負わない点は，株式会社の株主と同様であり，出資者が自ら経営を行うので，その権限や利益の配分などは任意組合と同様に，出資額の多寡にかかわらず原則として自由に決めることができる。税制面では事業体には課税されず，出資者に課税される。この事業形態の本質は組合契約であるため，法人格を有せず，構成員が一人で存続できず，会社との間での組織変更や組織再編行為は認められない。

### ユーザンス（usance）

通常，貿易に伴う貨物代金の支払を一定期間猶予すること。例えば，輸入ユーザンスの場合は，輸入者が貨物の輸入に際して外国の輸出者から振り出された輸入手形を直ちに決済することなく，一定期間その決済を猶予してもらうもので，その間に銀行から貨物の貸渡し（T/R）を受けてこれを売却し，売却代金で手形

の決済を行うものである。輸入ユーザンスの主な方式としては，本邦ユーザンス，外銀ユーザンスなどがある。

**融資残高**（ゆうしざんだか）
銀行の融資先に対する貸出金残高。通常銀行の行う与信には，資金負担を伴う与信，いわゆる貸出金（商業手形割引・手形貸付など）と，資金負担を伴わない与信（支払承諾など）とがあり，前者のみの残高を指して融資残高（貸出金残高），両方合算して与信残高と呼んでいる。いずれも，取引銀行別にみて，融資シェア・取引方針などの判断材料とすることが多い。

**融資証明**（ゆうししょうめい）
銀行が取引先に対して融資する旨証明すること。一般には，融資契約の予約と解される。融資証明をした場合は，その融資証明書を信用して顧客と取引をした第三者の信頼を保護する意味からも，通常その顧客に対し融資する義務を生ずると解すべきで，あらかじめ融資の前提条件として定めた事由の未履行など正当な事由がない限り拒絶または変更できないと考えられる。計画造船建造の場合の融資確約書，消費者ローンの場合の貸付決定通知書もこの一種である。

**郵政民営化**（ゆうせいみんえいか）
100年以上の長期間にわたって国営事業であった郵政事業が，2007年10月1日に民営化された。民営化後の形態は，政府が全額出資する持株会社の「日本郵政」の傘下に，手紙や宅配便を集配する「郵便事業会社」，窓口業務を行うネットワーク会社の「郵便局会社」，銀行業務の「ゆうちょ銀行」，簡易保険の「かんぽ生命保険」の四事業会社が配されている。

**優先弁済**（ゆうせんべんさい）
債権者のなかの特定の者が，債務者の全財産または特定の財産から，他の債権者に先立って，優先的に弁済を受けること。債権者平等の原則の例外であり，法律に特別の規定がない場合に，債務者が任意にこれを行っても否認権（破産法72条）によって取り消される場合がある。約定担保権（質権・抵当権）は当事者の契約によって，法定担保権（留置権・先取特権）は法律上当然に優先弁済を受ける権利が生ずる典型的な例である。

**融通手形**（ゆうづうてがた）
商品の買受代金の支払のためにする手形のように実質的原因に基づかず，単に他人に対する金融のためなどに利用させる目的でその他人を受取人として振り出された約束手形または引受に係る自己受けの為替手形を意味する。融通手形は，自己の信用を他人に利用させるという意味においては，手形のもつ効力を巧みに利用したものであるが，往々にして信用に基礎を置くことなく，ただ手形制度を濫用したにすぎないものとなるおそれがある。また，企業の倒産前には，必ずといってよいくらいにこの融通手形を利用していることが明らかにされているので，このような手形の取引には厳重な注意を要する。

**有名契約**（ゆうめいけいやく）　→典型契約

**ユーロ円**（ユーロえん）
日本国外に所在する金融機関に円建で預金されているか，または円建で貸し付けられている資金を指す。ユーロ円取引には，ユーロ円債，中長期ユーロ円貸付

などがある。

**輸出金融**（ゆしゅつきんゆう）

輸出に関して行われる金融の総称で，輸出者が受ける信用だけでなく，それを供与した銀行が受ける信用も含まれる。一般に，船積前金融と船積後金融，円貨金融と外貨金融，長期輸出金融と短期輸出金融などに分類できる。

**輸出入・港湾関連情報処理システム**（ゆしゅつにゅう・こうわんかんれんじょうほうしょりシステム）

通称，NACCSという。税関，関係行政機関および関連民間業者をオンラインで結び，輸出入等関連業務の効率化・迅速化を図るシステムのこと。利用者は，税関，通関業者および銀行の3者で，銀行は通関業者の輸入申告に伴う関税などの口座振替による納付事務の取扱いを行う。

**輸入金融**（ゆにゅうきんゆう）

輸入に関して行われる金融の総称で，代金決済段階における為替金融には，本邦ユーザンス，外銀ユーザンスなどがあり，為替金融の前段階または以後の段階における金融には，直はねと呼ばれる輸入為替決済資金の円金融や，輸入ユーザンス決済のための円金融（はね返り金融）などの円金融主体の国内融資などがある。

**要求払預金**（ようきゅうばらいよきん）

預金者の要求により直ちに払い戻される預金の総称。流動性預金ともいわれ，当座預金・普通預金・貯蓄預金・納税準備預金・別段預金がこれに該当する。これに対し，原則として一定期間中は払戻しができない預金を定期性（期限付）預金という。据置期間が7日間と短い通知預金も，通常は要求払預金の一類型とされる。

**要配慮個人情報**（ようはいりょこじんじょうほう）

2017年5月30日に施行された改正個人情報保護法で新たに設けられた概念。従前の法で定めた機微情報（センシティブ情報）は必ずしも明確に定義されていなかったが，これを明確化した。要配慮個人情報に該当するものは「人種」，「信条」，「社会的身分」，「病歴」，「犯罪の経歴」，「犯罪により害を被った事実」，「身体障害，知的障害，精神障害（発達障害を含む）その他の個人情報保護委員会規則で定める心身の機能の障害があること」，「本人に対して医師その他医療に関連する職務に従事する者により行われた疾病の予防および早期発見のための健康診療その他の検査」と定義されている。法令に基づく場合等一定の例外を除き，あらかじめ本人の同意を得ないで取得することが禁じられており，オプトアウト

方式で第三者提供することも禁止されている。

### 要物契約 (ようぶつけいやく)

使用貸借・消費貸借・寄託・質権設定契約のように，当事者の合意のほか，たとえば，借主が貸主から金銭その他の物を受け取るという物的要件，すなわち要物性が契約の成立要件とされている契約をいう。なお，消費貸借にあっては，要物性を厳守すべき理論上の根拠を欠き，また要物性が実際上不便を伴うなどの諸点から，要物性の要件を緩和しようとする傾向にある。

### 預金小切手 (よきんこぎって) →自己宛小切手

### 預金残高証明 (よきんざんだかしょうめい)

定期預金，当座預金，普通預金などの残高を預金者の依頼によって銀行が証明することまたはその書面。銀行としては，①他行が振り出した手形・小切手による入金分については，それを明記すること，②営業時間終了時の残高を証明すること，③担保に入っているものは，その旨記載すること，などに注意が必要である。

### 預金者保護法 (よきんしゃほごほう)

2005年8月に成立した「偽造カード等及び盗難カード等を用いて行われる不正な機械式預貯金払戻し等からの預貯金者の保護等に関する法律」の略称。多発する偽造・盗難キャッシュカードによる預金被害についての補償等を金融機関に義務付けたもので，その主な内容は，偽造カードによるATM機等からの預金払戻し行為は，預金者の故意や重過失がなければ効力を有しないものとし，盗難カードによる払戻しの場合は，預金者の故意，重過失のある場合は補償を行わず，それ以外の預金者の過失がある場合は被害額の75％を，過失のない場合は被害額の全額を補償するものとし，故意・過失の立証責任を金融機関が負うものとした。この法律の成立を受け，金融機関ではキャッシュカード規定の改定や，補償規定の制定をして，取扱いを明確にしている。

### 預金準備率 (よきんじゅんびりつ)

金融機関の預金残高に対する支払準備金の割合である。日本においては1957年5月，「準備預金制度に関する法律」によって準備預金制度が導入され，1959年9月から，対象金融機関に，預金残高に対する一定割合を，日本銀行に対し強制預託することを義務付けている。なお，預金準備率を随時変更して，金融機関の信用創造力に影響を与え，金融を調節する政策を預金準備率操作という。

### 預金通貨 (よきんつうか)

当座預金や普通預金など要求払預金は，小切手制度や振替制度によりそのまま支払手段として機能し，また購買力（金銭価値）の保蔵手段ともなるなど，現金通貨と同様の働きをなすので，預金通貨と呼ばれる。日本では，現金通貨が主に日常の小口取引に用いられるのに対し，預金通貨は主として企業間の取引決済手段に使われている。→現金通貨

### 預金歩留り (よきんぶどまり)

銀行取引における，個別の企業の借入金残高に対する預金残高の比率。当該企業との取引の採算を分析する1つの指標として利用されている。預金歩留りが高ければ，その取引先に対する貸出の実質

よきんほ

金利（実効金利）は高くなり，反対に預金歩留りが低ければ逆になる。

**預金保険機構**（よきんほけんきこう）

金融機関経営が不振に陥り，預金などの払戻しに応じることができなくなった場合に，その金融機関に代わって預金の払戻しに応じる機関。信用秩序の維持を狙いとして，1971年7月に預金保険法に基づき設立された。各金融機関は，本機構に対し預金残高の一定割合を保険料として毎年納付することを義務付けられている。預金保険機構が支払う保険金は，一金融機関について，預金者1人当り元本1,000万円および利息が限度（ただし決済用預金は全額保護される）。預金保険機構の対象となる金融機関は，普通銀行，信託銀行，長期信用銀行，信用金庫，信用組合，労働金庫。外資系金融機関や農林系金融機関は対象とならないが，農林系は預金保険と類似の制度を独自に設けている。

**与信**（よしん）

取引先に対して，信用を供与すること。銀行における与信行為には，資金の供与を伴うものと伴わないものとがある。前者には，手形貸付，証書貸付，手形割引（商業手形）といった形態があり，後者としては支払承諾（保証）などがある。いずれの場合も銀行による審査の結果，取引先の債務の履行に懸念がなく，公共性の観点からも問題なく，銀行がこれによって相応の収益を期待できると判断して行われるものである。→支払承諾

**預貸率**（よたいりつ）

預金残高に対する貸出残高の割合。したがって，預貸率が100%の場合は預貸金残高の均衡状態を示し，100%を超える場合はいわゆるオーバーローンの状態を示す。

**予備交換**（よびこうかん）

手形交換事務の輻輳緩和と手形引落事務の円滑化の目的で，正規の交換（本交換）手続の前に（その前日のことが多い）交換手形の一部を受渡しする制度。一般交換の一部を交換するものであるから，勘定を起こさず，一般交換に合算して決済する。

**予約**（よやく）

当事者間に将来本契約を締結する債務を生じさせる契約。予約には，一方の当事者の申込みに対して，他方当事者に承諾の義務を負わせる内容のものと，一方当事者の申込みがあれば，他方当事者の承諾なしに直ちに本契約が成立するものとする内容の2種類がある。

## ら

**ライツオファリング**(rights offering)

株主全員に新株予約権を無償で割り当てることによる増資手法であり,「公募増資」(広く一般から株式を引き受ける者を募集する増資手法),「第三者割当増資」(特定の第三者に株式を割り当てる増資手法)と並ぶ企業の増資手法の1つ。株主は,割り当てられた新株予約権を行使して金銭を払い込み,株式を取得することもできるし,新株予約権を行使せずに市場で売却することも可能である。このように,権利の希釈化を嫌う株主は新株予約権の行使により希釈化を回避でき,追加出資を嫌う株主は新株予約権を売却すればよいため,既存株主に配慮した増資手法といえる。

**ライボー**(LIBOR : London Inter-Bank Offered Rate)

ロンドンにおける銀行間出し手レートのこと。優良銀行が他の優良銀行へ一定期間ユーロ資金を申し込むときの預金レートが出し手レートである。通常,出し手レートと取り手レート(LIBID)の間には,1/8%の開きがあり,両者の中間に当たるレートをLIMEANと呼ぶ。→タイボー

## り

**リース**(lease)

法律的には,民法601条に規定する賃貸借契約の一種とする説とそれに類似する無名契約とする説があるが,一般経済用語としての「リース」は,ニュアンスを異にする。すなわち,企業が必要とする機械設備を通常3年とか5年という比較的長期にわたって貸与する賃貸制度のことを指し,金融(ファイナンス)機能と従来の賃貸借行為とをミックスさせた商取引である。金融の一変型として,貸出業務の補完的機能を有している。
→ファイナンス・リース

**リーマン・ショック**(lehman shock)

米国発のサブプライムローン問題発生を原因に,2008年9月に全米4位の投資銀行であったリーマン・ブラザーズが破綻し,その影響が巨大であったことから呼ばれる。これを契機として,米国の大手投資銀行は商業銀行に救済合併される等により,すべて姿を消した。

**利益相反管理態勢**(りえきそうはんかんりたいせい)

銀行・証券・保険会社等が,自社またはグループ会社による取引に伴って,顧客の利益が不当に害することがないように整備することが義務付けられた適正な情報管理と適切な内部管理に係る態勢。具体的には,利益相反管理方針の公表,部門間の情報隔離,顧客に対する利益相

反のおそれの開示等が求められている。

### 利益相反行為（りえきそうはんこうい）

当事者の利益が相反する行為について，一方の当事者が他方の当事者を代理したり，1人で双方を代理したりする行為。例えば，A会社の代表取締役とB会社の代表取締役を兼任している甲が，A会社・B会社間の取引において，両社を代表して契約することは，利益相反行為に該当する。利益相反行為が行われた場合，契約が無効となるおそれがあるので注意を要する。親権者とその子との間で利益が相反する行為も，利益相反行為となる。また，金融商品取引法上の利益相反管理の対象となる行為を指す場合もある。

### 履行（りこう）

債権の内容を実現する債務者その他の弁済者の行為であり，弁済と同義である。履行と弁済との用語上の区別は，単に弁済者の行為の実行という面からみてこれを「履行」といい，債権・債務の消滅という面からみてこれを「弁済」というにすぎない。なお，履行には，債務者が自ら任意にする任意履行と，債権者の強制によってする強制履行とがある。

### 履行遅滞（りこうちたい）

債務者が履行が可能であるにもかかわらず，履行期に至っても履行をしないこと。受領遅滞（債権者遅滞）の観念に対する用語として，債務者遅滞ともいい，債務不履行の一場合である。

### 利札（りさつ／りふだ）

債券の券面に付されている「利子部分」の支払を保証する「紙片」のこと。発行された債券証書に付随して印刷され，利払い日以降に該当する利札を切り取り支払場所の金融機関に持ち込むことで利札に記載されている金額（利子部分）を受け取ることができるが，2006年1月より日本では公社債等の債券のペーパーレス化が施行されたため，現在，その発行はほとんど行われていない。

### 利鞘（りざや）

資金運用利回り（貸出や有価証券の利子・配当）と資金の仕入価格（預金金利）との差額。銀行はこの利鞘を収益の重要な源泉としており，この利鞘のなかから資金の調達，運用に要する経費を差し引いたものが銀行の利益となる。

### 理事（りじ）

主に公益法人において，対内的には法人の業務を執行し，対外的には法人を代表して法律行為をする職務権限を有する常置必須の機関。企業（会社）では，取締役と称する。公益法人においては，事務の執務は理事の過半数で決定し，対外的には各理事が法人の一切の事務につき代表権を有するのが原則であるが，通常は代表理事を選任し，代表理事が法人を代表する。

### 利子課税（りしかぜい）

預金，公社債，合同運用信託，公社債投資信託や公募公社債等運用投資信託などから生じる利子所得に対しては，原則として所得税法により所得税が課せられる。利子所得は源泉分離課税の対象となっているため，例えば預金利息の支払に際しては，国に代わって金融機関が源泉徴収義務者として当該預金利息から所定の税率を乗じて算出した税金を控除して，これを国等に納付することになる。

利子所得に関しては，障がい者等の少額貯蓄非課税制度や勤労者財産形成住宅貯蓄および勤労者財産形成年金貯蓄の利子非課税制度などの非課税制度があるほか，納税貯蓄組合預金の利子や納税準備預金の利子を非課税扱いとする例外措置がある。

**リスク管理** (リスクかんり)

企業が，企業活動において生ずる戦略リスク（不確実な企業経営活動において戦略的にとるべきリスク）およびオペレーショナル・リスク（企業活動に悪影響を及ぼす事象が生じるリスク）を組織的に管理するプロセス。戦略リスクを許容される範囲でとりながら，リターンを最大化する一方，オペレーショナル・リスクを避けることが求められる。銀行のリスク要因としては，①信用リスク，②金利リスク，③流動性リスク，④為替リスク，⑤事務リスク等が挙げられる。これらのリスク管理の巧拙は，銀行の収益力にも大きな影響を与えるので，金融庁の金融検査マニュアルにおいても，詳細なチェック項目が掲げられている。

**リスクベース・アプローチ** (risk based approach)

犯罪収益移転防止法に取り入れられたマネー・ローンダリングに関するリスク管理手法の1つで，リスクに応じた効果的なコントロールを適用することによりリスク管理を行うもの。具体的には，「リスク・アセスメント（特定事業者作成書面）」として，金融機関自らが行う取引について調査分析し，その結果をリスク・アセスメントとしてまとめ，必要に応じて見直しと変更を加えること，「リスクに応じた取引時確認・顧客管理」として，ハイリスク取引の場合は厳格な顧客管理を，通常のリスクや低リスクの取引の場合はそれぞれに相応しい内容の顧客管理を行うこと，「リスクに応じた疑わしい取引の届出」として，疑わしい点の有無の判断，取引記録や事業者のリスク・アセスメントに従った判断等が謳われている。

**利息** (りそく)

元本債権から生じる所得であって，元本利用の対価として，その元本債権の額とその利用期間ならびに対価の割合（これを利率と呼んでいる）に比例して支払われるべき金銭その他の代替物を指す。利息には約定利息と法定利息の2つがあり，当事者の契約によってその発生の有無ならびに利率を定めるものが前者であり，法律の規定によってその発生ならびに利率が定められるものが後者である。

**利息制限法** (りそくせいげんほう)

元本が10万円未満で年20％，10万円以上100万円未満で年18％，100万円以上で年15％を上限利率としている。その他，利息の天引，賠償額の予定の制限，みなし利息，保証契約や違約金の制限についても規制が置かれている。

**利息の天引** (りそくのてんびき)

貸出取引の際，貸主が元金から利息を差し引いた金額を借主に貸出交付すること。通常，手形貸付の際，1回目は利息の天引を行う。ただし天引額は利息制限法2条の制限利率を超えてはならない。超えた場合，その超過分は元金の弁済に充当される。

### 利息の前取り・後取り (りそくのまえどり・あととり)

貸出取引の際，利息をあらかじめ計算し，利息相当分を貸出総額から差し引いた額を貸し出したり（利息の天引），貸付時点で現金・小切手で利息相当分を支払わせることを利息の前取りといい，通常手形貸付において貸出期間に応じて前取りが行われている。これに対して，貸出の際には利息を徴収せず，返済の際貸出経過期間に応じた利息を徴収することを利息の後取りといい，長期かつ分割返済が条件となっている証書貸付では後取りで行われている。

### リテール・バンキング (retail banking)

個人や中小企業を主な対象とし，小口大量の取引を行う業務形態のこと。大企業相手の取引を中心とするホールセール・バンキングに対応する概念。代表的な商品は個人向け住宅ローンやカードローン，教育ローン，資産運用サービスなどである。かつて日本の大手銀行は，このような小口取引を経費や時間がかかる割には利幅が薄いとして敬遠してきたが，大企業を中心に銀行離れが進むなか，各行ともリテール分野を収益部門として強化している。→ホールセール・バンキング

### 利得償還請求権 (りとくしょうかんせいきゅうけん)

手形・小切手上の権利が，遡求権保全手続の欠缺または時効によって消滅した場合に，所持人が手形・小切手上の債務者に対して，その受けた利益の限度で償還請求することのできる権利。

### 利払い (りばらい)

利息を支払うこと。利払期などというように使う。

### リフレーション (reflation)

通貨再膨張と訳され，インフレやデフレと同様，リフレと呼ばれる。経済活動が停滞していたところから，回復しつつある状態をいうことが多いが，リフレを目指す政策（リフレ政策）を意味することもある。→リフレ政策

### リフレ政策 (リフレせいさく)

通貨の大量発行でデフレを克服する，またはデフレによって停滞している経済を正常な状態に戻すために，適正なインフレ率への回帰を狙って行われる金融政策。

### リボルビングローン (revolving loan)

一定限度額以内で自由に反復した借入れが可能で，返済は一定額を決めそれを毎回返済していくというローン。クレジット・カードによるショッピングの決済代金の支払や消費者ローンにこの方式がとられることが多い。

### 留置権 (りゅうちけん)

他人の物の占有者が，その物に関して生じた債権の弁済を受けるまで，その物を留置することを内容とする担保物権であり，民法上，先取特権と同様に，当事者間の約定がなくても成立する法定担保物権に属する。これに対して，質権や抵当権など，当事者間の約定に基づいて成立する担保物権を約定担保物権という。先取特権について認められる物上代位性や優先弁済的効力は留置権の効力として法定されていないものの，留置権を有していることにより事実上，優先弁済を受

けることが可能となる場合がある。民法上の留置権に対し、商法上規定されている商人間の留置権（商事留置権）というものがあり、これは当事者が商人であり、取引が継続的かつ反復的になされることから、取引の円滑と安全を確保するため、留置する物と債権との間に牽連性がなくても成立することとされている。→商事留置権

### 両端入れ (りょうはいれ)

利息の算出の際の日数計算方法の１つで、期間の初日と末日の双方を計算に入れる方法のこと。→片落ち

### リレーションシップ・バンキング (relationship banking)

金融機関が、借り手である顧客との間で親密な関係を維持・継続することにより、通常入手しにくい借り手の信用情報等を入手し、蓄積したものを活用して、融資等の金融サービスを提供するビジネスモデル。この手法を利用することで、融資審査コストの軽減、早期事業再生支援が図れる等の利点が得られるとされる。2002年の金融再生プログラムの中で、中小・地域金融機関を中心に検討の必要性が盛り込まれ、その後数次のアクションプログラムでは、より具体的な内容での取組みを進めるべきことが示されている。

### 臨時金利調整法 (りんじきんりちょうせいほう)

金融機関の金利の最高限度を規制する方法を定めた法律。制定当時、公正取引委員会において独占禁止法に違反するとの見解をもたれていた市中金融機関の預金最高金利協定および貸出最高金利協定に代わるべく、金利の最高限度の決定につき、法的規制の方法を定めたものである。この法律において、内閣総理大臣および財務大臣は、経済一般の状況に照らし必要があると認めるときは日銀政策委員会をして、金融機関の金利の最高限度を定めさせることができると規定している。なお、現在は当座預金が無利息である他は、各金融機関が自由に利率を設定できることとされている。

### リンバース (reimburse)

もともとは「返済する」「補償する」という意味であるが、外国為替取引では、信用状取引に関連して用いられることが多い。すなわち、資金決済銀行が信用状発行銀行の依頼に基づき為替手形を割り引いた買取銀行の支払資金を補償したり、または信用状発行依頼人が発行銀行の信用状に基づく決済に要した資金を補償することをいう。

## る

**類推解釈**（るいすいかいしゃく）
　法文に規定されているわけではないが，類似する事項についての規定がある場合に，その規定が同様に適用されるとする法解釈の一手法。ある行為を犯罪として処罰するためには，立法府が制定する法律によって，行為の内容および行為に対して科される刑罰の内容があらかじめ明確に規定されていなければならないとする罪刑法定主義の考え方から，刑罰法規の適用の場面における類推解釈は禁止されている。類似するものとして，拡張解釈があり，これは法文の規定の文言の意味を一般の意味以上に拡張して解釈する手法をいい，類推解釈とは異なり，刑罰法規の適用の場面においても禁止されていないと考えられている。

## れ

**ルール・ベース**（rule basis）
　金融検査において，ミニマム・スタンダードの遵守状況の確認を行う手法。

**劣後ローン**（れつごローン）
　元利金弁済の優先順位が低いローンをいう。取引先支援のため，銀行が貸出を弁済順位の低いものに転換するDDSにおいて，広く用いられる。銀行が採り入れる劣後ローンは，金融機関の自己資本比率規制において，一定の割合で広義の自己資本への組入れが認められている。
→DDS

**連結財務諸表**（れんけつざいむしょひょう）
　親会社および子会社で構成される企業集団を単一の組織体とみなすことで，企業集団全体の財政状態（連結貸借対照表および連結株主資本等変動計算書），経営成績（連結損益計算書）およびキャッシュフローの増減（連結キャッシュフロー計算書）を開示するために作成される計算書。連結財務諸表は金融商品取引法会計で制度化されており，2000年3月期決算以降は，連結財務諸表が主，個別財務諸表が従の関係となっている。連結範囲決定の基準としては「持株比率基準」と「支配力基準」があるが，現在のわが国では支配力基準が採用されている。連結財務諸表を作成する手続としては，①個別財務諸表の単純合算，②親会社の投資勘定と子会社の資本勘定の相殺消去，③連

結会社相互間の債権債務の相殺消去，④連結会社相互間の内部取引の相殺消去，⑤連結会社相互間の取引において発生した未実現利益の相殺消去を行うことになる。

**レンダー・ライアビリティ** (lender liability)

「貸主責任」「貸手責任」「融資者責任」などと訳されているが，広義では，貸付ないし融資の交渉から管理・回収に至る過程で，金融機関に対して提起される可能性のあるあらゆる請求に基づく責任を指し，狭義では，貸主が借主の経営等に関して過度にコントロール・支配したことによる責任を指す。アメリカでは，1980年代より，コモン・ロー上の判例法理や特別法により複合的に法理論として発展したが，日本でも1990年代に入って大規模な訴訟も起こされ，論議が活発化してきている。

**連帯債務** (れんたいさいむ)

複数の債務者が同一の債務について各自が他の債務者と連帯し，全額の弁済義務を負うもの。この関係は「債務者と連帯保証人」の関係によく似ているが，保証債務と異なり各債務は独立しているため，保証人に認められる付従性や随伴性はない。さらに，連帯債務者の１人について生じた法律上の効果が，他の連帯債務者との関係で「絶対効（絶対的効力：他の連帯債務者にも効果が及ぶ）」を有するものと「相対効（相対的効力：他の連帯債務者には効果が及ばない）」を有するものが混在する。また，民法改正法では，絶対効とされていたものの一部が相対効とされる等の多くの改正がなされているため，改正法施行後は，債権の成立時期が改正法施行前か施行後かによって適用される法律が異なるなど，金融実務に大きな影響が及ぶことが予想される。例えば，融資実務において，多くの金融機関では「親子を連帯債務者とする住宅ローン」などの商品を提供している。この他に「個人事業者の法人成り」や，「個人事業者について相続開始し，複数の相続人による債務承継」による場合で重畳的債務引受契約が選択されると（特にこれらの融資債権について信用保証協会による保証付の場合，重畳的債務引受が保証条件とされることがある），債務引受人と原債務者との間に連帯債務関係が生じるとするのが判例の立場（最判昭和41.12.20）であるため，実務処理が発生するケースが想定される。特に，民法改正前に契約したものについては，債務免除や消滅時効の点で手続きを誤ると債権回収不能となることがあるので，正確な知識を得ることと，その内容を正しく債務者に説明して理解を求め，適法な債権管理に努めることが求められる。

**連帯保証** (れんたいほしょう)

保証人が主たる債務者と連帯して債務を負担する保証契約。連帯保証人には，連帯保証ではない通常の保証人であれば行使することができる「催告の抗弁権」（まず主たる債務者に請求せよと主張する権利）も「検索の抗弁権」（まず主たる債務者の財産から執行せよと主張する権利）もない（補充性がない，民法454条）。また，複数の保証人が存在する場合，保証債務の負担を頭割りとすることを主張する権利もない（同法456条）。したがっ

て，連帯保証人は，主たる債務者の弁済の資力の有無のいかんに関わらず，強制執行を甘受しなければならないことになる。しかし，連帯保証も保証の一種であるから，主たる債務に対して付従性を有する。すなわち，主たる債務がなければ連帯保証債務は成立せず，主たる債務が消滅すれば連帯保証債務もまた消滅する。また，主たる債務者について生じた事由は，すべて連帯保証人にその効力が及ぶ。→催告の抗弁権，検索の抗弁権，分別の利益

**連名預金**（れんめいよきん）
2名以上の共同名義で開設される預金。顧客の申出により銀行は連名預金の取扱いをすることがある。銀行がこの預金を受け入れるときの事情によって「債権の共有関係」「債権の合有関係」「債権の総有関係」のいずれかが生じうるので，実務上も取扱いには注意が必要である。原則として払戻しの際には，連署捺印を要する。分割請求や一人による全額払戻請求，差押え，相殺，相続等の際に問題を生じないよう，あらかじめ特約等で手当することが必要である。

## ろ

**労働法**（ろうどうほう）
労働関係を規律する法律の総称。労働者の賃金，労働時間，休暇等の労働条件について最低限の基準を定めた「労働基準法」，労働組合の結成の保証，使用者との団体交渉やストライキなど労働争議に対する刑事上・民事上の免責要件等を定めた「労働組合法」，労働関係の公正な調整を図り，労働争議の予防または解決を目的とする「労働関係調整法」などが定められており，「労働基準法」，「労働組合法」，「労働関係調整法」の3つを総称して労働三法と呼ぶことがある。なお，個別の労働契約の安定に資するべく，労働契約の基本的な理念および労働契約に共通する原則や判例法理に沿った労働契約の内容の決定・変更に関するルールを定めた「労働契約法」が2008年3月1日から施行されている。

# わ

### 和解 (わかい)

私法上の争いにつき，当事者が互いに譲歩をして，争いを止めることを約することによって効力を生ずる契約（民法695条）。裁判外の和解のみをいうこともある。和解によって法律関係は確定し，当事者は再び同一事項を争うことはできない。後に和解の内容と反する確証が出たときも，和解の効力は覆らない（同法696条）。なお，裁判上の和解は訴訟行為であるとともに，私法上の行為の性質ももつとされる。

### 割印 (わりいん)

契約書などの正本と副本，原本と写しなどの複数の書類が，もともとは関連した書類であったことを証明するために，正本と副本それぞれの書類にまたがって1つの印章を押印すること，またはその印影をいう。なお，使用する印章は，記名捺印に使用した印章と同一である必要はない。→契印

### 割引依頼人 (わりびきいらいにん)

満期前の手形を銀行に持ち込んで，その手形の割引を依頼する当該手形の所持人。割引依頼人は，銀行に対してその銀行宛ての譲渡裏書をなした手形を交付し，満期日までの利息相当分を差し引いた金額を受け取る。商取引における代金支払として手形を取得した売主が，手形の期日以前に代金を取得する方法として使用される。割引依頼人は，手形法上の手形の償還義務を負うとともに，銀行取引約定書等に基づく買戻債務を負担している。

### 割引手形 (わりびきてがた)

手形割引のなされた手形。通常，商業手形，荷為替手形，銀行引受手形が割引の対象となっている。また，一度割り引いた手形をさらに別の者が割り引いた場合，再割引手形という。なお，手形割引それ自体を指して使う場合もある。→手形割引

### 割引料 (わりびきりょう)

手形割引を行った際に，割引日数に対して付される金利相当分。通常割引料の計算は〔手形金額×割引利率×割引日から手形支払期日までの日数÷365〕，すなわち両端入計算が行われる。割引料の徴収は，⒤貸付金額からの天引，ⅱ現金または小切手での支払，ⅲ貸付先の預金口座からの引落しの3通りの方法があるが，通常⒤，ⅲの方法が使われている。

## ベーシック 金融実務用語集〈改訂版〉

| 平成25年4月8日 初 版 発 行 | |
|---|---|
| 平成30年3月20日 改訂版発行 | 監修者 両部美勝／井下祐忠／堀弘 |
| | 発行者 加 藤 一 浩 |
| ＜検印省略＞ | 印 刷 文唱堂印刷株式会社 |

〒160-8520　東京都新宿区南元町19

発行所 株式会社 きんざい

編集部直通　03(3355)2351

販売 株式会社 きんざい

販売受付　03(3358)2891

本書の内容に関するお問い合わせは，書籍名およびご連絡先を明記のうえ，ＦＡＸでお願いいたします。お問い合せ先ＦＡＸ　03(3226)7907
本書に訂正等がある場合には，下記ウェブサイトに掲載いたします。
http://www.kinzai.jp/books/reader/seigo.html

© 2018 KINZAI　　　　　　　　　　　ISBN978-4-322-13250-2

本書の内容の一部あるいは全部を無断で，複写・複製・転訳載および磁気または光記録媒体，コンピュータネットワーク上等へ入力することは，法律で認められた場合を除き著作者および出版社の権利の侵害となります。
落丁・乱丁はおとりかえします。
定価は裏表紙に表示してあります。